权威·前沿·原创

皮书系列为
“十二五”“十三五”国家重点图书出版规划项目

中国社会科学院创新工程学术出版项目

甘肃蓝皮书
BLUE BOOK OF GANSU

甘肃县域和农村发展报告
（2019）

ANNUAL REPORT ON THE DEVELOPMENT OF COUNTY AND RURAL AREA OF GANSU(2019)

主　编／朱智文　陈　波　王建兵

社会科学文献出版社
SOCIAL SCIENCES ACADEMIC PRESS (CHINA)

图书在版编目（CIP）数据

甘肃县域和农村发展报告. 2019 / 朱智文，陈波，王建兵主编. -- 北京：社会科学文献出版社，2019. 1
（甘肃蓝皮书）
ISBN 978-7-5097-9963-5

Ⅰ. ①甘… Ⅱ. ①朱… ②陈… ③王… Ⅲ. ①县级经济-经济发展-研究报告-甘肃-2019 ②农村经济发展-研究报告-甘肃-2019 Ⅳ. ①F127.42

中国版本图书馆 CIP 数据核字（2018）第 286348 号

甘肃蓝皮书
甘肃县域和农村发展报告（2019）

主　　编／朱智文　陈　波　王建兵

出 版 人／谢寿光
项目统筹／邓泳红　吴　敏
责任编辑／吴　敏　吴云苓

出　　版／社会科学文献出版社·皮书出版分社（010）59367127
地址：北京市北三环中路甲 29 号院华龙大厦　邮编：100029
网址：www.ssap.com.cn
发　　行／市场营销中心（010）59367081　59367083
印　　装／三河市东方印刷有限公司

规　　格／开　本：787mm × 1092mm　1/16
印　张：18.5　字　数：280 千字
版　　次／2019 年 1 月第 1 版　2019 年 1 月第 1 次印刷
书　　号／ISBN 978-7-5097-9963-5
定　　价／128.00 元

甘肃蓝皮书编辑委员会

甘肃蓝皮书编辑委员会办公室

《甘肃县域和农村发展报告（2019）》编辑委员会

主编简介

朱智文 甘肃省社会科学院副院长，研究员，经济学博士，甘肃省领军人才（第一层次）、省政府决策委员会委员。西北师范大学和甘肃农业大学硕士研究生导师，省委党校、西北民族大学、甘肃政法学院等多所高校特聘教授。长期从事宏观经济和区域经济、农村经济问题研究。先后出版《再铸丰碑——中国农村基层民主研究》《西部开发中的“三农”问题研究》等多部著作。其中，《西部开发中的“三农”问题研究》一书在国内比较早地提出了必须高度重视西部地区的“三农”问题，该书被中共中央宣传部、国家新闻出版总署确定为全国迎接十六大重点图书，并获甘肃省社会科学优秀成果一等奖。其主编的“三农谈”丛书获甘肃省社会科学优秀成果二等奖。《“十二五”规划前期若干重大问题研究》获甘肃省科技进步二等奖。多次参加了全省经济发展重大问题的研究和决策咨询。

陈　波 中共党员，甘肃省统计局党组书记、局长，甘肃省政府参事室特约研究员。1989 年 8 月参加工作，1999 年 8 月加入中国共产党。兰州大学人口所自然地理学专业理学硕士，华中科技大学经济学专业经济学博士，高级统计师。历任甘肃省统计局人口与社会科技统计处副处长、处长，甘肃省统计局党组成员、副局长，甘肃省发展和改革委员会党组成员、副主任，兼省西部地区开发领导小组办公室主任。著有《跨世纪的中国人口》（甘肃卷）、《甘肃藏族人口》、《当代甘肃人口问题研究》、《甘肃人口与可持续发展》、《甘肃人口生活质量研究》、《世纪之交的中国人口》（甘肃卷）、《甘肃城乡一体化的演变和发展模式研究》、《迈向小康社会的中国人口》等著作。

王建兵　1971年1月出生，甘肃武威人。甘肃省社会科学院农村发展研究所所长，研究员，农学博士。主要从事县域经济、农村发展和贫困问题领域的研究工作。社会主要兼职有甘肃农业大学和甘肃省委党校硕士研究生导师、中国城郊经济学会常务理事、中国劳动经济学会理事、中国社科农经协作网络理事、甘肃省委讲师团成员、甘肃省政协智库专家。主持完成国家社会科学基金项目2项，主持或参与完成国家自然科学基金项目、美国国立健康研究项目、世界银行项目、联合国环境署项目、省科技厅软科学项目、省级部门规划和专题调研报告近百项。出版专著十余部，在国家级、省级刊物上发表学术论文数十篇。连续五年作为首席专家主编甘肃蓝皮书·县域；主编完成专著《与农民朋友谈旱作农业》，2010年获西部优秀科技图书二等奖和甘肃省社科优秀成果二等奖。

总　序

“甘肃蓝皮书”从2006年诞生之初的《甘肃经济社会发展分析与预测》《甘肃舆情分析与预测》，发展到如今已有13种，成为全面反映甘肃经济社会文化建设的系列蓝皮书，走过了13年历程，其社会影响力日益扩大，已由最初的省社会科学院科研平台发展成为如今服务党委政府决策和全省经济社会发展的甘肃省内智库的重要品牌、甘肃社会科学界的学术品牌、甘肃文化领域的标志品牌，以及甘肃部分重要行业及市州工作的展示品牌。

“甘肃蓝皮书”的诞生与发展，既生动记录了甘肃省经济社会的巨大变迁和人民群众关注点的细微变化，又充分展现了传统社会科学研究机构向现代特色智库、高端智库、数字智库转型的发展历程。2006年，我院编研的《甘肃经济社会发展分析与预测》《甘肃舆情分析与预测》面世，标志着“甘肃蓝皮书”的正式诞生。至“十一五”末，《甘肃经济发展分析与预测》《甘肃社会发展分析与预测》《甘肃县域发展分析与预测》《甘肃文化发展报告》陆续面世，“甘肃蓝皮书”由原来的2种增加到5种，覆盖了经济、政治、社会、县域、文化等研究领域。此后，我院首倡甘肃、陕西、宁夏、青海、新疆西北五省区社会科学院联合编研出版“西北蓝皮书”，2011年首部《中国西北发展报告》面世。“西北蓝皮书”的编研和出版发行，使我院系列蓝皮书的研究拓展到了“丝绸之路经济带”的国内主要相关区域。

从2014年起，我院持续发挥“甘肃蓝皮书”品牌效应，加强与省上重要部门和市州的合作。先后与省住房和城乡建设厅、省民族事务委员会、酒泉市政府、省商务厅、省统计局等积极合作，共同编研出版住建、民族、商务、酒泉等蓝皮书。2018年又与省精神文明办、平凉市合作，新增了《甘肃精神文明发展报告》《平凉经济社会发展报告》。2018年7月，省委常委、省委宣传部部长陈青来我院调研，要求我院编研出版《甘肃文化建设成果报告》，并在第三届丝绸之路（敦煌）国际文化博览会上发布，在圆满完成任务的同时，我院“甘肃蓝皮书”的编研规模也由此扩大到“5 +7 +1”共计13种。

“甘肃蓝皮书”在十三年的编研过程中形成了稳定规模、稳定机制，提升质量、提升影响的编研理念。今年是改革开放40周年，“甘肃蓝皮书”在选题和框架设计上紧密结合我省40年来发展成就，做到了紧跟时代、反映当下。这也体现了“甘肃蓝皮书”始终坚持的基本编研理念和运行机制：一是始终坚持原创，注重学术观点和科研方法的创新。坚持研究在先，编写在后，在继承中创新，注重连续性；从源头上抓质量，注重可靠性；在深入研究上下功夫，注重科学性；在服务上抓效果，注重影响力。二是始终坚持追踪前沿，注重选题创新。追踪前沿就是让专家学者更多地参与社会实践，发现问题、研究问题、解决问题，最终通过蓝皮书为人们提供正确的指导，显示社科专家服务社会的能力和实力，提高蓝皮书的知名度和美誉度。三是始终坚持打造品牌，创新编研体制机制。十三年来，我们始终把蓝皮书的质量看作蓝皮书的生命线，组织有研究能力的专家开展深入研究，向社会提供事实根据充分、分析深入准确、结论科学可靠、对策具体可行的研究成果。

展望未来，作为地方社会科学研究机构，我们将按照党的十九大关于“加强中国特色新型智库建设”的要求，进一步围绕甘肃经济社会发展的实际，开展应用对策研究，发挥好决策咨询、资政建言、服务地方的作用。“甘肃蓝皮书”作为我院打造陇原特色新型智库的核心载体，也将开启服务省委、省政府决策，为甘肃改革发展提供智力支撑的新航程。相信在各方共同努力下，“甘肃蓝皮书”将继续提升品牌影响力，成为服务党委、政府决策的更有作用的参考书，成为对社会各方面更有参考价值的应用成果。

此为序。

王福生

2018年12月6日

摘　要

《甘肃蓝皮书·县域：甘肃县域和农村发展报告（2019）》，是甘肃省社会科学院和甘肃省统计局共同合作编写的关于甘肃省县域经济社会分析的年度报告，由社会科学文献出版社出版。本书被中国社会科学院获准使用2019年度“中国社会科学院创新工程学术出版项目”标识，标志着蓝皮书工作上了一个新的台阶，为不断提升甘肃蓝皮书·县域的学术质量和社会影响力提供了良好的契机。

本书包括三部分。一是总报告，通过对甘肃省77个县（市、区）经济社会发展情况进行比较分析，总结出县域发展的现状与特点，并提出相应的对策与建议。二是评价篇，首先构建了甘肃省县域竞争力评价指标体系，该评价指标体系共包括宏观经济竞争力、产业发展竞争力、基础设施竞争力、社会保障竞争力、公共服务竞争力、生活环境竞争力、社会结构竞争力和科学教育竞争力8个一级指标，以及21个二级指标和64个三级指标。其次使用2017年甘肃省77个县（市、区）经济社会发展的县卡数据，对县域经济社会发展情况进行数据计算和统计分析。最后对县域发展程度进行分类排序。三是专题篇，选择当前甘肃县域农村发展的相关热点进行研究，主要专题有甘肃省农业经营方式的比较、甘肃省乡村振兴战略、甘肃省农村转移劳动力配置、甘肃省农村民生需求与发展不平衡不充分问题、甘肃省贫困村退出测度与空间特征分析等，通过专题研究，以期为甘肃省县域和农村发展提出可参考的建议与对策。

通过对甘肃省77个县（市、区）经济社会发展数据的处理和分析，总结出2017年甘肃省县域竞争力发展特征：一是县域经济结构不合理，区域发展差距明显；二是县域竞争力不同程度下降，区域不平衡日益显现；三是城乡居民收入稳步增长，但县域服务水平发展不充分；四是非农人口占总人口的比重较大，县域城镇化进程缓慢；五是生产生活条件明显改善，但宜居环境建设任重道远；六是县域科教投入小幅增长，但创新发展能力整体偏弱。并提出县域经济社会发展的对策与建议：一是树立工业立县思路，大力培育发展新经济；二以体制机制为突破口，加快现代服务业发展；三是继续巩固农业基础，大力实施乡村振兴战略；四是持续统筹城乡发展，积极推进新型城镇化；五是夯实扶贫攻坚基础，大力提高公共服务供给能力；六是优化发展环境，强化政策保障。

“县集而郡，郡集而天下，郡县治，天下无不治”。因此，甘肃省第十三次党代会上提出县域经济今后五年的发展目标是“县域经济发展层次不断提升”“壮大县域经济总量，提升发展质量，努力走出一条城乡统筹、产城融合、各具特色的富民强县之路”。

Abstract

Blue Book of Gansu County: Annual Report on the Development of County and Rural Area of Gansu (*2019*) is an annual report on Gansu county economic and social analysis, which is jointly written by the Gansu Provincial Academy of Social Sciences and Gansu Provincial Bureau of Statistics and published by the Chinese Academy of Social Sciences Literature Publishing House. The book is approved by the Chinese Academy of Social Sciences to use the mark of 2019 year "Chinese Academy of Social Sciences Innovation Engineering Academic Publication Project", which marking the blue book work on a new level and providing a good opportunity for the continuous improvement of the county blue book academic quality and social influence.

This book consists of three parts, the first is General Report, which through analysis and comparison of the county economic and social development of 77 counties (cities, areas) in Gansu province to summarize the status quo and characteristics of county development and putted forward corresponding countermeasures and suggestions; the second is Evaluation Articles. First, the evaluation index system of county competitiveness is constructed, the evaluation index system includes macroeconomic competitiveness, industrial development competitiveness, infrastructure competitiveness, social security competitiveness, public service competitiveness, living environment competitiveness, social structure competitiveness and science education competitiveness, a total of eight level 1 indicators and 21 secondary indicators and 64 three indicators. Followed by the use of 77 counties (cities, areas) economic and social development data of Gansu in 2017 to carry out data calculation and statistical analysis for county economic and social development. Finally, sorted for the county level of development. the third is Feature Articles, selected the relevant topics and hot topics currently of Gansu county and rural development to study, there are research on the strategy of rural revitalization in Gansu province, allocation of rural transfer labor in Gansu province, comparison of the mode of agricultural operation in Gansu province, problem of unbalanced and inadequate development between rural people's livelihood needs and rural development in Gansu province, measurement and spatial characteristics of poor villages in Gansu province, and so on. Through the feature study hope for the county and rural development in Gansu Province can refer to the recommendations and countermeasures.

Based on the analysis of the economic and social development data of 77 counties in Gansu Province, the report summarizes the development characteristics of county competitiveness in Gansu Province in 2017: the first is the county's economic structure is unreasonable and the regional development gap is obvious; the second is county competitiveness has declined to varying degrees, and regional imbalances have become increasingly apparent; the third is the income of urban and rural residents has increased steadily, but the county's service is undeveloped; the forth is non-agricultural population accounts for a large proportion of the total population, resulting in the county unbanization process is slow; the fifth is production and living conditions have improved, but the construction of livable environment has a long way to go; the sixth is county science and education investment increased slightly, but the ability to innovate and develop is weak overall. There are countermeasures and suggestions for the county economic and social development: the first is establish an industrial county idea, and vigorously cultivate and develop new economies; the second is take institutional mechanisms as a breakthrough to accelerate the development of modern service industries; the third is continue to consolidate the agricultural base, and implement the rural revitalization strategy vigorously; the forth is continue to coordinate urban and rural development, promote new urbanization actively; the fifth is consolidate the foundation for poverty alleviation, and improve the supply capacity of public services; the sixth is optimize the environment of development, strengthen the protection of policies.

"Concentrated counties will become a city, and concentrated cities will become the world, if counties and cities are being treated well, the world is well managed". Therefore, The 13th Party Congress of Gansu Province proposed that the development goal of the county economy in the next five years is "the level of county economic development has been improved continuously" strengthen the total amount of county economy, improve the quality of development, try best to step on the path toward enriching the people and strengthening the county, which through coordinating urban and rural, integrating development industries and cities、having distinctive features.

目录

Ⅰ 总报告

Ⅱ 评价篇

Ⅲ 专题篇

皮书数据库阅读**使用指南**

CONTENTS

I General Report

II Evaluation Articles

III Feature Articles

总 报 告

General Report

B.1
甘肃省县域经济社会发展报告

王建兵　李忠东*

摘　要： 甘肃省第十三次党代会上提出县域经济今后五年的发展目标是“县域经济发展层次不断提升”“壮大县域经济总量，提升发展质量，努力走出一条城乡统筹、产城融合、各具特色的富民强县之路”。通过对甘肃省77个县（市、区）经济社会发展数据的处理分析，总结出2017年甘肃省县域竞争力发展特征：一是县域经济结构不合理，区域发展差距明显；二是县域竞争力不同程度下降，区域不平衡日益显现；三是城乡居民收入稳步增长，但县域服务水平发展不充分；四是非农人口占总人口的比重较大，县域城镇化进程缓慢；五是生产生活条件明显改善，但宜居环境建设任重道远；六是县域

* 王建兵，博士，研究员，甘肃省社会科学院农村发展研究所所长，研究领域为县域经济、农村发展和贫困问题；李忠东，甘肃省统计局农村工作处处长。

科教投入小幅增长，但创新发展能力整体偏弱。并提出县域经济社发展的对策与建议：一是树立工业立县思路，大力培育发展新经济；二以体制机制为突破口，加快现代服务业发展；三是继续巩固农业基础，大力实施乡村振兴战略；四是持续统筹城乡发展，积极推进新型城镇化；五是夯实扶贫攻坚基础，大力提高公共服务供给能力；六是优化发展环境，强化政策保障。

关键词： 县域　经济社会发展　甘肃省

随着中国特色社会主义进入新时代，我国经济由高速增长阶段转向高质量发展阶段，国内经济处于增长速度换挡期、结构调整阵痛期、前期刺激政策消化期的“三期”叠加时期，经济下行压力加大。甘肃省经济基础薄弱，需求长期不足，市场持续低迷，传统发展模式难以持续，县域经济发展面临较大的风险和严峻的挑战；同时，受生态、技术、环保和人才流失等制约因素影响，能源、矿产等部分产业受到较大冲击。县域经济是打好“三大攻坚战”的前沿阵地，是高质量发展、精准扶贫、全面建成小康社会的主战场。甘肃省第十三次党代会上提出今后五年的发展目标是“县域经济发展层次不断提升”“壮大县域经济总量，提升发展质量，努力走出一条城乡统筹、产城融合、各具特色的富民强县之路”。

甘肃省现设14个市州，其中有12个地级市（兰州、嘉峪关、金昌、白银、武威、酒泉、张掖、天水、定西、平凉、庆阳、陇南）和2个自治州（临夏回族自治州和甘南藏族自治州），下辖86个县（市、区）。根据2017年甘肃省统计局的数据，课题组对甘肃省除兰州市5区（城关区、七里河区、西固区、安宁区、红古区）、金昌市1区（金川区）、白银市2区（白银区、平川区）和天水市1区（秦州区）的77个县（市、区）进行了县域经济社会发展的评价与分析。

一　甘肃省县域经济社会发展基本情况

（一）宏观经济竞争力

1. 经济均量指标

2017 年县域人均地区生产总值为 23665 元，人均地方财政收入 1594 元，人均固定资产完成额 26586 元，城镇居民可支配收入 23686 元，农村居民人均纯收入 8937 元，人均社会消费品零售额 8295 元。经济下行压力较大，经济下行趋缓不明显，呈现“三增三降”特征，其中“三降”是人均地区生产总值较上年下降 4.80%，人均地方财政收入较上年减少 6.48%，人均固定资产完成额较上年下降 44.68%；“三增”幅度都较上年增大，增长明显，城镇居民可支配收入较上年增长 8.16%，农村居民人均纯收入较上年增长 9.49%，人均社会消费品零售额较上年增长 8.65%。

2. 经济总量指标

2017 年县域地区生产总值为 4444 亿元，地方财政收入 271 亿元，社会消费品零售总额 1795 亿元。县域地区生产总值较上年增长 2.31%，地方财政收入较上年增长 0.01%，社会消费品零售总额较上年增长 8.00%。

3. 金融资本

2017 年县域金融机构存款余额 8059 亿元，金融机构贷款余额 6728 亿元，固定资产投资完成额 4012 亿元，新增固定资产 2479 亿元。金融机构存款余额较上年增长 5.27%，金融机构贷款余额较上年增长 8.56%，固定资产投资完成额较上年下降 43.65%，新增固定资产较上年下降 38.12%。

（二）产业竞争力

1. 产业总量指标

2017 年县域第二产业增加值为 1260 亿元，较上年减少 5.38%；第三产业增加值 2265 亿元，较上年增长 7.07%；规模以上工业总产值 2401 亿元，较上年下降16.65%，连续两年大幅下降。

2. 产业结构

2017年县域第二产业占GDP的比重为24.54%，较上年下降3.07个百分点，连续3年持续下降；第三产业占GDP的比重为51.99%，较上年增长2.62个百分点，连续3年增长。

3. 产业效率

2017年县域第二产业近5年平均增长速度为7.35%，较上一个周期下降4.96个百分点；县域第三产业近5年平均增长速度为8.63%，较上一个周期下降2.23个百分点。

（三）基础设施竞争力

1. 居住条件

2017年县域城乡住房砖木结构以上的比重为64.60%，较上年增长29.11个百分点；农村自来水受益村的比重为92.66%，较上年增长1.52个百分点；农村有线电视普及村庄的比重为64.29%，较上年增长9.87个百分点。

2. 交通通信

2017年县域每百人公共汽车营运车辆数为0.10辆，较上年增长45.23%；国际互联网用户占总户数比重为49.37%，较上年增长12.31个百分点；固定电话用户占总户数比重为33.09%，较上年增长2.24个百分点；移动电话用户占总人口比重为95.20%，较上年增长30.61个百分点；境内公路密度为61.58公里/百平方公里，较上年增长2.52个百分点。

（四）社会保障竞争力

1. 医疗保险

2017年县域城镇基本医疗保险参保人数占城镇人口比重为32.79%，较上年下降23.42个百分点；参加农村合作医疗的人数占农村人口的比重为94.87%，较上年增长1.18个百分点。

2. 养老保险

2017年县域城镇基本养老保险参保人数占城镇人口比重为54.44%，较上年增长 30.19 个百分点；参加农村养老保险人数占农村人口比重为 65.13%，较上年增长 3.54 个百分点。

3. 基本生活保障

2017 年县域城镇最低生活保障人口占城镇人口比重（逆指标）为 12.60%，较上年下降 0.65 个百分点；农村最低生活保障人口占农村人口比重（逆指标）为 15.60%，较上年下降 1.75 个百分点。

（五）公共服务竞争力

1. 科技服务

2017 年县域每万人拥有专业技术人员数 145 人，较上年下降 6.59%；每万人专利授权数 3.06 个，较上年增加 41.37%，连续 3 年大幅度增长。

2. 文化娱乐

2017 年县域每十万人拥有体育场馆数 1.23 个，每十万人拥有剧场、影剧院数 1.29 个；人均拥有公共图书馆图书数 5.34 册。

3. 医疗卫生

2017 年县域每万人拥有医疗卫生机构专业技术人员数 43.27 人，较上年增长 2.37%；每万人拥有的医院、卫生院床位数 47.92 张，较上年增长 7.95%；每万人拥有执业（助理）医师数 18.10 人，较上年增长 3.16%，医院总卫生技术人员数 91884 人，较上年增长 3.42%；医院总床位数 104907 张，较上年增长 10.01%。

（六）生活环境竞争力

1. 生活环境

2017 年县域森林覆盖率 23.09%，较上年增长 1.33 个百分点；污水处理厂集中处理率 82.20%，较上年增长 3.54 个百分点。

2. 环境保护

2017 年县域每万元 GDP 工业二氧化硫排放量 2.63 公斤；每万元 GDP 氮氧化物排放量 1.83 公斤；每万元 GDP 烟（粉）尘排放量 1.60 公斤；水

土流失综合治理面积8217千公顷，较上年增长10.76%。

3. 农业环境

2017年县域单位第一产业增加值使用化肥量0.019吨/万元（逆指标），单位第一产业增加值使用农药量0.33公斤/万元（逆指标），单位第一产业增加值使用地膜量2.73公斤/万元（逆指标）。

（七）社会结构竞争力

1. 人口结构

2017年县域非农人口占总人口的比重为23.89%，较上年增长1.48个百分点。县域人口占全省人口的比重为86.62%，较上年减少5.67个百分点。

2. 城乡结构

2017年县域农村从事非农产业的劳动力占农村总劳动力的比重为39.69%，较上年增长1.01个百分点。

（八）科学教育竞争力

1. 科教支出

2017年县域科技支出5.14亿元，较上年增长5.70%；教育支出368亿元，较上年增长4.94%；科技支出占GDP的比重为11.18%，较上年增长1.01个百分点；在校学生人均教育经费15360元，较上年增长3.93%。

2. 科教资源

2017年县域每万人普通中学在校生拥有专任中学教师数1054人；每万人小学在校生拥有专任小学教师数868人；每千户居民拥有普通中学数0.23所，每千户居民拥有小学数1.57所。

二　甘肃省县域竞争力比较分析

2017年甘肃省县域竞争力评价指标体系共包括宏观经济竞争力、产业发展竞争力、基础设施竞争力、社会保障竞争力、公共服务竞争力、生活环境竞争力、社会结构竞争力、科学教育竞争力 8 个一级指标。二级指标为 21 个，其中：宏观经济竞争力包含经济均量、经济总量、金融资本 3 个二级指标；产业发展竞争力包含产业总量、产业结构、产业效率 3 个二级指标；基础设施竞争力包含居住条件、交通通信 2 个二级指标；社会保障竞争力包含医疗保险、养老保险、基本生活保障 3 个二级指标；公共服务竞争力包含科技服务、文化娱乐、医疗卫生 3 个二级指标；生活环境竞争力包含生活环境、环境保护、农业环境 3 个二级指标；社会结构竞争力包含人口结构、城乡结构 2 个二级指标；科学教育竞争力包含科教支出、科教资源 2 个二级指标。与二级指标相对应的三级指标有 64 个。

通过对宏观经济竞争力、产业发展竞争力、基础设施竞争力、社会保障竞争力、公共服务竞争力、生活环境竞争力、社会结构竞争力、科学教育竞争力 8 个一级指标进行计算和分析，2017 年甘肃省 77 个县（市、区）县域综合竞争力各项前十强的情况如表 1 所示。

表 1　2017 年甘肃省县域综合竞争力排名

指标名称	前十强
综合竞争力	凉州区、西峰区、甘州区、临夏市、麦积区、肃州区、崆峒区、永登县、榆中县、肃北县
宏观经济竞争力	凉州区、肃州区、西峰区、甘州区、麦积区、敦煌市、崆峒区、玉门市、榆中县、环县
产业发展竞争力	西峰区、凉州区、永登县、麦积区、皋兰县、榆中县、甘州区、崆峒区、临夏市、肃州区
基础设施竞争力	临夏市、西峰区、临泽县、皋兰县、崇信县、广河县、甘州区、静宁县、山丹县、泾川县
社会保障竞争力	甘谷县、肃北县、金塔县、敦煌市、山丹县、临夏市、临泽县、民勤县、榆中县、徽县
公共服务竞争力	阿克塞县、肃北县、肃州区、碌曲县、肃南县、甘州区、华亭县、西峰区、崆峒区、凉州区
生活环境竞争力	康县、玛曲县、文县、舟曲县、天祝县、灵台县、迭部县、徽县、卓尼县、泾川县
社会结构竞争力	凉州区、临夏市、武都区、和政县、肃州区、崆峒区、临夏县、山丹县、甘州区、华亭县
科学教育竞争力	环县、康乐县、静宁县、清水县、岷县、文县、陇西县、通渭县、积石山、礼县

从 2017 年甘肃省县域竞争力综合得分排序来看，排序较上年提升的有 33 个县，其中进步明显的县是甘谷县、武山县和康乐县；排序较上年不变

的有13个县；排序较上年下降的有31个县，退步幅度较大的县是肃南县、两当县和高台县。

从2017年甘肃省县域竞争力综合得分来看（见表2），均值为69.56，县域竞争力整体处于一般劣势；极差为7.35，在最大赋值范围内偏离29.40%，反映出研究县域范围内县域竞争力得分最高县域与得分最低县域存在较大差异，发展相对不均衡；同时，方差为1.96，标准差为1.40，反映出研究县域范围内县域竞争力整体差异不大，其中极差、方差、标准差相对2016年均有缩小。结合均值、极差、方差及标准差，2017年甘肃省县域竞争力整体在较低水平存在一定不均衡性。

表2　甘肃省县域社会综合竞争力及子系统得分比较

指标	综合	2017年县域竞争力							
		宏观经济	产业发展	基础设施	社会保障	公共服务	生活环境	社会结构	科学教育
均　值	69.56	66.32	68.66	72.73	72.49	64.14	76.45	70.02	67.28
极　差	7.35	16.15	13.38	11.89	15.90	17.38	10.36	17.74	10.57
方　差	1.96	10.99	5.94	5.43	5.73	8.30	4.49	10.26	4.03
标准差	1.40	3.32	2.44	2.33	2.39	2.88	2.12	3.20	2.01

从2017年甘肃省县域竞争力水平归类分布来看，处于绝对优势、一般优势、绝对劣势的均为0个，中势的25个，一般劣势的52个。其中相对竞争力水平较好的25个县（市、区），除甘谷县、华亭县、环县、静宁县、徽县、陇西县、成县处在连片特困地区，其余均为市（州）所在地或河西地区及兰州市周边县（市）。所以，2017年甘肃省县域竞争力分布与行政区域分布有较大相关性；随着这几年扶贫开发力度加大，贫困县县域竞争力有上升趋势。

就2017年甘肃省县域竞争力8个一级指标而言（见表2），从均值来看，生活环境竞争力均值76.45，处于一般优势；基础设施竞争力均值72.73、社会保障竞争力均值72.49、社会结构竞争力均值70.02，处于中势；产业发展竞争力均值得分68.66、科学教育竞争力均值67.28、宏观经济竞争力均值66.32，处于一般劣势；公共服务竞争力均值64.14，处于绝对劣势。从极差、方差、标准差来看，所研究县域内，社会结构、宏观经济、基础设施、社会保障、公共服务均存在较大差异，科学教育、生活环境、产业发展存在一定差异。

从排序变动来看，排序上升的有33个县（市、区），其中，甘谷县上升27位、武山县上升25位、康乐县上升22位、康县上升18位、武都区上升17位、张家川上升16位、泾川县上升15位、镇原县上升14位、清水县上升14位、文县上升12位、永登县上升11位、西和县上升10位；排序未变的有13个县（市、区）；排序下降的有31个县（市、区），其中，肃南县下降36位、两当县下降26位、高台县下降21位、天祝县下降20位、华池县下降18位、迭部县下降17位、正宁县下降13位、民勤县下降12位、阿克塞下降11位、灵台县下降11位、民乐县下降10位。相对2016年排序变化，2017年县域综合竞争力波动较大。

从13个市（州）（不含嘉峪关市）总体来看，均值为69.63，与77个县（市、区）结果一致，均处在一般劣势；极差、方差、标准差明显缩小，说明在13个市（州）（不含嘉峪关市）之间总体差异不大，结合77个县（市、区）的评价结果，看出各市（州）所辖县域之间存在较大差异，各市（州）所辖县域之间发展不均衡。从13个市（州）（不含嘉峪关市）县域竞争力8个一级指标得分的极差、方差、标准差来看，与77个县（市、区）相比较明显缩小，但仍然存在一定差异，要素配置不均衡；同时结合77个县（市、区）评价结果，也说明各市州所辖县域之间存在较大差异，各市（州）所辖县域之间要素配置不均衡。从排序变动来看，排序上升的有4个市（州）：兰州市（不含5区）、天水市（不含秦州区）、定西市、陇南市。排序未变的有5个市（州）；排序下降的有4个市州：张掖市、庆阳市、金昌市（不含金川区）、武威市。

三　甘肃省县域经济社会发展的特点与存在的问题

（一）县域经济结构不合理，区域发展差距明显

从77个县（市、区）的县域经济整体情况来看，2017年县域地区生产

总值较上年增长仅为2.31%，为近年来的最低点，低于全省3.6%和全国6.9%的水平。只有6个县增速在10%以上，增速排名前三位的县域分别是西峰区（22.00%）、榆中县（14.70%）和华亭县（14.04%）。增速在5%~10%的有22个，增速在0~5%的有23个，有26个增速为负。退步严重的4个县是阿克塞县（-43.64%）、肃北县（-26.92%）、肃南县（-26.72%）和庆城县（-23.65%）。

从77个县（市、区）的县域经济人均情况来看，2017年县域人均地区生产总值较上年下降4.80%，有7个县发展情况较好，增速在10%以上，增速排名前三位的分别是皋兰县（46.58%）、永登县（33.40%）和西峰区（21.18%）。增速在5%~10%的有15个，增速在0~5%的有30个，有25个增速为负值。退步严重的4个县是阿克塞县（-44.18%）、肃北县（-27.02%）、肃南县（-26.86%）和庆城县（-23.33%）。

2017年固定资产投资额下滑比较明显，甘肃省固定资产投资额5696.35亿元，同比下滑40.3%，77个县域固定资产投资额下滑43.65%，只有13个县增速为正值，增速较高的3个县是皋兰县（18.94%）、舟曲县（14.83%）和临潭县（8.71%），下滑严重的3个县是华池县（-87.37%）、肃南县（-80.00%）和正宁县（-73.39%）。

从产业效率来看，第二产业近5年平均增长速度超过10%的有13个县，其中前三位是和政县（16.397%）、皋兰县（13.45%）和镇原县（13.32%）；增速为负值的有4个县，肃南县（-2.88%）、碌曲县（-1.91%）、夏河县（-1.67%）和天祝县（-0.61%）。第三产业近5年平均增长速度超过10%的有15个县，其中前三位是榆中县（13.17%）、皋兰县（13.14%）和东乡县（11.79%）。

从产业结构来看，77个县域产业结构比重为23∶25∶52，产业结构严重不合理，第一产业比重偏大，只相当于全国20世纪90年代初期水平；第二产业比重严重不足，远远低于全国50%的水平。但第二产业始终在GDP结构中占据最重要的地位，是县域经济发展的“发动机”，比重过低严重影响县域经济的发展。第二产业比重超过50%的县只有6个，占比40%~50%

的有5个县，占比30%～40%的有7个县，占比20%～30%的有24个县，占比10%～20%的有29个县，不足10%的有6个县。

从县域发展经济指标来看，其中均量指标中，人均地区生产总值较上年下降4.80%，人均固定资产完成额较上年下降44.68%，人均地方财政收入较上年下降6.48%。城镇居民可支配收入较上年增长8.16%，农村居民人均纯收入较上年增长9.49%，人均社会消费品零售额较上年增长8.65%。总量指标中，地方财政收入较上年下降0.01%，社会消费品零售总额较上年增长8.00%。金融资本指标中，金融机构存款余额较上年增长5.27%、金融机构贷款余额较上年增长8.56%、固定资产投资完成额较上年下降43.65%，新增固定资产较上年下降38.12%。

从数量上看，2017年77个县（市、区）地区生产总值超过100亿元的县域有11个，凉州区（276亿元）、西峰区（210亿元）、肃州区（178亿元）、麦积区（175亿元）、甘州区（174亿元）、崆峒区（138亿元）、玉门市（134亿元）、武都区（111亿元）、永登县（107亿元）、榆中县（105亿元）和敦煌市（101亿元）。较2016年的9个县——凉州区（287亿元）、西峰区（172亿元）、甘州区（169亿元）、肃州区（169亿元）、麦积区（164亿元）、崆峒区（131亿元）、玉门市（119亿元）、敦煌市（106亿元）和武都区（104亿元），增加了2个县：永登县和榆中县。

（二）县域竞争力不同程度下降，区域不平衡日益显现

2017年甘肃省县域经济社会发展水平不均衡，县域各子系统发展程度差异性较大，不存在明显的区域共性特征。

从均值方面看，在测评的宏观经济竞争力、产业发展竞争力、基础设施竞争力、社会保障竞争力、公共服务竞争力、生活环境竞争力、社会结构竞争力、科学教育竞争力等8项指标中，平均得分最高的是生活环境竞争力（76.45分），其次为基础设施竞争力（72.73分）、社会保障竞争力（72.49分）、社会结构竞争力（70.02分）、产业发展竞争力（68.66分）、科学教育竞争力（67.28分）、宏观经济竞争力（66.32分）和公共服务竞争力

(64.14 分)。与上一年相比，宏观经济竞争力和生活环境竞争力得分较上年有所提高，基础设施竞争力与上一年持平，但产业发展竞争力、社会保障竞争力、社会结构竞争力、公共服务竞争力和科学教育竞争力较上年都有不同程度的下降。

从差异方面看，总体均值变化不大，但方差和标准差增大。在测评的宏观经济竞争力、产业发展竞争力、基础设施竞争力、社会保障竞争力、公共服务竞争力、生活环境竞争力、社会结构竞争力和科学教育竞争力等8项指标中，县域之间发展存在较大差异的指标是宏观经济竞争力和社会结构竞争力，其标准差均超过3，县域宏观经济发展差异有逐渐拉大的趋势。

（三）城乡居民收入稳步增长，但县域服务水平发展不充分

2017年甘肃省77个县（市、区）县域宏观经济竞争力得分均值为66.32，处于一般劣势，其极差、方差、标准差均相对较大，差异性较大，77个县（市、区）之间发展很不均衡；3个二级指标得分都较上年有所增加，其中，经济总量均值为71.07，处于中势；金融资本均值为65.81，处于一般劣势；经济均量均值为64.03，处于绝对劣势；3个二级指标的极差、方差、标准差都较上年增大，在77个县（市、区）之间，3个要素配置失衡有扩大的趋势。从77个县（市、区）宏观经济竞争力水平归类分布来看，行政区域分布特征明显，市（州）所在贫困县域宏观经济竞争力提升较快，其他贫困县宏观经济竞争力提升相对较慢。相对于2016年县域宏观经济竞争力排序变化，2017年县域宏观经济竞争力排序波动较大。

从居民收入水平看，2017年甘肃省县域城镇居民可支配收入23686元，较上年增长8.16%，县域农村居民人均纯收入8937元，较上年增长9.49%，增幅明显；甘肃省县域城镇居民可支配收入最高的是阿克塞哈萨克自治县（36097元），最小的是榆中县（16671元），均值为23686元，中位数22966元。2017年甘肃省县域农村人均纯收入最低值与最高值之间的差

距为5.08倍，较2016年的5.09倍略有缩小。农村人均可支配收入最大值是阿克塞哈萨克自治县（24870元），最小值是东乡县（4908元），均值8937元，中位数为7560元。

2017年甘肃省77个县（市、区）县域公共服务竞争力得分均值为64.14，处于绝对劣势，其极差、方差、标准差均相对较大，差异性较大，77个县（市、区）之间发展很不均衡；医疗卫生均值为66.23，处于一般劣势；科技服务和文化娱乐均值分别为64.13和61.64，处于绝对劣势；从3个二级指标的极差、方差、标准差来看，都存在较大差异，77个县（市、区）之间，3个要素配置较严重失衡；从3个二级指标的标准差来看，科技服务（3.64）、文化娱乐（3.02）和医疗卫生（3.58）都大于3，表明在77个县（市、区）中，3个要素发展程度存在严重的区域性差异。每万人拥有执业（助理）医师数县域平均值为18.10人，最高为阿克塞县（46.74人/万人），最低为古浪县（6.22人/万人）；每万人拥有医疗卫生机构专业技术人员数的县域平均值为43.27人，最高为阿克塞县（125人/万人），最低为东乡县（11.03人/万人）；每万人拥有的医院、卫生院床位数的县域平均值为47.92张，最高为肃北县（140张/万人），最低为礼县（15.07张/万人）；每万人拥有专业技术人员数的县域平均值为144.52人，最高为碌曲县（506.42人/万人），最低为和政县（1.80人/万人）。低于5人/万人的县有和征县（1.18人/万人）、广河县（2.87人/万人）和徽县（3.07人/万人）。

（四）非农人口占总人口的比重较大，县域城镇化进程缓慢

实施乡村振兴战略，是党的十九大明确提出的重大战略部署，为有效解决城乡发展不均衡、农业农村发展不充分问题指明了方向。按照“产业兴旺、生态宜居、乡风文明、治理有效、生活富裕”的总要求，建立健全城乡融合发展体制机制和政策体系，加快推进农业农村现代化，是今后解决“三农”问题的关键。但甘肃省城镇化整体发展水平较低，相对于发达地区发展较为落后。2017年甘肃城镇化率为46.39%，较上年提高1.7个百分

点。比全国（58.52%）低 12.13 个百分点，纵向比较来看，城镇化率与全国差距缩小不明显。

从县域内部横向比较来看，2017 年甘肃省 77 个县（市、区）中，非农人口占总人口的比重平均为 23.89%，中值为 20.31%，非农人口占总人口的比重较上一年增加了 1.48 个百分点。其中，非农人口占总人口的比重不足 10% 的县有 11 个，比重在 10% ~20% 的有 27 个县，比重在 20% ~30% 的有 19 个县，比重在 30% ~40% 的有 14 个县，40% 以上有 6 个县。非农人口占总人口的比重最小值为 5.91%（渭源县），最大值为 84.60%（临夏市）。从农村内部来看，2017 年甘肃省 77 个县（市、区）中，农村从事非农产业的劳动力占农村总劳动力的比重平均为 39.69%，中值为 40.28%。非农人口占总人口比重较大的原因是大多数农村剩余劳动力基本在城市有稳定的工作，而且在城市居住很长一段时间，有的居住时间达十几年。由于统计的是户籍人口数，是户籍城镇化率，与常住人口城镇化率有较大的统计误差。目前存在的主要问题是，这些在城市常住的农民工因户籍原因无法享受城市的基本公共服务，包括医疗保障、失业保障、养老保障等一系列社会保障，农民工的社会保障基本上都在他所在的户籍地，这种现象严重地影响了城镇化水平的提高。

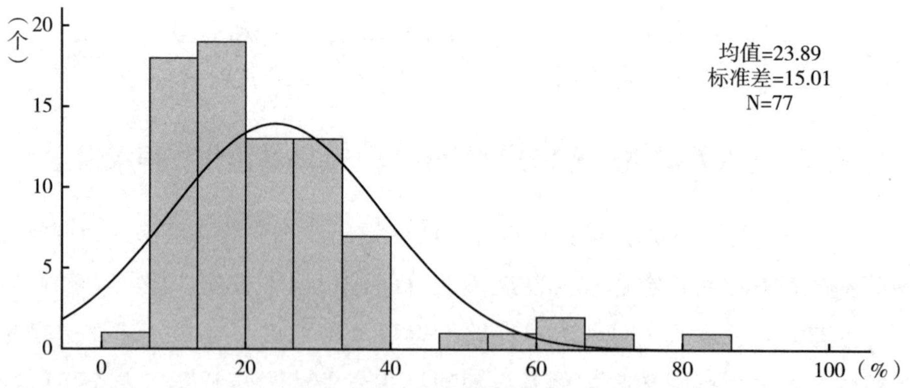

图 1　非农人口占总人口的比重

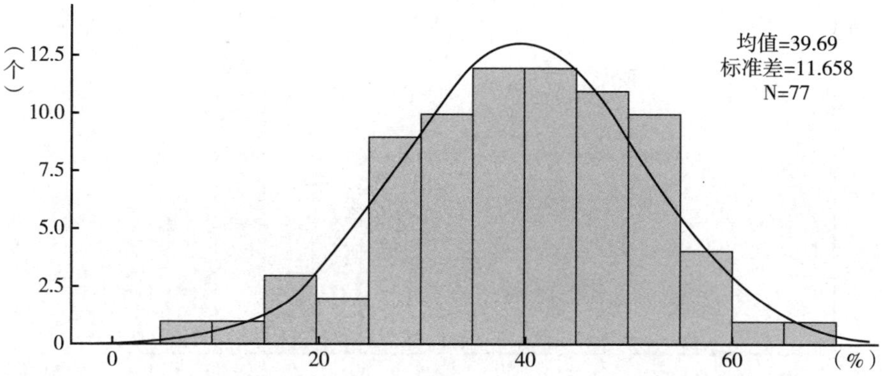

图 2　农村从事非农产业的劳动力占农村总劳动力的比重

（五）生产生活条件明显改善，但宜居环境建设任重道远

2017 年甘肃省 77 个县（市、区）县域生活环境竞争力的得分均值为 76.45，处于一般优势，其极差、方差、标准差均相对较大，差异性较大，77 个县（市、区）之间发展很不均衡；农业环境得分均值为 79.37、环境保护得分均值为 76.23，处于一般优势；生活环境得分均值为 74.00，处于中势；从 3 个二级指标的极差、方差、标准差来看，都存在较大差异。

从居住生活条件来看，2017 年甘肃省 77 个县（市、区）差异极显著，标准差达到 4.01。其中，城乡住房砖木结构以上比重均值为 64.60%，较上年增加 29.11 个百分点，最大值为 97.44%（阿克塞县），最小值为 14.85%（卓尼县），中位数为 71.28%。县域自来水受益村比重均值为 92.66%，较上年增长 1.52 个百分点，最大值为 100%（有 30 个县实现了自来水全覆盖，较上年增加 1 个县），最小值为 30.28%（环县），中位数为 98.51%；2017 年甘肃省 77 个县（市、区）农村有线电视普及村比重均值为 64.29%，较上年增长 9.87 个百分点，最大值为 100%，有 19 个县普及率达到 100%，有 33 个县普及率不足 50%。

从交通通信方面来看，2017 年县域国际互联网用户占总户数的比重均值为 49.37%，较上年增长 12.3 个百分点，中位数为 43.05%，比重在 5%

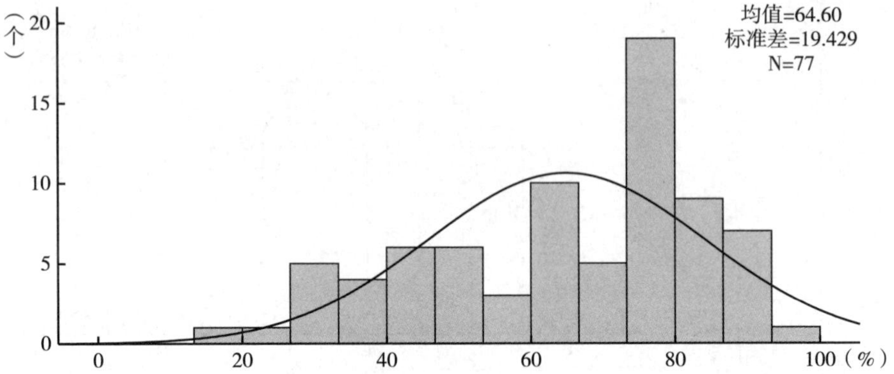

图 3　城乡住房砖木结构以上比重

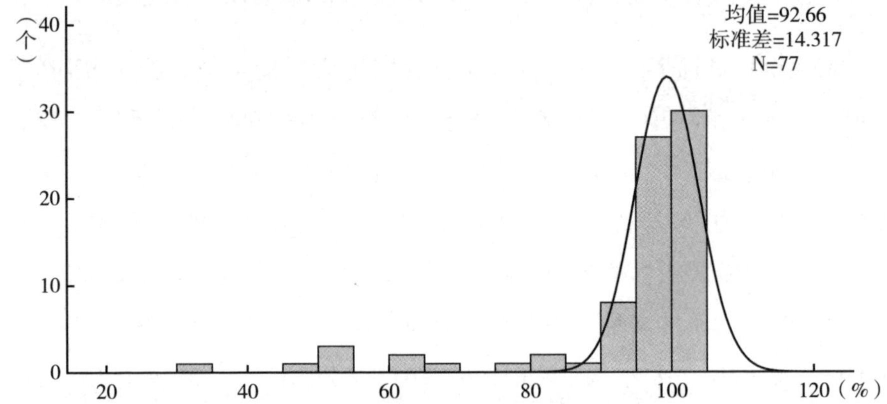

图 4　自来水受益村比重

以下的有 4 个县（积石山县、宕昌县、东乡县和漳县）；移动电话用户占总人口的比重均值为 95.20%，较上一年增长 30.61 个百分点，达到 100% 的有 68 个县，比重最小的 2 个县是宕昌县（12.68%）和东乡县（18.64%）。县域境内公路密度均值为 61.58 公里/百平方公里，较上一年增加了 1.51 公里/百平方公里，最小值为 0.74 公里/百平方公里（两当县），最大值为 209 公里/百平方公里（广河县），中位数为 58.73 公里/百平方公里。

2017 年县域森林覆盖率为 23.09%，较上年增长 1.33 个百分点，县域森林覆盖率最低的为皋兰县（0.37%），最高的为两当县（82%），中位数为16.69%。2017年77个县（市、区）共计水土流失治理面积达8216.99千公顷，较上年增加798.51千公顷，其中水土流失治理面积前三位为天祝县（391千公顷）、会宁县（381千公顷）和玛曲县（300千公顷）。

从2017年环境保护的指标来看，大气污染中工业二氧化硫排放量占首位，其次是氮氧化物排放量和烟（粉）尘排放量。工业二氧化硫排放量排前三位的是靖远县、积石山县和夏河县；氮氧化物排放量排前三位的是夏河县、和征县和漳县；烟（粉）尘排放量排前三位的是天祝县、夏河县和东乡县。农村面源污染的三项指标单位中，单位第一产业增加值使用化肥量前三位是东乡县、环县和通渭县；单位第一产业增加值使用农药量前三位是东乡县、宁县和清水县；单位第一产业增加值使用地膜量前三位是环县、积石山县和通渭县。

（六）县域科教投入小幅增长，但创新发展能力整体偏弱

2017年甘肃省77个县（市、区）科学教育竞争力得分均值为67.28，处于一般劣势，其极差、方差、标准差均相对较大，差异性较大，77个县（市、区）之间发展很不均衡；科教资源均值为69.12、科教支出均值为65.45，2个二级指标的均值较上年都有所下降，科教支出和科教资源配置都存在发展不足的问题；从二、三级指标的极差、方差、标准差来看，在科教支出、教育资源配置等方面均存在较大差异，县域之间科教支出和科教资源配置存在严重不均衡。从77个县（市、区）科学教育竞争力水平归类分布来看，行政区域分布特征、地理位置特征及贫困特征均不太明显。

2017年甘肃省77个县（市、区）教育支出总计368亿元，较上年增长4.94%。教育支出最高的三个县是凉州区（12.58亿元）、会宁县（9.29亿元）和麦积区（9.22亿元）；在校学生人均教育经费15360元，较上年增长3.93%。其中，在校学生人均教育经费支出最多的县是肃北县（52388元），最少的是积石山县（6568元）；县域每万人普通中学在校生拥有专任中学教师数前三位是积石山县、西峰区和卓尼县；每万人小学在校生拥有专任小学

教师数前三位是碌曲县、迭部县和合作市；县域每千户居民拥有普通中学数0.23所，每千户居民拥有普通中学数前三位是通渭县、徽县和静宁县；每千户居民拥有小学数1.57所，每千户居民拥有普通小学数前三位是张家川县、清水县和积石山县。

2017年在县域科技支出5.14亿元，较上年增长5.70%；77个县（市、区）中有28个县2017年科技支出低于上年。县域科技支出占GDP的比重较上年增长1.01个百分点，77个县（市、区）中有35个县2017年科技支出占GDP的比重低于上年。2017年甘肃省77个县（市、区）县域科技支出最高的三个县是环县、民勤县和临夏市；县域科技支出占GDP的比重最高的三个县是康乐县、文县和岷县。

2017年县域每万人拥有专业技术人员数145人，县域每万人拥有专业技术人员数最多的三个县是碌曲县、肃北县和肃州区。2017年县域每万人专利授权数3.06个，较上年增长41.37%。每万人专利授权数最多的三个县是阿克塞县、肃南县和临泽县。

四 甘肃省县域经济发展的对策与建议

（一）树立工业立县思路，大力培育发展新经济

以工业产业结构优化为重要着力点，将传统优势产业、有规模与集群优势的新兴产业和高技术服务业作为县域工业产业结构优化方向。要运用高新技术改造提升传统产业，提升产品竞争力和促进产业转型升级。大力发展实体经济，出台工业发展激励措施和扶持中小企业成长实施意见等的具体政策，为工业企业的发展提供有力支持。总结祁连山事件的经验教训，综合考虑县域环境承载力和资源供给能力，严格执行项目准入评价制度，引进资源消耗低、环境污染少、经济效益好的产业项目；加强资源节约和综合利用，大力发展循环经济，推进传统产业绿色化改造。

以园区提质扩容为目标，大力发展工业园、高新技术产业园项目，扩大

招商引资力度。根据当地工业发展的实际情况，把抓好工业有效投资作为建设工业强县的有力保障，政府要在园区整体规划、基础设施建设、科技支撑体系、政策扶持措施等方面发挥主导作用，营造有利于高新技术产业园区发展的环境。整合县域园区、企业和科研机构的优质科技资源，为园区发展提供科技支撑，坚持合理利用土地等有限资源，走集约化发展道路。

转变工业投资理念和方式，拓展多种投资方式。积极开展与战略性新兴产业、高技术服务业的对接投资；开展购买品牌、并购企业、建设营销网络等并购重组性投资；开展人才、科技创新和劳动者技能培训等开发性投资；开展建设总部基地、创新基地、新兴产业基地、工业强镇等平台性投资；开展引进央企、外企、知名民营企业等开放合作性投资。

以提升自主创新能力为关键环节，提升企业的自主创新能力和产品竞争力。紧紧抓住增强县域工业自主创新能力和技术进步这个关键环节，从发展理念、政策措施、保障机制等方面着手，加快技术工艺、关键技术、商务模式等方面的创新，推动工业增长由主要依靠物质资源消耗向主要依靠技术进步、高素质人力资源和管理创新的转变。整合技术、人才以及信息资源，建立科技研发机构，大力推进以企业为主体、以市场为导向、产学研相结合的县域工业发展技术创新体系建设。

（二）以体制机制为突破口，加快现代服务业发展

以体制机制为突破口，加快现代服务业发展。必须打破条块分割的管理体制，消除现代服务业发展的障碍，建立公开、平等、规范的现代服务业企业准入制度，扩大现代服务业的开放程度，提高现代服务业对内对外开放水平，鼓励社会资本和外资投入，引导行业内良性有序竞争；改革有关税费制度，实行与工业企业同样的用地和水电气等价格，对符合战略性的现代服务业企业，实行税收减免等优惠政策，将人力资源培训、研发投入等费用在税前冲减；完善现代服务业的投融资机制和人才引进、培养、使用机制等，以保护和调动一切有利于加快开展发展现代服务业行动的积极性得到充分的释放。

增强现代服务业对相关产业的辐射带动作用。以县域政府或乡镇所在地为重点，通过设立中心商务区，重点开发和推进金融、科技、信息传输、商务服务业等集聚，增强对周边地区的辐射作用，带动现代服务业及其他产业的兴起与发展。

要依托大数据管理，加快县域服务平台设施建设，包括技术资源类平台、区域消费平台、人才资源类平台、投融资类平台、管理服务类平台等。要促进大数据与传统工业、农业产业、现代服务业深度融合，实现数据共融共享、引导传统产业转型升级；要立足县域实际，培养电商人才、构建服务体系、搭建交流平台，着力打通“下行”渠道。引导电商企业、物流企业及电子商务相关服务人员组建电子商务协会，形成联系县域电商企业和电商创业者的纽带和交流平台。

发展农村生产性现代服务业。围绕全县农业生产的产前、产中、产后服务，加快构建和完善以生产销售服务、科技服务、信息服务和金融服务为主体的农村社会化服务体系。建立和完善农村富余劳动力输出信息网络、劳务市场、技能培训和依法保障的服务机制。

构建现代物流网络，培育物流市场，积极在县域建立大型龙头物流企业的采购、配送中心，加强物流市场的监督与管理，加速发展现代物流业，改造提升传统物流业。

（三）继续巩固农业基础，大力实施乡村振兴战略

构建农村一、二、三产业融合发展体系，大力推进绿色农业、品牌农业建设，优化农业产品结构，根据各地农业生产环境、生态体系和资源禀赋，优化农产品区域布局，同时向创新驱动、内涵发展转型，进一步优化农业的生产体系；支持农业科技企业发展，大力扶持智慧农业企业、农业生物制造企业、高端农机装备制造企业等农业科技企业。

要实现农业的集约化经营，大力发展农民合作社和家庭农场两类农业经营主体，不断提高农业经营效率。实现农业产业内部分工，加快农业生产经营方式从单一农户、种养为主、手工劳动为主向主体多元、广泛采用农业机

械和现代科技转变，构建新型农业经营体系。要不断壮大农林产业化龙头企业，鼓励建立现代企业制度。鼓励工商资本到农村投资农村一、二、三产业项目开发，构建互惠共赢的产业共同体。

大力发展绿色金融业务，贯彻国家控制农业用水、减少化肥和农药用量的“一控两减三基本”部署，支持农业面源污染治理，采取PPP融资模式、产业基金、参与承销和认购地方政府债券等方式，支持农村环境综合整治。通过信贷、发债、基础设施基金等多种形式，以经营性项目为重点，支持电网改造、农村信息入户、经营性公路等建设项目。

完善现代高效农业融资体系，继续拓展和完善“保险＋信贷”融资模式，大力发展信用保证保险、借款人人身保险、保单质押贷款等业务，发挥保险机制增信作用，缓解现代高效农业融资难问题。

（四）持续统筹城乡发展，积极推进新型城镇化

积极推进特色小城镇建设、推进农业转移人口市民化。加快发展中、小城市是城镇化发展的主攻方向，甘肃省县域土地、光热、电力资源丰富，可以承接大城市难承载的产业和公共服务项目，要根据自己的实际情况，依托优势资源，发展特色产业。

改革分割城乡人口的户籍制度，户籍改革的真正内涵不在于改革户籍，而在于社会福利的均等化，在于医疗、养老、住房、低保等公共服务和福利保障的均等化。户籍制度改革的方向是减少户籍造成的公共服务差异，逐步完善城乡社会保障制度体系，特别是逐步完善城乡社会低保制度和医疗保险制度。逐步改革土地使用制度。保障农民的土地权益，促进农村土地市场建设和土地使用权的流转。

积极完善城乡统筹规划，主要包括城乡经济社会发展整体规划、城乡土地利用发展整体规划等，同时对于市、县地域内的城镇建设也要合理布局，科学规划。在河西和中部地区一些土地资源丰富的县域，可以尝试建立田园城市、卫星城市，建立以城市CBD为中心的低空间、低密度自建住宅区，优先安置自愿进城落户的异地搬迁户。

要大力发展人口较多、位置重要的中心村，努力保护具有历史文化价值的乡村文化特色村，对于人口极少的空心村要进行整治，通过人口迁移或在原村庄的基础上重新规划。对乡镇村庄进行规划，要尊重农民的意愿，对有历史价值和艺术价值的传统村庄，以及少数民族特色村寨和民居一定要严格保护。

各级政府要加大对保障房建设的投入，同时要完善资金投入机制，确保保障房的福利性。加大对城镇低收入者、农村进城务工者的住房扶持力度，实行不同的住房政策，积极推动廉租房、保障房建设。要制定严格的监督程序，以确保廉租房、保障房分配时的公开、公平、透明。

（五）夯实扶贫攻坚基础，大力提高公共服务供给能力

统筹城乡居民基本养老保险和基本医疗保险在不同地区之间的异地结算，要从方便人民群众生活的角度出发，为那些长期在城市居住、生活，但相关医疗保险、养老保险却在自己户籍地的农村转移人口，逐步建立城乡医疗保险对接机制。

切实推动义务教育均衡发展，保障贫困家庭子女的受教育权利。各地从实际出发，考虑农村偏远地区、山区和牧区学龄儿童就学的便利性，依据当地地理因素和经济发展水平适度保留低年级村小，以降低贫困家庭在租房、陪读方面的开支。对在贫困村进行义务支教的志愿者给予可持续性职业规划的政策支持。在公共服务投入上向贫困地区教育倾斜，重点解决贫困地区的师资待遇、培训问题。

建立三级医疗卫生服务网络，县级医院、乡镇卫生院和村卫生室配备相应的人员和设备，有条件的地方可建立乡镇卫生院远程诊疗系统，为农民提供优质便捷的医疗服务，初步建立农村医疗分诊制度。以农村公共服务平台建设为重点，加强乡镇村文化设施和体育设施建设，如图书馆、篮球场地、休闲小广场等，丰富农民在闲暇时间的精神文化生活，努力做到扶贫与扶智相结合。

要建立公共服务和扶贫开发的责任监督体系，明确责任与任务，将基本

公共服务的各项指标和任务分解落实到各有关部门。各有关部门要按照行业分工和职责分工编制专项规划，并明确工作责任和进度。通过完善基本公共服务监督机制、考核机制和问责机制，增加基本公共服务绩效考核在政府和干部政绩考核中的权重。

（六）优化发展环境，强化政策保障

建立完善农业科技激励和利益分享机制，鼓励农业科技人员下乡从事农业技术推广和农业经营性组织建设，提高他们的工作待遇、生活补贴等；建立鼓励创意产品、创新技术和农业科技成果转化为生产力的激励机制。

加大对创业的政策扶持力度，包括出台支持科研技术人员、大中专毕业学生和返乡农民工创业的优惠政策，形成政府激励创业、社会支持创业、劳动者勇于创业的大众创业新机制。加大对创业的财政支持，尤其是对贫困地区创办的企业或个体经营户在税收、水、电等方面实行减免政策。同时，金融机构要开发适当的金融产品对创业者给予政策引导、贷款优惠。

打破行业垄断，降低门槛，简化手续，广泛动员外资及民间资本等各种社会力量投入县域经济发展，逐步形成政府、企业、个人、社会多元化的投融资格局。

大力营造育才、引才、聚才、用才、留才的良好环境，加快形成一支富有创新精神、敢于承担风险的创新型人才队伍和懂业务、会管理的人才队伍，促进县域经济提质增效。实施青年人才选拔和创新型青年人才培养计划，增强县域经济的发展后劲。

评 价 篇

Evaluation Articles

B.2 甘肃省县域竞争力综合评价

潘从银　王建兵　李忠东*

摘　要： 本报告主要通过构建甘肃省县域竞争力指标体系，利用一定的数理分析方法，对2017年甘肃省77个县（市、区）经济社会发展数据进行处理分析，得出2017年甘肃省县域竞争力发展特征：①2017年甘肃省县域竞争力整体水平仍相对较低；②2017年甘肃省县域竞争力从8个一级指标均值来看，生活环境竞争力处于一般优势，基础设施竞争力、社会保障竞争力、社会结构竞争力处于中势，产业发展竞争力、科学教育竞争力、产业发展竞争力，处于一般劣势，公共服务竞争力处于绝对劣势；③2017年甘肃省县域竞争力各市（州）及各

* 潘从银，区域经济学硕士，甘肃省社会科学院助理研究员，主要从事农村经济发展研究；王建兵，博士，研究员，甘肃省社会科学院农村发展研究所所长，研究领域为生态经济和农村发展；李忠东，甘肃省统计局农村工作处处长。

市（州）所辖县域之间差异性较大，县域竞争力发展很不均衡；各县（市、区）排序波动较大，政策连续性及稳定性较差，县域竞争力可持续性不强；④2017年甘肃省县域竞争力各市（州）及各市（州）所辖县域之间要素配置差异性较大，县域竞争力要素配置很不均衡；⑤2017年甘肃省各市（州）及各市（州）所辖县域之间县域竞争力具有一定的行政区域、地理位置、经济发展、经济结构等因素制约下的分布特征；⑥2017年甘肃省贫困地区县域竞争力上升趋势出现分化；⑦从2017年甘肃省县域竞争力综合排序来看，传统强县出现明显下降，政策倾向贫困县域脱贫，非贫困县域发展严重缺血；⑧从2017年甘肃省县域产业发展竞争力来看，各县（市、区）产业发展竞争力出现回归最初传统产业竞争力优势现象，反映了甘肃省2017年新兴产业发展不足，产业扶贫效果不明显；⑨2017年甘肃省县域基础设施竞争力来看，贫困县域与非贫困县域差异性不明显，一方面反映了近几年对各贫困县（市、区）基础设施投资力度较大，成效显著；另一方面反映了近几年对各非贫困县（市、区）基础设施建设投入相对不足。

关键词： 甘肃省　县域　竞争力　评价

一　甘肃省县域竞争力评价指标体系构建

（一）甘肃省县域竞争力评价指标体系构建思路

县域竞争力由于涉及县域社会、经济、环境等多方面因素影响，涉及面较广，指标选择十分繁杂，课题组在充分把握国家对县域发展的相关政策文件的基础上，充分借鉴国内外学者对县域竞争力研究的前提下，以准确客观反映甘肃省县域竞争力为原则，综合了学术界、各级管理层面、统计系统等相关人员的意见和建议，结合专家学者对上一年县域评价指标体系的意见和建议，设计和构建了甘肃省县域竞争力评价指标体系。

（二）甘肃省县域竞争力评价指标体系构建说明

2017 年甘肃省县域竞争力评价指标体系共包括宏观经济竞争力、产业发展竞争力、基础设施竞争力、社会保障竞争力、公共服务竞争力、生活环境竞争力、社会结构竞争力、科学教育竞争力 8 个一级指标。二级指标为 21 个，其中：宏观经济竞争力包含经济均量、经济总量、金融资本 3 个二级指标；产业发展竞争力包含产业总量、产业结构、产业效率 3 个二级指标；基础设施竞争力包含基础条件、交通通信 2 个二级指标；社会保障竞争力包含医疗保险、养老保险、基本生活保障 3 个二级指标；公共服务竞争力包含科技服务、文化娱乐、医疗卫生 3 个二级指标；生活环境竞争力包含生活环境、环境保护、农业环境 3 个二级指标；社会结构竞争力包含人口结构、城乡结构 2 个二级指标；科学教育竞争力包含科教支出、科教资源 2 个二级指标。与二级指标相对应的三级指标 64 个。其中 2017 年相对于 2016 年，指标构建方面保持一致。

二　甘肃省县域竞争力评价方法及评价标准

（一）甘肃省县域竞争力评价时间与地域范围

甘肃省县域竞争力评价时段以甘肃省统计局提供的各县域 2017 年度统计数据为依据，评价基准年份为 2017 年；根据国家统计局农村调查司有关全国县域竞争力所做的测评范围，结合甘肃省统计局的具体要求，课题组对甘肃省除兰州市城关区、七里河区、西固区、安宁区、红古区、嘉峪关市、金川区、白银区、平川区、秦州区之外的 77 个县（市、区）进行了县域竞争力的评价与分析。

（二）甘肃省县域竞争力评价方法

1. 数据的处理

在认真核对原始数据无误的情况下，对每一指标列数据进行标准化处理，使得各指标列数据形成无差异的标准化矩阵；在对数据进行标准化处理的基础上，分别以三级指标列为单位进行分值赋值，再进行加权加总得各级指标分值。

2. 指标权重的确定

对于指标权重的确定，课题组是在专家打分的基础上运用层次分析法（Analytical Hierarchy Process，AHP）进行指标权重确定。2017 年评价指标权重相对于 2016 年保持不变。

（三）甘肃省县域竞争力评价标准

甘肃省县域竞争力评价标准为 5 级划分，即：绝对优势、一般优势、中势、一般劣势和绝对劣势，其评价的方法是根据 77 个县（市、区）对应指标的分值进行评价。其中：分值小于等于 85、大于等于 80 为绝对优势，分值小于 80、大于等于 75 为一般优势，分值小于 75、大于等于 70 为中势，分值小丁 70、大丁等丁 65 为一般劣势，分值小丁 65、大丁等丁 60 为绝对劣势。

三　甘肃省县域竞争力综合评价

（一）甘肃省县域竞争力综合评价结果

1. 评价结果

通过对宏观经济竞争力、产业发展竞争力、基础设施竞争力、社会保障竞争力、公共服务竞争力、生活环境竞争力、社会结构竞争力、科学教育竞争力 8 个一级指标进行计算和分析，2017 年甘肃省 77 个县（市、区）县域竞争力综合评价情况如表 1 所示。

表1　2017年甘肃省县域竞争力评价

县（市、区）	2017年综合排序	2016年综合排序	排序变化	综合得分	2017年县域竞争力							
					宏观经济得分	产业发展得分	基础设施得分	社会保障得分	公共服务得分	生活环境得分	社会结构得分	科学教育得分
凉州区	1	1	0	74.04	78.26	75.91	74.09	74.23	66.46	75.70	79.24	68.27
西峰区	2	2	0	73.78	74.31	76.86	77.51	74.55	66.77	77.93	73.04	68.29
甘州区	3	3	0	72.54	74.05	72.49	75.49	73.89	68.03	76.73	73.62	66.73
临夏市	4	10	6	72.45	68.51	71.51	78.95	75.40	65.01	76.27	79.02	66.90
麦积区	5	6	1	72.31	73.37	73.59	73.95	72.89	65.56	78.33	73.23	67.82
肃州区	6	4	-2	72.27	76.72	71.26	74.72	72.83	69.44	75.95	74.59	63.92
崆峒区	7	7	0	71.41	71.96	71.76	74.00	71.75	66.48	75.94	74.16	66.13
永登县	8	19	11	71.16	67.44	74.68	73.06	74.20	63.89	76.45	73.10	67.44
榆中县	9	17	8	71.09	70.12	73.23	71.42	75.11	64.08	75.03	71.41	68.73
肃北县	10	5	-5	71.00	68.64	66.56	72.49	76.42	75.34	76.49	68.24	67.99
甘谷县	11	38	27	70.73	67.39	67.58	72.89	79.77	62.13	76.88	72.91	69.21
武都区	12	29	17	70.73	68.97	70.52	72.43	72.64	62.83	78.18	75.99	66.51
敦煌市	13	8	-5	70.68	72.64	69.21	73.57	75.58	66.07	76.08	70.96	63.32
临泽县	14	16	2	70.64	66.23	68.44	77.34	75.23	65.39	77.20	72.53	65.39
皋兰县	15	20	5	70.55	67.02	73.28	75.73	70.98	63.18	74.12	69.95	68.85
华亭县	16	23	7	70.37	67.39	68.47	74.52	70.13	67.37	77.65	73.52	66.34
环　县	17	15	-2	70.28	69.77	69.95	68.39	72.03	63.04	74.16	72.04	72.89
静宁县	18	22	4	70.24	65.51	66.71	75.27	72.84	64.50	76.30	71.18	70.90
山丹县	19	14	-5	70.20	65.46	68.70	75.14	75.49	64.97	77.03	73.92	64.42
徽　县	20	24	4	70.07	65.41	69.00	72.98	74.74	62.26	78.74	72.03	67.91
玉门市	21	18	-3	70.07	71.61	70.68	74.38	72.43	64.38	70.02	70.53	65.53
陇西县	22	25	3	70.05	67.12	69.15	71.34	72.49	64.80	76.18	70.36	70.15
阿克塞	23	12	-11	70.01	67.56	65.77	74.19	69.44	77.87	75.79	69.09	64.40
成　县	24	26	2	70.00	65.82	70.36	74.57	72.20	63.88	77.45	70.76	66.39
民勤县	25	13	-12	70.00	67.26	68.57	73.18	75.15	65.25	77.30	66.92	67.90
安定区	26	27	1	69.90	68.72	70.82	70.39	71.55	62.71	78.29	70.06	67.68
临洮县	27	35	8	69.89	66.65	69.74	73.29	73.57	63.34	76.74	69.57	67.47
庄浪县	28	34	6	69.80	64.86	66.72	74.50	73.81	64.38	75.44	71.79	68.99
泾川县	29	44	15	69.70	65.16	67.22	75.08	71.44	63.36	78.49	70.23	68.18
崇信县	30	32	2	69.64	65.34	67.09	75.58	73.70	64.13	77.56	71.29	65.16
天祝县	31	11	-20	69.61	65.61	68.10	71.86	72.57	65.49	79.32	69.38	67.35
武山县	32	57	25	69.60	66.51	67.39	72.77	72.93	62.74	76.49	71.82	68.03

续表

县（市、区）	2017年综合排序	2016年综合排序	排序变化	综合得分	2017年县域竞争力							
					宏观经济得分	产业发展得分	基础设施得分	社会保障得分	公共服务得分	生活环境得分	社会结构得分	科学教育得分
镇原县	33	47	14	69.58	65.99	68.49	72.56	72.68	62.19	77.24	72.04	67.40
清水县	34	48	14	69.55	65.35	68.33	73.62	72.89	61.79	76.62	67.85	70.23
金塔县	35	28	-7	69.53	67.91	67.46	73.40	76.35	64.37	76.30	69.05	64.06
张家川	36	52	16	69.47	63.90	67.69	74.97	71.96	63.25	76.75	69.07	69.24
文　县	37	49	12	69.45	64.35	68.35	72.37	71.76	60.93	79.71	69.29	70.17
康　县	38	56	18	69.43	63.66	67.64	72.84	74.22	64.16	80.19	67.00	68.35
临夏县	39	39	0	69.43	63.33	69.80	74.13	70.23	62.41	77.17	74.02	66.39
康乐县	40	62	22	69.42	63.02	68.92	73.49	71.78	62.43	77.01	67.18	71.75
民乐县	41	31	-10	69.39	65.47	68.64	75.01	72.88	64.06	76.40	69.11	65.22
高台县	42	21	-21	69.37	65.87	67.45	73.79	73.59	65.83	76.70	71.04	63.92
宁　县	43	36	-7	69.35	66.09	69.00	73.66	73.41	61.09	73.39	71.61	67.22
岷　县	44	53	9	69.30	64.02	67.42	74.22	70.42	63.39	77.26	68.14	70.20
肃南县	45	9	-36	69.25	64.92	65.87	73.50	71.21	69.20	78.35	66.75	67.06
正宁县	46	33	-13	69.18	64.35	67.15	74.22	73.29	61.53	78.03	70.51	66.57
庆城县	47	41	-6	69.17	67.43	69.29	70.88	73.92	63.07	76.98	68.67	65.10
靖远县	48	54	6	69.15	66.10	67.61	72.15	72.39	64.11	75.12	67.27	69.20
永靖县	49	51	2	69.09	64.22	69.02	72.19	72.03	65.15	75.07	69.64	67.22
通渭县	50	50	0	69.06	63.94	68.87	70.38	71.82	63.50	76.01	69.72	69.86
永昌县	51	43	-8	69.05	66.32	69.05	72.35	73.17	64.03	76.57	71.68	62.33
景泰县	52	45	-7	69.04	65.46	67.05	74.08	74.52	61.67	74.40	68.77	67.44
灵台县	53	42	-11	68.99	64.21	65.88	71.94	72.51	63.82	79.20	69.47	67.88
迭部县	54	37	-17	68.87	63.44	66.39	73.47	69.40	65.06	79.07	67.13	68.76
瓜州县	55	46	-9	68.81	69.61	68.52	72.79	73.85	64.68	69.83	66.82	64.38
两当县	56	30	-26	68.79	62.73	66.96	73.27	74.69	61.80	77.91	68.94	66.76
合水县	57	55	-2	68.76	64.69	67.83	73.84	72.98	63.62	76.08	67.85	65.00
华池县	58	40	-18	68.74	65.12	69.93	68.07	72.53	65.65	78.26	64.52	67.84
舟曲县	59	68	9	68.71	63.00	65.42	70.48	72.15	65.97	79.43	71.14	66.69
合作市	60	65	5	68.69	66.17	69.17	71.36	72.22	61.97	77.03	66.63	66.03
会宁县	61	58	-3	68.58	65.87	67.89	67.37	71.11	63.89	77.64	68.27	68.81
西和县	62	72	10	68.51	64.73	68.22	71.92	68.11	61.04	78.40	69.67	67.07
秦安县	63	66	3	68.51	66.78	68.01	71.54	71.70	61.91	71.64	69.47	67.26
和政县	64	59	-5	68.40	62.55	70.16	70.88	66.36	60.55	76.22	75.30	66.75

续表

县（市、区）	2017年综合排序	2016年综合排序	排序变化	综合得分	2017年县域竞争力							
					宏观经济得分	产业发展得分	基础设施得分	社会保障得分	公共服务得分	生活环境得分	社会结构得分	科学教育得分
渭源县	65	60	-5	68.36	63.89	67.44	71.65	73.34	63.18	74.91	66.41	67.53
广河县	66	71	5	68.32	63.07	68.80	75.49	69.39	61.01	75.28	68.76	65.14
卓尼县	67	67	0	68.30	63.68	65.93	70.61	72.28	64.59	78.67	63.71	68.98
碌曲县	68	61	-7	68.12	63.19	64.66	69.80	71.90	69.26	78.47	61.77	68.88
古浪县	69	63	-6	68.11	65.18	67.29	70.71	68.72	62.99	75.44	68.13	67.35
漳　县	70	70	0	68.09	62.98	68.37	72.34	71.70	61.29	71.75	72.60	65.33
礼　县	71	64	-7	67.96	64.44	67.22	67.06	72.42	61.33	73.21	70.51	69.39
临潭县	72	69	-3	67.95	63.18	66.06	71.75	71.46	61.17	76.33	67.34	67.79
宕昌县	73	73	0	67.65	63.52	67.50	69.95	72.49	61.98	75.19	68.39	64.68
积石山	74	74	0	67.41	62.39	68.47	70.51	63.87	61.93	73.60	68.42	69.51
玛曲县	75	75	0	66.91	63.64	63.49	67.94	73.28	64.39	79.76	61.50	65.05
东乡县	76	76	0	66.73	62.11	69.27	68.54	64.91	60.49	71.05	68.42	68.36
夏河县	77	77	0	66.70	63.65	63.79	67.97	71.52	61.95	77.12	65.15	65.42
均　值				69.56	66.32	68.66	72.73	72.49	64.14	76.45	70.02	67.28
极　差				7.35	16.15	13.38	11.89	15.90	17.38	10.36	17.74	10.57
方　差				1.96	10.99	5.94	5.43	5.73	8.30	4.49	10.26	4.03
标准差				1.40	3.32	2.44	2.33	2.39	2.88	2.12	3.20	2.01

资料来源：根据《甘肃发展年鉴》（2017）和甘肃省统计局提供的数据计算所得。

根据2017年甘肃省县域竞争力综合得分，甘肃省77个县（市、区）处于绝对优势的县（市、区）为0个；处于一般优势的县（市、区）也为0个；处于中势的县（市、区）有25个，包括凉州区、西峰区、甘州区、临夏市、麦积区、肃州区、崆峒区、永登县、榆中县、肃北县、甘谷县、武都区、敦煌市、临泽县、皋兰县、华亭县、环县、静宁县、山丹县、徽县、玉门市、陇西县、阿克塞、成县、民勤县；处于一般劣势的县（市、区）有52个，包括安定区、临洮县、庄浪县、泾川县、崇信县、天祝县、武山县、镇原县、清水县、金塔县、张家川、文县、康县、临夏县、康乐县、民乐县、高台县、宁县、岷县、肃南县、正宁县、庆城县、靖远县、永靖县、通渭县、永昌县、景泰县、灵台县、迭部县、瓜州县、两当县、合水县、华池县、舟曲县、合作市、会宁县、西和县、秦安县、和政县、渭源县、广河县、卓尼县、碌曲县、古浪县、漳县、礼县、临潭县、宕昌县、积石山、玛曲县、东乡县、夏河县；处于绝对劣势的县（市、区）也为0个（见表2）。

表2　2017年甘肃省县域竞争力水平归类分布一览

评价标准	县域名称	个数
绝对优势	—	0
一般优势	—	0
中势	凉州区、西峰区、甘州区、临夏市、麦积区、肃州区、崆峒区、永登县、榆中县、肃北县、甘谷县、武都区、敦煌市、临泽县、皋兰县、华亭县、环县、静宁县、山丹县、徽县、玉门市、陇西县、阿克塞、成县、民勤县	25
一般劣势	安定区、临洮县、庄浪县、泾川县、崇信县、天祝县、武山县、镇原县、清水县、金塔县、张家川、文县、康县、临夏县、康乐县、民乐县、高台县、宁县、岷县、肃南县、正宁县、庆城县、靖远县、永靖县、通渭县、永昌县、景泰县、灵台县、迭部县、瓜州县、两当县、合水县、华池县、舟曲县、合作市、会宁县、西和县、秦安县、和政县、渭源县、广河县、卓尼县、碌曲县、古浪县、漳县、礼县、临潭县、宕昌县、积石山、玛曲县、东乡县、夏河县	52
绝对劣势	—	0

2. 结果分析

（1）从2017年甘肃省县域竞争力综合得分来看（见表1），均值为69.56，县域竞争力整体处于一般劣势；极差为7.35，在最大赋值范围内偏离29.40%，反映出研究县域范围内县域竞争力得分最高县域与得分最低县域存在较大差异，发展相对不均衡；同时，方差为1.96，标准差为1.40，反映出研究县域范围内县域竞争力整体差异不大，其中极差、方差、标准差相对2016年均有缩小。结合均值、极差、方差及标准差，2017年甘肃省县域竞争力整体而言在较低水平存在一定的不均衡性。

（2）从2017年甘肃省县域竞争力水平归类分布来看（见表2），绝对优势、一般优势、绝对劣势均为0个，中势25个，一般劣势52个。其中相对竞争力水平较好的25个县（市、区），除甘谷县、华亭县、环县、静宁县、徽县、陇西县、成县处在连片特困地区，其余均为市（州）所在地或河西地区及兰州市周边县（市）。所以，2017年甘肃省县域竞争力分布与行政区域分布有较大相关性；随着这几年扶贫开发力度加大，贫困县县域竞争力有上升趋势。

（3）就2017年甘肃省县域竞争力8个一级指标而言（见表1），从均值来看，生活环境竞争力得分均值76.45，处于一般优势；基础设施得分72.73、社会保障竞争力得分均值72.49、社会结构竞争力得分均值70.02，处于中势；产业发展竞争力得分均值68.66、科学教育竞争力得分均值67.28、产业发展竞争力得分均值66.32，处于一般劣势；公共服务竞争力得分均值64.14，处于绝对劣势。从极差、方差、标准差来看，所研究县域内，社会结构、宏观经济、基础设施、社会保障、公共服务均存在较大差异，科学教育、生活环境、产业发展存在一定差异。所以2017年甘肃省县域竞争力研究区域内各县域要素投入方面存在较大差异。

（4）从排序变动来看，排序上升的有33个县（市、区），其中：甘谷县27、武山县25、康乐县22、康县18、武都区17、张家川16、泾川县15、镇原县14、清水县14、文县12、永登县11、西和县10；排序未变的有13个县（市、区）；排序下降的有31个县（市、区），其中：肃南县36、两当县26、高台县21、天祝县20、华池县18、迭部县17、正宁县13、民勤县12、阿克塞11、灵台县11、民乐县10（见表1）。相对2016年排序变化，2017年县域综合竞争力波动较大。

（二）甘肃省市（州）县域竞争力综合评价结果

1. 评价结果

2017年甘肃省13个市（州）（不含嘉峪关市）县域竞争力综合评价情况如表3所示。

2017年甘肃省13个市（州）（不含嘉峪关市）县域竞争力综合得分：兰州市（不含5区）70.93、武威市70.44、酒泉市70.34、张掖市70.23、天水市（不含秦州区）70.03、平凉市70.02，处于中势；庆阳市69.85、定西市69.24、陇南市69.18、金昌市（不含金川区）69.05、白银市（不含

表3　2017年甘肃省13个市（州）县域竞争力评价

市(州)	2017年综合排序	2016年综合排序	排序变化	综合得分	2017年县域竞争力							
					宏观经济得分	产业发展得分	基础设施得分	社会保障得分	公共服务得分	生活环境得分	社会结构得分	科学教育得分
兰州市（不含5区）	1	4	3	70.93	68.19	73.73	73.40	73.43	63.72	75.20	71.49	68.34
武威市	2	1	-1	70.44	69.08	69.97	72.46	72.67	65.05	76.94	70.92	67.72
酒泉市	3	3	0	70.34	70.67	68.49	73.65	73.84	68.88	74.35	69.90	64.80
张掖市	4	2	-2	70.23	67.00	68.60	75.05	73.71	66.25	77.07	71.16	65.46
天水市（不含秦州区）	5	7	2	70.03	67.21	68.76	73.29	73.69	62.90	76.12	70.73	68.63
平凉市	6	6	0	70.02	66.35	67.69	74.41	72.31	64.86	77.23	71.66	67.65
庆阳市	7	5	-2	69.85	67.22	69.81	72.39	73.17	63.37	76.51	70.03	67.54
定西市	8	9	1	69.24	65.33	68.83	71.94	72.13	63.17	75.88	69.55	68.32
陇南市	9	10	1	69.18	64.85	68.42	71.93	72.59	62.25	77.66	70.28	67.47
金昌市（不含金川区）	10	8	-2	69.05	66.32	69.05	72.35	73.17	64.03	76.57	71.68	62.33
白银市(不含白银区、平川区)	11	11	0	68.92	65.81	67.52	71.20	72.67	63.23	75.72	68.11	68.48
临夏州	12	12	0	68.90	63.65	69.49	73.02	69.24	62.37	75.21	71.35	67.75
甘南州	13	13	0	68.03	63.74	65.61	70.42	71.78	64.30	78.23	65.55	67.20
均　值				69.63	66.57	68.92	72.73	72.65	64.18	76.36	70.18	67.05
极　差				2.90	7.02	8.12	4.62	4.60	6.63	3.88	6.13	6.30
方　差				0.65	4.04	3.36	1.60	1.46	3.25	1.19	2.97	3.29
标准差				0.81	2.01	1.83	1.26	1.21	1.80	1.09	1.72	1.81

注：不包含嘉峪关市。
资料来源：根据《甘肃发展年鉴》（2017）和甘肃省统计局提供的数据计算所得。

白银区、平川区）68.92、临夏州68.90、甘南州68.03，处于一般劣势；13个市（州）（不含嘉峪关市）县域竞争力综合得分均无处于绝对优势、一般优势、绝对劣势的情况（见表4）。

2. 结果分析

从13个市（州）（不含嘉峪关市）总体来看，均值为69.63，与77个县（市、区）结果一致，均处在一般劣势；极差、方差、标准差明显缩小，

表4　2017年甘肃省13市（州）县域竞争力水平归类分布一览

评价标准	市(州)名称	个数
绝对优势	—	0
一般优势	—	0
中　　势	兰州市(不含5区)、武威市、酒泉市、张掖市、天水市(不含秦州区)、平凉市	6
一般劣势	庆阳市、定西市、陇南市、金昌市(不含金川区)、白银市(不含白银区、平川区)、临夏州、甘南州	7
绝对劣势	—	0

注：不包含嘉峪关市。

说明在13个市（州）（不含嘉峪关市）之间总体差异不大，结合77个县（市、区）的评价结果，反映出各市州所辖县域之间存在较大差异，各市（州）所辖县域之间发展不均衡（见表3）。

从13个市（州）（不含嘉峪关市）县域竞争力8个一级指标极差、方差、标准差来看，与77个县（市、区）相比较明显缩小，但仍然存在一定差异，要素配置不均衡；同时结合77个县（市、区）评价结果，也说明各市州所辖县域之间存在较大差异，各市（州）所辖县域之间要素配置不均衡（见表3）。

从排序变动来看，排序上升的有4个市（州），为：兰州市（不含5区）、天水市（不含秦州区）、定西市、陇南市；排序未变的有5个市（州）；排序下降的有4个市州，为：张掖市、庆阳市、金昌市（不含金川区）、武威市（见表3）。

四　甘肃省县域竞争力子系统评价分析

（一）甘肃省县域宏观经济竞争力子系统评价分析

1. 甘肃省县域宏观经济竞争力子系统评价结果

（1）评价结果

通过对经济均量、经济总量、金融资本3个二级指标进行计算和分析，

2017 年甘肃省 77 个县（市、区）县域宏观经济竞争力评价情况如表 5 所示。

表 5　2017 年甘肃省县域宏观经济竞争力评价

县(市、区)	2017 年排序	2016 年排序	排序变化	得分	宏观经济竞争力		
					经济均量	经济总量	金融资本
凉州区	1	1	0	78.26	72.60	80.21	80.05
肃州区	2	2	0	76.72	77.33	73.79	80.62
西峰区	3	3	0	74.31	74.94	73.91	74.40
甘州区	4	4	0	74.05	73.67	74.41	73.83
麦积区	5	8	3	73.37	71.80	74.10	73.57
敦煌市	6	5	-1	72.64	81.02	67.51	73.35
崆峒区	7	6	-1	71.96	72.36	71.82	71.84
玉门市	8	7	-1	71.61	79.83	67.44	71.02
榆中县	9	15	6	70.12	69.84	67.57	74.19
环　县	10	9	-1	69.77	73.07	71.25	64.81
瓜州县	11	10	-1	69.61	78.00	64.55	70.21
武都区	12	11	-1	68.97	69.53	67.65	70.48
安定区	13	14	1	68.72	69.95	66.16	71.54
肃北县	14	12	-2	68.64	91.16	60.52	62.04
临夏市	15	16	1	68.51	72.59	67.82	66.16
金塔县	16	20	4	67.91	76.18	63.73	67.28
阿克塞	17	13	-4	67.56	89.23	60.14	60.64
永登县	18	21	3	67.44	69.40	66.47	67.26
庆城县	19	18	-1	67.43	71.66	64.98	67.57
甘谷县	20	27	7	67.39	69.05	65.10	69.44
华亭县	21	19	-2	67.39	73.85	64.50	66.33
民勤县	22	17	-5	67.26	71.67	65.00	66.98
陇西县	23	23	0	67.12	69.05	65.02	68.66
皋兰县	24	36	12	67.02	72.29	63.99	67.18
秦安县	25	30	5	66.78	69.19	65.59	66.55
临洮县	26	26	0	66.65	68.70	64.28	68.49
武山县	27	47	20	66.51	69.15	63.89	68.23
永昌县	28	22	-6	66.32	72.40	64.61	63.82
临泽县	29	35	6	66.23	73.22	63.77	64.08
合作市	30	32	2	66.17	73.74	62.60	65.20

续表

县(市、区)	2017年排序	2016年排序	排序变化	得分	宏观经济竞争力		
					经济均量	经济总量	金融资本
靖远县	31	29	-2	66.10	69.42	64.59	65.61
宁　县	32	25	-7	66.09	69.97	65.02	64.46
镇原县	33	24	-9	65.99	69.55	64.14	65.80
高台县	34	31	-3	65.87	72.40	63.51	63.96
会宁县	35	34	-1	65.87	67.49	64.33	66.81
成　县	36	38	2	65.82	69.65	63.48	66.13
天祝县	37	28	-9	65.61	70.64	63.59	64.44
静宁县	38	37	-1	65.51	68.81	63.93	65.12
民乐县	39	46	7	65.47	70.43	63.51	64.27
山丹县	40	40	0	65.46	71.50	63.31	63.65
景泰县	41	39	-2	65.46	71.02	63.52	63.72
徽　县	42	48	6	65.41	69.63	62.42	66.38
清水县	43	52	9	65.35	68.91	62.45	66.73
崇信县	44	49	5	65.34	73.14	61.81	64.12
古浪县	45	45	0	65.18	68.42	63.43	65.10
泾川县	46	44	-2	65.16	69.63	63.46	63.99
华池县	47	33	-14	65.12	72.76	63.38	61.35
肃南县	48	43	-5	64.92	76.00	61.17	61.31
庄浪县	49	50	1	64.86	68.80	62.88	64.56
西和县	50	61	11	64.73	67.54	61.52	67.19
合水县	51	42	-9	64.69	71.02	62.60	62.53
礼　县	52	54	2	64.44	67.44	62.14	65.39
文　县	53	55	2	64.35	68.20	61.45	65.50
正宁县	54	41	-13	64.35	70.06	62.07	63.01
永靖县	55	53	-2	64.22	68.25	62.04	64.11
灵台县	56	57	1	64.21	68.84	61.90	63.80
岷　县	57	51	-6	64.02	67.81	62.18	63.63
通渭县	58	56	-2	63.94	67.70	62.06	63.63
张家川	59	60	1	63.90	67.99	61.35	64.30
渭源县	60	59	-1	63.89	67.99	61.51	64.07
卓尼县	61	71	10	63.68	69.28	60.53	63.73
康　县	62	58	-4	63.66	68.23	61.00	63.86
夏河县	63	66	3	63.65	70.16	60.86	62.41

续表

县(市、区)	2017年排序	2016年排序	排序变化	得分	宏观经济竞争力		
					经济均量	经济总量	金融资本
玛曲县	64	62	-2	63.64	71.42	60.58	61.75
宕昌县	65	64	-1	63.52	67.76	61.25	63.38
迭部县	66	67	1	63.44	70.35	60.37	62.28
临夏县	67	65	-2	63.33	67.32	61.88	62.19
碌曲县	68	68	0	63.19	71.12	60.12	61.18
临潭县	69	70	1	63.18	68.56	60.60	62.56
广河县	70	69	-1	63.07	67.32	61.21	62.31
康乐县	71	75	4	63.02	67.24	61.05	62.48
舟曲县	72	72	0	63.00	68.33	60.51	62.31
漳　县	73	63	-10	62.98	68.15	60.99	61.66
两当县	74	74	0	62.73	69.42	60.05	61.17
和政县	75	73	-2	62.55	67.02	60.61	61.74
积石山	76	76	0	62.39	66.92	60.97	60.75
东乡县	77	77	0	62.11	66.13	60.58	61.05
均　值				66.32	71.07	64.03	65.81
极　差				16.15	25.03	20.16	19.98
方　差				10.99	18.78	15.09	17.51
标准差				3.32	4.33	3.88	4.18

资料来源：根据《甘肃发展年鉴》（2017）和甘肃省统计局提供的数据计算所得。

根据2017年甘肃省县域宏观经济竞争力得分，甘肃省77个县（市、区）处于绝对优势的县（市、区）为0个；处于一般优势的县（市、区）也有2个，包括凉州区、肃州区；处于中势的县（市、区）有7个，包括：西峰区、甘州区、麦积区、敦煌市、崆峒区、玉门市、榆中县；处于一般劣势的县（市、区）有38个，包括环县、瓜州县、武都区、安定区、肃北县、临夏市、金塔县、阿克塞、永登县、庆城县、甘谷县、华亭县、民勤县、陇西县、皋兰县、秦安县、临洮县、武山县、永昌县、临泽县、合作市、靖远县、宁县、镇原县、高台县、会宁县、成县、天祝县、静宁县、民乐县、山丹县、景泰县、徽县、清水县、崇信县、古浪县、泾川县、华池县；处于绝对劣势的县（市、区）有30个，包括肃南县、庄浪县、西和县、合水县、礼县、文县、正宁县、永靖县、灵台县、岷县、通渭县、张家川、渭源县、卓尼县、康县、夏河县、玛曲县、宕昌县、迭部县、临夏县、碌曲县、临潭县、广河县、康乐县、舟曲县、漳县、两当县、和政县、积石山、东乡县（见表6）。

表6　2017年甘肃省县域宏观经济竞争力水平归类分布一览

评价标准	县域名称	个数
绝对优势	—	0
一般优势	凉州区、肃州区	2
中势	西峰区、甘州区、麦积区、敦煌市、崆峒区、玉门市、榆中县	7
一般劣势	环县、瓜州县、武都区、安定区、肃北县、临夏市、金塔县、阿克塞、永登县、庆城县、甘谷县、华亭县、民勤县、陇西县、皋兰县、秦安县、临洮县、武山县、永昌县、临泽县、合作市、靖远县、宁县、镇原县、高台县、会宁县、成县、天祝县、静宁县、民乐县、山丹县、景泰县、徽县、清水县、崇信县、古浪县、泾川县、华池县	38
绝对劣势	肃南县、庄浪县、西和县、合水县、礼县、文县、正宁县、永靖县、灵台县、岷县、通渭县、张家川、渭源县、卓尼县、康县、夏河县、玛曲县、宕昌县、迭部县、临夏县、碌曲县、临潭县、广河县、康乐县、舟曲县、漳县、两当县、和政县、积石山、东乡县	30

（2）结果分析

2017年甘肃省县域宏观经济竞争力77个县（市、区）得分均值为66.32，处于一般劣势，其极差、方差、标准差均相对较大，差异性较大，77个县（市、区）之间发展很不均衡；经济总量均值为71.07，处于中势；金融资本均值为65.81，处于一般劣势；经济均量均值为64.03，处于绝对劣势；7从3个二级指标的极差、方差、标准差来看，都存在较大差异，在77个县（市、区）之间，3个要素配置严重失衡（见表5）。

从77个县（市、区）宏观经济竞争力水平归类分布来看，行政区域分布特征明显；市（州）所在贫困县域宏观经济竞争力提升较快，其他贫困县宏观经济竞争力提升相对较慢，但上升趋势依然存在（见表6）。

从排序变化来看，排序上升的为28个县（市、区），其中上升较快的为：武山县（20）、皋兰县（12）、西和县（11）、卓尼县（10）、清水县（9）；排序未变的为13个县（市、区）；排序下降的为36个县（市、区），其中下降较快的为：华池县（14）、正宁县（13）、漳县（10）、合水县（9）、天祝县（9）、镇原县（9）。相对于2016年县域宏观竞争力排序变化，2017年县域宏观竞争力排序波动较大（见表5）。

2. 甘肃省市（州）县域宏观经济竞争力子系统评价分析

（1）评价结果

2017年甘肃省13个市（州）（不含嘉峪关市）县域宏观经济竞争力综合评价情况如表7所示。

表7　2017年甘肃省13个市（州）县域宏观经济竞争力评价

市(州)	2017年排序	2016年排序	排序变化	得分	宏观经济竞争力		
					经济均量	经济总量	金融资本
酒泉市	1	1	0	70.67	81.82	65.38	69.31
武威市	2	2	0	69.08	70.83	68.06	69.14
兰州市（不含5区）	3	4	1	68.19	70.51	66.01	69.54
庆阳市	4	3	-1	67.22	71.63	65.92	65.49
天水市（不含秦州区）	5	8	3	67.21	69.35	65.42	68.13
张掖市	6	6	0	67.00	72.87	64.95	65.18
平凉市	7	7	0	66.35	70.78	64.33	65.68
金昌市（不含金川区）	8	5	-3	66.32	72.40	64.61	63.82
白银市(不含白银区、平川区)	9	9	0	65.81	69.31	64.15	65.38
定西市	10	10	0	65.33	68.48	63.17	65.95
陇南市	11	11	0	64.85	68.60	62.33	65.50
甘南州	12	13	1	63.74	70.37	60.77	62.68
临夏州	13	12	-1	63.65	67.85	62.02	62.60
均　值				66.57	71.14	64.39	66.03
极　差				7.02	13.97	7.29	6.94
方　差				4.04	12.59	3.78	5.58
标准差				2.01	3.55	1.94	2.36

资料来源：根据《甘肃发展年鉴》（2017）和甘肃省统计局提供的数据计算所得。

2017年甘肃省13个市（州）（不含嘉峪关市）县域宏观经济竞争力得分：酒泉市70.67，处于中势；武威市69.08、兰州市（不含5区）68.19、庆阳市67.22、天水市（不含秦州区）67.21、张掖市67.00、平凉市66.35、金昌市（不含金川区）66.32、白银市（不含白银区、平川区）65.81、定西市65.33，处于一般劣势；陇南市64.85、甘南州63.74、临夏州63.65，处于绝对劣势；13个市（州）（不含嘉峪关市）县域宏观经济竞争力得分均无处于绝对优势、一般优势的情况（见表8）。

表8　2017年甘肃省13个市（州）县域宏观经济竞争力水平归类分布一览

评价标准	市(州)名称	个数
绝对优势	—	0
一般优势	—	0
中　　势	酒泉市	1
一般劣势	武威市、兰州市(不含5区)、庆阳市、天水市(不含秦州区)、张掖市、平凉市、金昌市(不含金川区)、白银市(不含白银区、平川区)、定西市	9
绝对劣势	陇南市、甘南州、临夏州	3

注：不含嘉峪关市。

（2）结果分析

从13个市（州）（不含嘉峪关市）宏观经济竞争力总体来看，均值为66.57，与77个县（市、区）结果一致，均处在一般劣势；经济均量均值为71.14，处于中势；金融资本均值为66.03，处于一般劣势；经济总量均值为64.39，处于绝对劣势；经济总量和金融资本极差、方差、标准差明显缩小，仍然相对较大，说明在13个市（州）（不含嘉峪关市）之间存在一定差异，结合77个县（市、区）的评价结果，反映出各市州所辖县域之间存在较大差异，各市（州）所辖县域之间发展不均衡（见表7）。

从13个市（州）（不含嘉峪关市）县域宏观经济竞争力3个二级指标极差、方差、标准差来看，与77个县（市、区）相比较明显缩小，经济均量极差、方差、标准差仍然较大，仍然存在较大差异，要素配置很不均衡；同时结合77个县（市、区）评价结果，也说明各市州所辖县域之间存在较大差异，各市（州）所辖县域之间要素配置很不均衡（见表7）。

从排序变化来看，排序上升的有3个市（州）：白银市（不含白银区、平川区）、兰州市（不含5区）、甘南州。排序未变的有7个市（州）；排序下降的有3个市州：金昌市（不含金川区）、庆阳市、临夏州（见表7）。

（二）甘肃省县域产业发展竞争力子系统评价分析

1. 甘肃省县域产业发展竞争力子系统评价结果

（1）评价结果

通过对产业总量、产业结构、产业效率3个二级指标进行计算和分析，2017年甘肃省77个县（市、区）县域产业发展争力评价情况如表9所示。

表9　2017年甘肃省县域产业发展竞争力评价

县(市、区)	2017年排序	2016年排序	排序变化	得分	产业发展竞争力		
					产业总量	产业结构	产业效率
西峰区	1	3	2	76.86	82.93	73.20	72.44
凉州区	2	1	-1	75.91	82.45	69.95	73.16
永登县	3	2	-1	74.68	73.63	72.42	78.33
麦积区	4	5	1	73.59	73.77	72.84	74.10
皋兰县	5	4	-1	73.28	67.32	71.75	82.75
榆中县	6	6	0	73.23	68.80	71.41	80.95
甘州区	7	7	0	72.49	72.70	70.78	73.94
崆峒区	8	11	3	71.76	69.72	72.12	74.10
临夏市	9	9	0	71.51	64.95	74.04	77.72
肃州区	10	10	0	71.26	71.06	71.40	71.38
安定区	11	16	5	70.82	67.03	71.33	75.37
玉门市	12	23	11	70.68	74.28	72.32	64.24
武都区	13	17	4	70.52	65.95	71.62	75.49
成　县	14	24	10	70.36	65.66	71.03	75.94
和政县	15	15	0	70.16	60.61	69.86	83.18
环　县	16	12	-4	69.95	64.93	71.95	74.64

续表

县(市、区)	2017 年排序	2016 年排序	排序变化	得分	产业发展竞争力		
					产业总量	产业结构	产业效率
华池县	17	22	5	69.93	64.03	72.50	75.23
临夏县	18	18	0	69.80	61.98	70.72	79.29
临洮县	19	26	7	69.74	64.74	70.08	76.06
庆城县	20	13	-7	69.29	63.70	70.89	75.13
东乡县	21	25	4	69.27	60.91	69.62	80.06
敦煌市	22	8	-14	69.21	66.10	71.71	70.85
合作市	23	33	10	69.17	62.59	73.82	73.29
陇西县	24	37	13	69.15	65.08	70.18	73.56
永昌县	25	31	6	69.05	66.76	69.86	71.31
永靖县	26	27	1	69.02	62.89	70.81	75.40
宁　县	27	20	-7	69.00	62.88	69.30	76.87
徽　县	28	41	13	69.00	63.60	69.76	75.45
康乐县	29	21	-8	68.92	60.84	69.79	78.81
通渭县	30	32	2	68.87	62.00	70.07	76.82
广河县	31	30	-1	68.80	61.17	71.63	76.13
山丹县	32	42	10	68.70	63.15	69.83	74.98
民乐县	33	34	1	68.64	64.09	68.26	75.08
民勤县	34	19	-15	68.57	64.12	67.37	75.69
瓜州县	35	39	4	68.52	65.58	70.99	69.97
镇原县	36	28	-8	68.49	62.86	68.40	76.10
华亭县	37	58	21	68.47	65.37	70.38	70.70
积石山	38	35	-3	68.47	60.40	70.37	77.32
临泽县	39	40	1	68.44	63.47	69.10	74.40
漳　县	40	36	-4	68.37	61.14	69.41	76.95
文　县	41	45	4	68.35	61.84	70.11	75.27
清水县	42	51	9	68.33	61.84	69.74	75.59
西和县	43	49	6	68.22	61.60	70.61	74.68
天祝县	44	14	-30	68.10	63.07	70.75	72.15
秦安县	45	52	7	68.01	62.55	68.75	74.54
会宁县	46	48	2	67.89	63.84	68.67	72.52
合水县	47	44	-3	67.83	62.41	70.26	72.64
张家川	48	50	2	67.69	61.30	70.12	73.79
康　县	49	55	6	67.64	61.24	69.69	74.12

续表

县(市、区)	2017年排序	2016年排序	排序变化	得分	产业发展竞争力		
					产业总量	产业结构	产业效率
靖远县	50	59	9	67.61	63.37	67.58	73.28
甘谷县	51	53	2	67.58	63.00	68.59	72.66
宕昌县	52	54	2	67.50	60.92	69.61	74.17
金塔县	53	29	-24	67.46	63.68	68.98	70.97
高台县	54	43	-11	67.45	63.41	67.24	73.03
渭源县	55	61	6	67.44	61.13	68.18	75.10
岷　县	56	60	4	67.42	61.62	68.90	73.65
武山县	57	66	9	67.39	62.40	67.05	74.37
古浪县	58	57	-1	67.29	62.44	67.84	73.20
礼　县	59	46	-13	67.22	61.24	68.64	73.79
泾川县	60	64	4	67.22	61.91	66.69	74.83
正宁县	61	65	4	67.15	60.93	67.84	74.75
崇信县	62	70	8	67.09	62.13	68.57	72.22
景泰县	63	62	-1	67.05	63.37	69.84	69.16
两当县	64	69	5	66.96	60.10	68.45	74.61
庄浪县	65	68	3	66.72	61.36	66.81	73.78
静宁县	66	63	-3	66.71	62.03	66.29	73.38
肃北县	67	56	-11	66.56	61.27	73.58	66.57
迭部县	68	73	5	66.39	60.39	70.09	70.70
临潭县	69	71	2	66.06	60.54	71.32	68.15
卓尼县	70	75	5	65.93	60.50	69.11	69.99
灵台县	71	72	1	65.88	60.90	65.71	72.69
肃南县	72	38	-34	65.87	61.57	69.32	68.16
阿克塞	73	47	-26	65.77	60.49	73.00	65.60
舟曲县	74	74	0	65.42	60.49	69.71	67.72
碌曲县	75	67	-8	64.66	60.12	67.45	67.92
夏河县	76	76	0	63.79	60.50	68.25	63.71
玛曲县	77	77	0	63.49	60.54	66.81	64.09
均　值				68.66	63.99	69.91	73.65
极　差				13.38	22.83	8.33	19.47
方　差				5.94	20.23	3.40	14.46
标准差				2.44	4.50	1.84	3.80

资料来源：根据《甘肃发展年鉴》（2017）和甘肃省统计局提供的数据计算所得。

根据2017年甘肃省县域产业发展竞争力得分，甘肃省77个县（市、区）处于绝对优势和一般优势的县（市、区）有2个：西峰区、凉州区。处于中势的县（市、区）有13个：永登县、麦积区、皋兰县、榆中县、甘州区、崆峒区、临夏市、肃州区、安定区、玉门市、武都区、成县、和政县。处于一般劣势的县（市、区）有59个：环县、华池县、临夏县、临洮县、庆城县、东乡县、敦煌市、合作市、陇西县、永昌县、永靖县、宁县、徽县、康乐县、通渭县、广河县、山丹县、民乐县、民勤县、瓜州县、镇原县、华亭县、积石山、临泽县、漳县、文县、清水县、西和县、天祝县、秦安县、会宁县、合水县、张家川、康县、靖远县、甘谷县、宕昌县、金塔县、高台县、渭源县、岷县、武山县、古浪县、礼县、泾川县、正宁县、崇信县、景泰县、两当县、庄浪县、静宁县、肃北县、迭部县、临潭县、卓尼县、灵台县、肃南县、阿克塞、舟曲县。处于绝对劣势的县（市、区）有3个：碌曲县、夏河县、玛曲县（见表10）。

表10　2017年甘肃省县域产业发展竞争力水平归类分布一览

评价标准	县域名称	个数
绝对优势	—	0
一般优势	西峰区、凉州区	2
中势	永登县、麦积区、皋兰县、榆中县、甘州区、崆峒区、临夏市、肃州区、安定区、玉门市、武都区、成县、和政县	13
一般劣势	环县、华池县、临夏县、临洮县、庆城县、东乡县、敦煌市、合作市、陇西县、永昌县、永靖县、宁县、徽县、康乐县、通渭县、广河县、山丹县、民乐县、民勤县、瓜州县、镇原县、华亭县、积石山、临泽县、漳县、文县、清水县、西和县、天祝县、秦安县、会宁县、合水县、张家川、康县、靖远县、甘谷县、宕昌县、金塔县、高台县、渭源县、岷县、武山县、古浪县、礼县、泾川县、正宁县、崇信县、景泰县、两当县、庄浪县、静宁县、肃北县、迭部县、临潭县、卓尼县、灵台县、肃南县、阿克塞、舟曲县	59
绝对劣势	碌曲县、夏河县、玛曲县	3

（2）结果分析

2017年甘肃省县域产业发展竞争力77个县（市、区）得分均值为68.66，处于一般劣势，其极差、方差、标准差均相对较大，存在一定差异，

77个县（市、区）之间发展相对不均衡；产业效率均值为73.65，处于中势；产业结构均值为69.91，处于一般劣势；产业总量均值为63.99，处于绝对劣势；从3个二级指标的极差、方差、标准差来看，产业总量和产业效率都存在较大差异，在77个县（市、区）之间，这2个要素配置严重失衡，产业结构相对配置较均衡（见表9）。

从77个县（市、区）产业发展竞争力水平归类分布来看，行政区域分布特征明显；特色产业优势明显的贫困县域产业发展竞争力提升较快，其他贫困县宏观经济竞争力提升相对较慢（见表10）。

从排序变化来看，排序上升的为33个县（市、区），其中上升较快的为：华亭县上升21位、陇西县上升13位、徽县上升13位、玉门市上升11位、成县上升10位、合作市上升10位、山丹县上升10位；排序未变的为9个县（市、区）；排序下降的为25个县（市、区），其中下降较快的为：肃南县下降34位、天祝县下降30位、阿克塞下降26位、金塔县下降24位、民勤县下降15位、敦煌市下降14位、礼县下降13位、高台县下降11位、肃北县下降11位（见表9）。

2. 甘肃省市（州）县域产业发展竞争力子系统评价分析

（1）评价结果

2017年甘肃省13个市（州）（不含嘉峪关市）县域产业发展竞争力综合评价情况如表11所示。

表11　2017年甘肃省13个市（州）县域产业发展竞争力评价

市(州)	2017年排序	2016年排序	排序变化	得分	产业发展竞争力		
					产业总量	产业结构	产业效率
兰州市（不含5区）	1	1	0	73.73	69.92	71.86	80.67
武威市	2	2	0	69.97	68.02	68.98	73.55
庆阳市	3	3	0	69.81	65.58	70.54	74.73
临夏州	4	4	0	69.49	61.72	70.86	78.49
金昌市（不含金川区）	5	7	2	69.05	66.76	69.86	71.31
定西市	6	8	2	68.83	63.25	69.73	75.36
天水市（不含秦州区）	7	9	2	68.76	64.14	69.51	74.18

续表

市(州)	2017年排序	2016年排序	排序变化	得分	产业发展竞争力		
					产业总量	产业结构	产业效率
张掖市	8	6	-2	68.60	64.73	69.09	73.26
酒泉市	9	5	-4	68.49	66.07	71.71	68.51
陇南市	10	10	0	68.42	62.46	69.95	74.83
平凉市	11	12	1	67.69	63.35	68.08	73.10
白银市(不含白银区、平川区)	12	11	-1	67.52	63.53	68.70	71.65
甘南州	13	13	0	65.61	60.71	69.57	68.20
均　值				68.92	64.63	69.88	73.68
极　差				8.12	9.21	3.78	12.48
方　差				3.36	6.71	1.25	12.05
标准差				1.83	2.59	1.12	3.47

资料来源：根据《甘肃发展年鉴》（2017）和甘肃省统计局提供的数据计算所得。

2017年甘肃省13个市（州）（不含嘉峪关市）县域产业发展竞争力得分：兰州市（不含5区）73.73，处于中势；武威市69.97、庆阳市69.81、临夏州69.49、金昌市（不含金川区）69.05、定西市68.83、天水市（不含秦州区）68.76、张掖市68.60、酒泉市68.49、陇南市68.42、平凉市67.69、白银市（不含白银区、平川区）67.52、甘南州65.61，处于一般劣势；13个市（州）（不含嘉峪关市）县域产业发展竞争力得分均无处于绝对优势、一般优势和绝对劣势的情况（见表12）。

表12　2017年甘肃省13个市（州）县域宏观经济竞争力水平归类分布一览

评价标准	市(州)名称(个数)	个数
绝对优势	—	0
一般优势	—	0
中　　势	兰州市(不含5区)	1
一般劣势	武威市、庆阳市、临夏州、金昌市(不含金川区)、定西市、天水市(不含秦州区)、张掖市、酒泉市、陇南市、平凉市、白银市(不含白银区、平川区)、甘南州	12
绝对劣势	—	0

注：不含嘉峪关市。

（2）结果分析

从13个市（州）（不含嘉峪关市）产业发展竞争力总体来看，均值为68.92，与77个县（市、区）结果一致，均处在一般劣势；产业效率均值为73.68，处于中势；产业结构均值为69.88，处于一般劣势；产业总量均值为64.63，处于绝对劣势；产业结构极差、方差、标准差明显缩小，但产业效率和产业总量极差、方差、标准差仍然相对较大，说明在13个市（州）（不含嘉峪关市）之间存在一定差异，结合77个县（市、区）的评价结果，反映出各市州所辖县域之间存在较大差异，各市（州）所辖县域之间发展不均衡（见表11）。

从13个市（州）（不含嘉峪关市）县域产业发展竞争力3个二级指标极差、方差、标准差来看，与77个县（市、区）相比较明显缩小，但产业效率然存在较大差异，要素配置很不均衡，产业结构相对差异性较小，相对均衡；同时结合77个县（市、区）评价结果，也说明各市州所辖县域之间存在较大差异，各市（州）所辖县域之间要素配置很不均衡（见表11）。

从排序变化来看，排序上升的有4个市（州），金昌市（不含金川区）、定西市、天水市（不含秦州区）、平凉市；排序未变的有6个市（州）；排序下降的有3个市州，为：酒泉市、张掖市、白银市（不含白银区、平川区）（见表11）。

（三）甘肃省县域基础设施竞争力子系统评价分析

1. 甘肃省县域基础设施竞争力子系统评价结果

（1）评价结果

通过对居住条件、交通通信2个二级指标进行计算和分析，2017年甘肃省77个县（市、区）县域基础设施争力评价情况如表13所示。

根据2017年甘肃省县域基础设施竞争力得分，甘肃省77个县（市、区）处于绝对优势的县（市、区）为0个。处于一般优势的县（市、区）有11个，包括临夏市、西峰区、临泽县、皋兰县、崇信县、广河县、

表 13　2017 年甘肃省县域基础设施竞争力评价

县(市、区)	2017 年排序	2016 年排序	排序变化	得分	基础设施竞争力	
					居住条件	交通通信
临夏市	1	7	6	78.95	79.94	77.76
西峰区	2	2	0	77.51	80.75	73.55
临泽县	3	1	-2	77.34	79.59	74.59
皋兰县	4	8	4	75.73	81.21	69.03
崇信县	5	32	27	75.58	80.14	70.00
广河县	6	27	21	75.49	77.44	73.10
甘州区	7	10	3	75.49	79.05	71.13
静宁县	8	14	6	75.27	78.32	71.54
山丹县	9	5	-4	75.14	80.25	68.90
泾川县	10	40	30	75.08	78.67	70.68
民乐县	11	3	-8	75.01	79.81	69.15
张家川	12	26	14	74.97	76.54	73.06
肃州区	13	6	-7	74.72	78.35	70.28
成　县	14	39	25	74.57	77.32	71.21
华亭县	15	20	5	74.52	79.24	68.75
庄浪县	16	24	8	74.50	77.53	70.79
玉门市	17	19	2	74.38	79.95	67.56
岷　县	18	38	20	74.22	80.13	67.00
正宁县	19	13	-6	74.22	79.91	67.26
阿克塞	20	4	-16	74.19	78.48	68.94
临夏县	21	33	12	74.13	78.17	69.19
凉州区	22	11	-11	74.09	77.70	69.68
景泰县	23	9	-14	74.08	79.19	67.83
崆峒区	24	30	6	74.00	77.78	69.37
麦积区	25	31	6	73.95	77.90	69.13
合水县	26	35	9	73.84	78.31	68.36
高台县	27	12	-15	73.79	78.34	68.23
宁　县	28	41	13	73.66	78.53	67.72
清水县	29	34	5	73.62	77.18	69.28
敦煌市	30	28	-2	73.57	77.84	68.35
肃南县	31	23	-8	73.50	78.75	67.08
康乐县	32	49	17	73.49	76.24	70.13
迭部县	33	18	-15	73.47	78.47	67.36

续表

县(市、区)	2017 年排序	2016 年排序	排序变化	得分	基础设施竞争力	
					居住条件	交通通信
金塔县	34	17	-17	73.40	75.45	70.90
临洮县	35	36	1	73.29	77.18	68.54
两当县	36	21	-15	73.27	78.53	66.83
民勤县	37	22	-15	73.18	77.90	67.41
永登县	38	48	10	73.06	77.71	67.36
徽　县	39	37	-2	72.98	76.79	68.33
甘谷县	40	45	5	72.89	73.51	72.12
康　县	41	68	27	72.84	76.25	68.68
瓜州县	42	15	-27	72.79	76.80	67.90
武山县	43	52	9	72.77	74.65	70.47
镇原县	44	54	10	72.56	75.99	68.38
肃北县	45	16	-29	72.49	76.27	67.87
武都区	46	69	23	72.43	76.35	67.63
文　县	47	64	17	72.37	75.93	68.02
永昌县	48	25	-23	72.35	76.27	67.56
漳　县	49	58	9	72.34	76.14	67.69
永靖县	50	56	6	72.19	76.01	67.52
靖远县	51	47	-4	72.15	75.43	68.13
灵台县	52	46	-6	71.94	77.11	65.63
西和县	53	63	10	71.92	75.13	68.00
天祝县	54	29	-25	71.86	75.49	67.43
临潭县	55	53	-2	71.75	73.54	69.55
渭源县	56	50	-6	71.65	74.23	68.49
秦安县	57	60	3	71.54	73.28	69.41
榆中县	58	55	-3	71.42	72.93	69.57
合作市	59	42	-17	71.36	74.84	67.10
陇西县	60	43	-17	71.34	73.79	68.35
和政县	61	44	-17	70.88	73.27	67.97
庆城县	62	62	0	70.88	75.87	64.78
古浪县	63	57	-6	70.71	72.40	68.65
卓尼县	64	51	-13	70.61	74.09	66.35
积石山	65	73	8	70.51	72.84	67.67
舟曲县	66	72	6	70.48	72.54	67.96

续表

县(市、区)	2017年排序	2016年排序	排序变化	得分	基础设施竞争力	
					居住条件	交通通信
安定区	67	61	-6	70.39	73.41	66.69
通渭县	68	66	-2	70.38	71.79	68.67
宕昌县	69	65	-4	69.95	76.94	61.40
碌曲县	70	67	-3	69.80	72.80	66.13
东乡县	71	74	3	68.54	72.92	63.17
环　县	72	70	-2	68.39	68.71	68.01
华池县	73	59	-14	68.07	68.29	67.81
夏河县	74	75	1	67.97	71.26	63.95
玛曲县	75	71	-4	67.94	68.82	66.86
会宁县	76	76	0	67.37	66.36	68.60
礼　县	77	77	0	67.06	66.45	67.80
均　值				72.73	76.10	68.62
极　差				11.89	14.85	16.36
方　差				5.43	10.62	5.58
标准差				2.33	3.26	2.36

资料来源：根据《甘肃发展年鉴》（2017）和甘肃省统计局提供的数据计算所得。

甘州区、静宁县、山丹县、泾川县、民乐县。处于中势的县（市、区）有57个，包括张家川、肃州区、成县、华亭县、庄浪县、玉门市、岷县、正宁县、阿克塞、临夏县、凉州区、景泰县、崆峒区、麦积区、合水县、高台县、宁县、清水县、敦煌市、肃南县、康乐县、迭部县、金塔县、临洮县、两当县、民勤县、永登县、徽县、甘谷县、康县、瓜州县、武山县、镇原县、肃北县、武都区、文县、永昌县、漳县、永靖县、靖远县、灵台县、西和县、天祝县、临潭县、渭源县、秦安县、榆中县、合作市、陇西县、和政县、庆城县、古浪县、卓尼县、积石山、舟曲县、安定区、通渭县。处于一般劣势的县（市、区）有9个，包括宕昌县、碌曲县、东乡县、环县、华池县、夏河县、玛曲县、会宁县、礼县。处于绝对劣势的县（市、区）为0个（见表14）。

表 14 2017 年甘肃省县域基础设施竞争力水平归类分布一览

评价标准	县域名称	个数
绝对优势	—	0
一般优势	临夏市、西峰区、临泽县、皋兰县、崇信县、广河县、甘州区、静宁县、山丹县、泾川县、民乐县	11
中　　势	张家川、肃州区、成县、华亭县、庄浪县、玉门市、岷县、正宁县、阿克塞、临夏县、凉州区、景泰县、崆峒区、麦积区、合水县、高台县、宁县、清水县、敦煌市、肃南县、康乐县、迭部县、金塔县、临洮县、两当县、民勤县、永登县、徽县、甘谷县、康县、瓜州县、武山县、镇原县、肃北县、武都区、文县、永昌县、漳县、永靖县、靖远县、灵台县、西和县、天祝县、临潭县、渭源县、秦安县、榆中县、合作市、陇西县、和政县、庆城县、古浪县、卓尼县、积石山、舟曲县、安定区、通渭县	57
一般劣势	宕昌县、碌曲县、东乡县、环县、华池县、夏河县、玛曲县、会宁县、礼县	9
绝对劣势	—	0

（2）结果分析

2017 年甘肃省县域基础设施竞争力 77 个县（市、区）得分均值为 72.73，处于中势，其极差、方差、标准差均相对较大，差异性较大，77 个县（市、区）之间发展很不均衡；居住条件均值为 76.10，处于一般优势；交通通信均值为 68.62，处于一般劣势；从 2 个二级指标的极差、方差、标准差来看，均存在较大差异，在 77 个县（市、区）之间，居住条件配置存在严重失衡，交通通信配置存在较大失衡（见表 13）。

从 77 个县（市、区）基础设施竞争力水平归类分布来看，行政区域分布特征、地理位置特征及贫困特征均不太明显。从基础设施竞争力来看，贫困县域与非贫困县域差异性不明显（见表 14）。

从排序变化来看，排序上升的有 36 个县（市、区），上升较快的县（市、区）有泾川县上升 30 位、崇信县上升 27 位、康县上升 27 位、成县上升 25 位、武都区上升 23 位、广河县上升 21 位、岷县上升 20 位、康乐县上升 17 位、文县上升 17 位、张家川上升 14 位、宁县上升 13 位、临夏县上升 12 位、永登县上升 10 位、镇原县上升 10 位、西和县上升 10 位；排序未变的有 4 个县（市、区）；排序下降的有 37 个县（市、区），下降较快的县（市、区）有肃北县下降 29 位、瓜州县下降 27 位、天祝县下降 25 位、永昌县下降23位、金塔县下降17位、合作市下降17位、陇西县下降17位、和政县下降17位、阿克塞下降16位、高台县下降15位、迭部县下降15位、两当县下降15位、民勤县下降15位、景泰县下降14位、华池县下降14位、卓尼县下降13位、凉州区下降11位（见表13）。

2. 甘肃省市（州）县域基础设施竞争力子系统评价分析

（1）评价结果

2017年甘肃省13个市（州）（不含嘉峪关市）县域基础设施竞争力综合评价情况如表15所示。

表15　2017年甘肃省13个市（州）县域基础设施竞争力评价

市(州)	2017年排序	2016年排序	排序变化	得分	基础设施竞争力	
					居住条件	交通通信
张掖市	1	1	0	75.05	79.30	69.85
平凉市	2	4	2	74.41	78.40	69.54
酒泉市	3	2	-1	73.65	77.59	68.83
兰州市(不含5区)	4	6	2	73.40	77.29	68.66
天水市(不含秦州区)	5	7	2	73.29	75.51	70.58
临夏州	6	9	3	73.02	75.85	69.56
武威市	7	5	-2	72.46	75.87	68.29
庆阳市	8	8	0	72.39	75.79	68.23
金昌市(不含金川区)	9	3	-6	72.35	76.27	67.56
定西市	10	11	1	71.94	75.24	67.92
陇南市	11	13	2	71.93	75.52	67.54
白银市(不含白银区、平川区)	12	10	-2	71.20	73.66	68.19
甘南州	13	12	-1	70.42	73.30	66.91
均　值				72.73	76.12	68.59
极　差				4.62	6.00	3.67
方　差				1.60	2.88	1.10
标准差				1.26	1.70	1.05

资料来源：根据《甘肃发展年鉴》（2017）和甘肃省统计局提供的数据计算所得。

2017年甘肃省13个市（州）（不含嘉峪关市）县域基础设施竞争力得分：张掖市75.05，处于一般优势；平凉市74.41、酒泉市73.65、兰州市

（不含5区）73.40、天水市（不含秦州区）73.29、临夏州73.02、武威市72.46、庆阳市72.39、金昌市（不含金川区）72.35、定西市71.94、陇南市71.93、白银市（不含白银区、平川区）71.20、甘南州70.42，处于中势；13个市（州）（不含嘉峪关市）县域基础设施竞争力得分均无处于绝对优势、一般劣势和绝对劣势的情况（见表16）。

表16　2017年甘肃省13个市（州）县域基础设施竞争力水平归类分布一览

评价标准	市(州)名称	个数
绝对优势	—	0
一般优势	张掖市	1
中势	平凉市、酒泉市、兰州市(不含5区)、天水市(不含秦州区)、临夏州、武威市、庆阳市、金昌市(不含金川区)、定西市、陇南市、白银市(不含白银区、平川区)、甘南州	12
一般劣势	—	0
绝对劣势	—	0

注：不含嘉峪关市。

（2）结果分析

从13个市（州）（不含嘉峪关市）基础设施竞争力总体来看，均值为72.73，与77个县（市、区）结果一致，均处在中势；居住条件均值为76.12，处于一般优势；交通通信均值为68.59，处于一般劣势；极差、方差、标准差明显缩小，说明在13个市（州）（不含嘉峪关市）之间存在一定差异，但差异不大，结合77个县（市、区）的评价结果，反映出各市州所辖县域之间存在较大差异，各市（州）所辖县域之间相对均衡（见表15）。

从13个市（州）（不含嘉峪关市）县域基础设施竞争力2个二级指标极差、方差、标准差来看，与77个县（市、区）相比较明显缩小，但居住条件仍然存在较大差异，要素配置很不均衡，交通通信相对差异性较小，相对均衡；同时结合77个县（市、区）评价结果，也说明各市州所辖县域之间存在一定差异，各市（州）所辖县域之间要素配置不均衡（见表15）。

从排序变化来看，排序上升的有6个市（州）：临夏州、平凉市、兰州市（不含5区）、天水市（不含秦州区）、陇南市、定西市。排序未变的有2个市（州）。排序下降的有5个市（州）：金昌市（不含金川区）、武威市、白银市（不含白银区、平川区）、酒泉市、甘南州（见表15）。

（四）甘肃省县域社会保障竞争力子系统评价分析

1. 甘肃省县域社会保障竞争力子系统评价结果

（1）评价结果

通过对医疗保险、养老保险、生活基本保障3个二级指标进行计算和分析，2017年甘肃省77个县（市、区）县域社会保障竞争力评价情况如表17所示。

表17　2017年甘肃省县域社会保障竞争力评价

县(市、区)	2017年排序	2016年排序	排序变化	得分	社会保障竞争力		
					医疗保险	养老保险	基本生活保障
甘谷县	1	39	38	79.77	82.39	77.20	79.69
肃北县	2	1	-1	76.42	72.80	77.82	80.88
金塔县	3	4	1	76.35	71.88	76.98	84.00
敦煌市	4	6	2	75.58	71.31	76.05	83.17
山丹县	5	5	0	75.49	73.04	75.80	79.75
临夏市	6	73	67	75.40	73.16	80.71	69.26
临泽县	7	23	16	75.23	72.66	74.91	81.01
民勤县	8	2	-6	75.15	76.90	71.99	77.99
榆中县	9	7	-2	75.11	73.38	73.07	82.66
徽　县	10	11	1	74.74	72.56	74.32	79.97
两当县	11	3	-8	74.69	72.76	74.32	79.28
西峰区	12	14	2	74.55	73.24	71.43	83.42
景泰县	13	50	37	74.52	73.16	73.09	80.14
凉州区	14	20	6	74.23	72.85	71.06	83.32
康　县	15	15	0	74.22	73.46	73.15	77.86
永登县	16	32	16	74.20	72.71	70.60	84.38
庆城县	17	13	-4	73.92	72.04	72.68	80.17

续表

县(市、区)	2017年排序	2016年排序	排序变化	得分	社会保障竞争力		
					医疗保险	养老保险	基本生活保障
甘州区	18	12	-6	73.89	73.20	70.49	82.07
瓜州县	19	18	-1	73.85	71.66	76.95	72.03
庄浪县	20	17	-3	73.81	70.69	73.83	79.98
崇信县	21	10	-11	73.70	70.32	73.56	80.72
高台县	22	19	-3	73.59	70.35	72.62	82.01
临洮县	23	24	1	73.57	68.38	74.97	81.15
宁　县	24	16	-8	73.41	71.07	72.49	79.92
渭源县	25	27	2	73.34	68.90	76.96	74.98
正宁县	26	21	-5	73.29	72.68	70.39	80.32
玛曲县	27	42	15	73.28	72.71	72.76	75.47
永昌县	28	46	18	73.17	73.03	70.01	79.77
合水县	29	26	-3	72.98	68.55	74.88	78.04
武山县	30	37	7	72.93	72.65	69.11	81.12
麦积区	31	31	0	72.89	70.95	70.51	81.54
清水县	32	29	-3	72.89	69.91	73.49	77.65
民乐县	33	22	-11	72.88	72.94	68.74	81.01
静宁县	34	30	-4	72.84	71.32	70.52	80.53
肃州区	35	62	27	72.83	72.97	67.62	82.94
镇原县	36	36	0	72.68	72.73	68.58	80.78
武都区	37	49	12	72.64	72.77	70.21	77.22
天祝县	38	34	-4	72.57	73.10	72.24	72.16
华池县	39	44	5	72.53	72.77	70.26	76.59
灵台县	40	9	-31	72.51	65.59	75.50	80.34
陇西县	41	33	-8	72.49	67.79	73.17	80.51
宕昌县	42	56	14	72.49	69.47	74.37	74.75
玉门市	43	40	-3	72.43	68.52	76.13	72.85
礼　县	44	25	-19	72.42	70.28	70.38	80.76
靖远县	45	28	-17	72.39	69.85	72.58	77.08
卓尼县	46	64	18	72.28	68.31	76.66	71.45
合作市	47	70	23	72.22	71.96	72.47	72.23
成　县	48	8	-40	72.20	71.34	68.74	80.85
舟曲县	49	48	-1	72.15	72.67	73.20	68.99
环　县	50	55	5	72.03	72.20	69.27	77.21

续表

县(市、区)	2017 年排序	2016 年排序	排序变化	得分	社会保障竞争力		
					医疗保险	养老保险	基本生活保障
永靖县	51	58	7	72.03	72.70	70.38	73.98
张家川	52	69	17	71.96	70.62	72.86	72.86
碌曲县	53	35	-18	71.90	69.13	72.66	75.94
通渭县	54	52	-2	71.82	64.76	75.87	77.84
康乐县	55	45	-10	71.78	71.74	69.34	76.74
文　县	56	61	5	71.76	76.49	68.56	68.71
崆峒区	57	43	-14	71.75	67.10	71.48	81.61
漳　县	58	53	-5	71.70	72.67	69.02	75.13
秦安县	59	38	-21	71.70	73.00	67.14	78.21
安定区	60	51	-9	71.55	66.55	73.36	77.92
夏河县	61	60	-1	71.52	71.02	71.08	73.41
临潭县	62	67	5	71.46	72.94	70.23	70.98
泾川县	63	47	-16	71.44	68.70	69.51	80.77
肃南县	64	41	-23	71.21	69.06	69.00	79.89
会宁县	65	54	-11	71.11	67.41	73.06	74.59
皋兰县	66	63	-3	70.98	70.21	66.51	81.45
岷　县	67	57	-10	70.42	69.00	69.35	75.41
临夏县	68	66	-2	70.23	69.18	70.89	70.99
华亭县	69	75	6	70.13	60.50	74.85	79.94
阿克塞	70	65	-5	69.44	66.91	67.66	78.07
迭部县	71	59	-12	69.40	69.17	67.24	74.16
广河县	72	72	0	69.39	72.20	63.85	74.86
古浪县	73	68	-5	68.72	65.10	67.57	78.28
西和县	74	71	-3	68.11	66.82	64.98	76.96
和政县	75	74	-1	66.36	65.84	65.84	68.44
东乡县	76	76	0	64.91	67.56	62.18	65.05
积石山	77	77	0	63.87	63.65	60.45	71.15
均　值				72.49	70.81	71.61	77.60
极　差				15.90	21.89	20.26	19.33
方　差				5.73	10.01	13.38	18.23
标准差				2.39	3.16	3.66	4.27

资料来源：根据《甘肃发展年鉴》（2017）和甘肃省统计局提供的数据计算所得。

根据2017年甘肃省县域社会保障竞争力得分，甘肃省77个县（市、区）处于绝对优势的县（市、区）为0个。处于一般优势的县（市、区）有9个：甘谷县、肃北县、金塔县、敦煌市、山丹县、临夏市、临泽县、民勤县、榆中县。处于中势的县（市、区）有60个：徽县、两当县、西峰区、景泰县、凉州区、康县、永登县、庆城县、甘州区、瓜州县、庄浪县、崇信县、高台县、临洮县、宁县、渭源县、正宁县、玛曲县、永昌县、合水县、武山县、麦积区、清水县、民乐县、静宁县、肃州区、镇原县、武都区、天祝县、华池县、灵台县、陇西县、宕昌县、玉门市、礼县、靖远县、卓尼县、合作市、成县、舟曲县、环县、永靖县、张家川、碌曲县、通渭县、康乐县、文县、崆峒区、漳县、秦安县、安定区、夏河县、临潭县、泾川县、肃南县、会宁县、皋兰县、岷县、临夏县、华亭县。处于一般劣势的县（市、区）有6个：阿克塞、迭部县、广河县、古浪县、西和县、和政县。处于绝对劣势的县（市、区）有2个：东乡县、积石山（见表18）。

表18　2017年甘肃省县域宏社会保障竞争力水平归类分布一览

评价标准	县域名称	个数
绝对优势	—	0
一般优势	甘谷县、肃北县、金塔县、敦煌市、山丹县、临夏市、临泽县、民勤县、榆中县	9
中势	徽县、两当县、西峰区、景泰县、凉州区、康县、永登县、庆城县、甘州区、瓜州县、庄浪县、崇信县、高台县、临洮县、宁县、渭源县、正宁县、玛曲县、永昌县、合水县、武山县、麦积区、清水县、民乐县、静宁县、肃州区、镇原县、武都区、天祝县、华池县、灵台县、陇西县、宕昌县、玉门市、礼县、靖远县、卓尼县、合作市、成县、舟曲县、环县、永靖县、张家川、碌曲县、通渭县、康乐县、文县、崆峒区、漳县、秦安县、安定区、夏河县、临潭县、泾川县、肃南县、会宁县、皋兰县、岷县、临夏县、华亭县	60
一般劣势	阿克塞、迭部县、广河县、古浪县、西和县、和政县	6
绝对劣势	东乡县、积石山	2

（2）结果分析

2017年甘肃省县域社会保障竞争力77个县（市、区）得分均值为72.49，处于中势，其极差、方差、标准差均相对较大，差异性较大，77个县（市、区）之间发展很不均衡；基本生活保障均值为77.60，处于一般优势；养老保险均值为71.61，医疗保险均值分为70.81，处于中势；从3个二级指标的极差、方差、标准差来看，都存在较大差异，在77个县（市、区）之间，3个要素配置较大失衡（见表17）。

从77个县（市、区）社会保障竞争力水平归类分布来看，行政区域分布特征、地理位置特征及贫困特征均不太明显（见表18）。从77个县域来看，社会保障竞争力贫困特征不明显。

从排序变化来看，排序上升的有27个县（市、区），上升较快的县（市、区）为：临夏市上升67位、甘谷县上升38位、景泰县上升37位、肃州区上升27位、合作市上升23位、永昌县上升18位、卓尼县上升18位、张家川上升17位、临泽县上升16位、永登县上升16位、玛曲县上升15位、宕昌县上升14位、武都区上升12位。排序未变的有7个县（市、区）。排序下降的有43个县（市、区），下降较快的县（市、区）为：成县下降40位、灵台县下降31位、肃南县下降23位、秦安县下降21位、礼县下降19位、碌曲县下降18位、靖远县下降17位、泾川县下降16位、崆峒区下降14位、迭部县下降12位、崇信县下降11位、民乐县下降11位、会宁县下降11位、康乐县下降10位、岷县下降10位（见表17）。

2. 甘肃省市（州）县域社会保障竞争力子系统评价分析

（1）评价结果

2017年甘肃省13个市（州）（不含嘉峪关市）县域社会保障竞争力综合评价情况如表19所示。

表19　2017年甘肃省13个市（州）县域社会保障竞争力评价

市(州)	2017年排序	2016年排序	排序变化	得分	社会保障竞争力		
					医疗保险	养老保险	基本生活保障
酒泉市	1	2	1	73.84	70.87	74.17	79.13
张掖市	2	1	-1	73.71	71.88	71.93	80.96
天水市(不含秦州区)	3	8	5	73.69	73.25	71.72	78.51
兰州市(不含5区)	4	6	2	73.43	72.10	70.06	82.83
庆阳市	5	3	-2	73.17	71.91	71.25	79.56

续表

市(州)	2017年排序	2016年排序	排序变化	得分	社会保障竞争力		
					医疗保险	养老保险	基本生活保障
金昌市(不含金川区)	6	11	5	73.17	73.03	70.01	79.77
白银市(不含白银区、平川区)	7	10	3	72.67	70.14	72.91	77.27
武威市	8	4	-4	72.67	71.99	70.71	77.94
陇南市	9	5	-4	72.59	71.77	71.00	77.37
平凉市	10	7	-3	72.31	67.75	72.75	80.56
定西市	11	9	-2	72.13	68.29	73.24	77.56
甘南州	12	12	0	71.78	70.99	72.04	72.83
临夏州	13	13	0	69.24	69.50	67.95	71.31
均　值				72.65	71.04	71.52	78.12
极　差				4.60	5.51	6.22	11.52
方　差				1.46	2.87	2.67	9.84
标准差				1.21	1.69	1.63	3.14

资料来源：根据《甘肃发展年鉴》（2017）和甘肃省统计局提供的数据计算所得。

2017年甘肃省13个市（州）（不含嘉峪关市）县域社会保障竞争力得分：酒泉市73.84、张掖市73.71、天水市（不含秦州区）73.69、兰州市（不含5区）73.43、庆阳市73.17、金昌市（不含金川区）73.17、白银市（不含白银区、平川区）72.67、武威市72.67、陇南市72.59、平凉市72.31、定西市72.13、甘南州71.78，处于中势。临夏州69.24，处于一般劣势。13个市（州）（不含嘉峪关市）县域社会保障竞争力得分均无处于绝对优势、一般优势和绝对劣势的情况（见表20）。

表20　2017年甘肃省13个市（州）县域社会保障竞争力水平归类分布一览

评价标准	市(州)名称	个数
绝对优势	—	0
一般优势	—	0
中　势	酒泉市、张掖市、天水市(不含秦州区)、兰州市(不含5区)、庆阳市、金昌市(不含金川区)、白银市(不含白银区、平川区)、武威市、陇南市、平凉市、定西市、甘南州	12
一般劣势	临夏州	1
绝对劣势	—	0

注：不含嘉峪关市。

(2) 结果分析

从13个市（州）（不含嘉峪关市）社会保障竞争力总体来看，均值为72.65，与77个县（市、区）结果一致，均处在中势；基本生活保障均值为78.12，处于一般优势；养老保险均值为71.52、医疗保险均值为71.04，处于中势；极差、方差、标准差相对较小，说明在13个市（州）（不含嘉峪关市）之间差异不大，各市（州）之间相对均衡（见表19）。

从13个市（州）（不含嘉峪关市）县域社会保障竞争力的3个二级指标极差、方差、标准差来看，与77个县（市、区）相比较明显缩小，但基本生活保障和养老保险仍然存在一定差异，要素配置不均衡；同时结合77个县（市、区）的评价结果，也说明各市州所辖县域之间存在一定差异，各市（州）所辖县域之间要素配置不均衡（见表19）。

从排序变化来看，排序上升的有5个市（州）：天水市（不含秦州区）、金昌市（不含金川区）、白银市（不含白银区、平川区）、兰州市（不含5区）、酒泉市。排序未变的有2个市（州）。排序下降的有6个市（州）：陇南市、武威市、平凉市、庆阳市、定西市、张掖市（见表19）。

（五）甘肃省县域公共服务竞争力子系统评价分析

1. 甘肃省县域公共服务竞争力子系统评价结果

(1) 评价结果

通过对科技服务、文化娱乐、医疗卫生3个二级指标进行计算和分析，2017年甘肃省77个县（市、区）县域公共服务竞争力评价情况如表21所示。

表21　2017年甘肃省县域公共服务竞争力评价

县(市、区)	2017年排序	2016年排序	排序变化	得分	社会保障竞争力		
					科技服务	文化娱乐	医疗卫生
阿克塞	1	1	0	77.87	82.37	75.66	72.95
肃北县	2	2	0	75.34	73.26	80.64	74.04
肃州区	3	5	2	69.44	71.20	60.88	73.91
碌曲县	4	4	0	69.26	72.50	63.06	69.58

续表

县(市、区)	2017年排序	2016年排序	排序变化	得分	社会保障竞争力		
					科技服务	文化娱乐	医疗卫生
肃南县	5	3	-2	69.20	69.68	70.23	67.62
甘州区	6	7	1	68.03	66.76	61.12	75.71
华亭县	7	6	-1	67.37	69.46	61.23	69.35
西峰区	8	8	0	66.77	61.87	61.52	78.51
崆峒区	9	10	1	66.48	66.03	60.53	72.13
凉州区	10	9	-1	66.46	63.50	60.95	75.50
敦煌市	11	15	4	66.07	65.88	63.97	68.11
舟曲县	12	34	22	65.97	68.81	61.28	65.62
高台县	13	11	-2	65.83	65.63	61.94	69.38
华池县	14	29	15	65.65	66.00	61.24	68.80
麦积区	15	39	24	65.56	65.90	60.56	69.21
天祝县	16	13	-3	65.49	67.30	60.94	66.56
临泽县	17	19	2	65.39	67.08	61.27	66.31
民勤县	18	24	6	65.25	66.91	60.74	66.53
永靖县	19	20	1	65.15	64.18	60.79	70.26
迭部县	20	16	-4	65.06	67.00	61.19	65.38
临夏市	21	28	7	65.01	63.35	60.37	71.37
山丹县	22	14	-8	64.97	64.52	61.37	68.65
陇西县	23	26	3	64.80	64.48	60.59	68.77
瓜州县	24	21	-3	64.68	64.69	62.61	66.39
卓尼县	25	27	2	64.59	66.73	60.69	64.64
静宁县	26	25	-1	64.50	64.57	60.48	67.73
玛曲县	27	17	-10	64.39	65.21	61.46	65.60
庄浪县	28	30	2	64.38	65.67	60.72	65.51
玉门市	29	22	-7	64.38	64.88	61.84	65.74
金塔县	30	33	3	64.37	64.59	60.87	66.96
康　县	31	31	0	64.16	66.60	61.51	62.70
崇信县	32	23	-9	64.13	64.41	61.08	66.27
靖远县	33	37	4	64.11	65.85	61.36	63.81
榆中县	34	40	6	64.08	63.67	60.43	67.75
民乐县	35	41	6	64.06	64.94	61.65	64.72
永昌县	36	36	0	64.03	64.32	62.10	65.20
会宁县	37	35	-2	63.89	64.15	60.35	66.46

续表

县(市、区)	2017年排序	2016年排序	排序变化	得分	社会保障竞争力		
					科技服务	文化娱乐	医疗卫生
永登县	38	51	13	63.89	63.50	61.63	66.35
成　县	39	12	-27	63.88	61.43	62.51	68.71
灵台县	40	38	-2	63.82	63.74	63.02	64.61
合水县	41	47	6	63.62	64.70	61.05	64.13
通渭县	42	44	2	63.50	64.03	60.58	65.15
岷　县	43	50	7	63.39	63.38	60.16	66.09
泾川县	44	42	-2	63.36	63.47	61.79	64.52
临洮县	45	52	7	63.34	61.31	60.49	68.76
张家川	46	46	0	63.25	62.72	60.72	66.16
渭源县	47	48	1	63.18	64.07	60.65	63.97
皋兰县	48	57	9	63.18	64.66	60.57	63.13
庆城县	49	55	6	63.07	64.01	61.31	63.11
环　县	50	45	-5	63.04	63.96	61.39	63.04
古浪县	51	54	3	62.99	64.34	60.31	63.18
武都区	52	65	13	62.83	60.58	60.46	68.18
武山县	53	56	3	62.74	63.52	60.28	63.61
安定区	54	49	-5	62.71	61.54	60.67	66.16
康乐县	55	60	5	62.43	63.29	60.76	62.54
临夏县	56	58	2	62.41	62.88	60.07	63.64
徽　县	57	32	-25	62.26	60.33	60.92	66.29
镇原县	58	59	1	62.19	60.88	61.86	64.44
甘谷县	59	53	-6	62.13	61.22	60.93	64.49
宕昌县	60	63	3	61.98	60.75	60.46	65.10
合作市	61	62	1	61.97	60.14	61.41	65.20
夏河县	62	66	4	61.95	60.44	61.63	64.46
积石山	63	68	5	61.93	62.14	60.48	62.82
秦安县	64	61	-3	61.91	60.66	60.30	65.14
两当县	65	18	-47	61.80	60.86	62.13	62.94
清水县	66	64	-2	61.79	61.32	60.48	63.57
景泰县	67	69	2	61.67	60.34	61.34	63.93
正宁县	68	67	-1	61.53	60.28	60.92	63.90
礼　县	69	71	2	61.33	60.65	60.46	63.06

续表

县(市、区)	2017年排序	2016年排序	排序变化	得分	社会保障竞争力		
					科技服务	文化娱乐	医疗卫生
漳 县	70	72	2	61.29	60.81	60.62	62.57
临潭县	71	43	-28	61.17	60.16	61.16	62.69
宁 县	72	74	2	61.09	60.32	61.24	62.12
西和县	73	73	0	61.04	60.77	60.55	61.86
广河县	74	75	1	61.01	60.08	60.41	62.89
文 县	75	77	2	60.93	60.40	60.50	62.08
和政县	76	70	-6	60.55	60.54	60.29	60.79
东乡县	77	76	-1	60.49	60.12	60.56	60.97
均 值				64.14	64.13	61.64	66.23
极 差				17.38	22.29	20.57	17.72
方 差				8.30	13.24	9.14	12.83
标准差				2.88	3.64	3.02	3.58

资料来源：根据《甘肃发展年鉴》（2017）和甘肃省统计局提供的数据计算所得。

根据2017年甘肃省县域公共服务竞争力得分，甘肃省77个县（市、区）处于绝对优势和中势的县（市、区）为0个。处于一般优势的县（市、区）有2个：阿克塞、肃北县。处于一般劣势的县（市、区）有19个：肃州区、碌曲县、肃南县、甘州区、华亭县、西峰区、崆峒区、凉州区、敦煌市、舟曲县、高台县、华池县、麦积区、天祝县、临泽县、民勤县、永靖县、迭部县、临夏市。处于绝对劣势的县（市、区）有56个：山丹县、陇西县、瓜州县、卓尼县、静宁县、玛曲县、庄浪县、玉门市、金塔县、康县、崇信县、靖远县、榆中县、民乐县、永昌县、会宁县、永登县、成县、灵台县、合水县、通渭县、岷县、泾川县、临洮县、张家川、渭源县、皋兰县、庆城县、环县、古浪县、武都区、武山县、安定区、康乐县、临夏县、徽县、镇原县、甘谷县、宕昌县、合作市、夏河县、积石山、秦安县、两当县、清水县、景泰县、正宁县、礼县、漳县、临潭县、宁县、西和县、广河县、文县、和政县、东乡县（见表22）。

表22　2017年甘肃省县域宏公共服务竞争力水平归类分布一览

评价标准	县域名称	个数
绝对优势	—	0
一般优势	阿克塞、肃北县	2
中　　势	—	0
一般劣势	肃州区、碌曲县、肃南县、甘州区、华亭县、西峰区、崆峒区、凉州区、敦煌市、舟曲县、高台县、华池县、麦积区、天祝县、临泽县、民勤县、永靖县、迭部县、临夏市	19
绝对劣势	山丹县、陇西县、瓜州县、卓尼县、静宁县、玛曲县、庄浪县、玉门市、金塔县、康县、崇信县、靖远县、榆中县、民乐县、永昌县、会宁县、永登县、成县、灵台县、合水县、通渭县、岷县、泾川县、临洮县、张家川、渭源县、皋兰县、庆城县、环县、古浪县、武都区、武山县、安定区、康乐县、临夏县、徽县、镇原县、甘谷县、宕昌县、合作市、夏河县、积石山、秦安县、两当县、清水县、景泰县、正宁县、礼县、漳县、临潭县、宁县、西和县、广河县、文县、和政县、东乡县	56

（2）结果分析

2017年甘肃省县域公共服务竞争力77个县（市、区）得分均值为64.14，处于绝对劣势，其极差、方差、标准差均相对较大，差异性较大，77个县（市、区）之间发展很不均衡；医疗卫生均值为66.23，处于一般劣势；科技服务和文化娱乐均值分别为64.13和61.64，处于绝对劣势；从3个二级指标的极差、方差、标准差来看，都存在较大差异，在77个县（市、区）之间，3个要素配置较大失衡（见表21）。

从77个县（市、区）公共服务竞争力水平归类分布来看，地理位置特征及贫困特征均较为明显，河西地区、经济发展较好的地区公共服务竞争力相对较好，而贫困地区公共服务竞争力水平相对较低（见表22）。

从排序变化来看，排序上升的有42个县（市、区），上升较快的县（市、区）为：麦积区上升24位、舟曲县上升22位、华池县上升15位、永登县上升13位、武都区上升13位。排序未变的有8个县（市、区）。排序下降的有27个县（市、区），下降较快的县（市、区）为：两当县下降47位、临潭县下降28位、成县下降27位、徽县下降25位、玛曲县下降10位（见表21）。

2. 甘肃省市（州）县域公共服务竞争力子系统评价分析

（1）评价结果

2017年甘肃省13个市（州）（不含嘉峪关市）县域公共服务竞争力综合评价情况如表23所示。

表23　2017年甘肃省13个市（州）县域公共服务竞争力评价

市(州)	2017年排序	2016年排序	排序变化	得分	社会保障竞争力		
					科技服务	文化娱乐	医疗卫生
酒泉市	1	1	0	68.88	69.55	66.64	69.73
张掖市	2	2	0	66.25	66.44	62.93	68.73
武威市	3	4	1	65.05	65.51	60.73	67.94
平凉市	4	3	-1	64.86	65.33	61.26	67.16
甘南州	5	5	0	64.30	65.12	61.49	65.39
金昌市(不含金川区)	6	6	0	64.03	64.32	62.10	65.20
兰州市(不含5区)	7	10	3	63.72	63.94	60.88	65.74
庆阳市	8	8	0	63.37	62.75	61.32	66.01
白银市(不含白银区、平川区)	9	7	-2	63.23	63.45	61.02	64.73
定西市	10	9	-1	63.17	62.80	60.54	65.93
天水市(不含秦州区)	11	12	1	62.90	62.56	60.55	65.36
临夏州	12	13	1	62.37	62.07	60.47	64.41
陇南市	13	11	-2	62.25	61.37	61.05	64.55
均　值				64.18	64.25	61.61	66.22
极　差				6.63	8.18	6.17	5.32
方　差				3.25	4.78	2.75	2.80
标准差				1.80	2.19	1.66	1.67

资料来源：根据《甘肃发展年鉴》（2017）和甘肃省统计局提供的数据计算所得。

2017年甘肃省13个市（州）（不含嘉峪关市）县域公共服务竞争力得分：酒泉市68.88、张掖市66.25、武威市65.05，处于一般劣势；平凉市64.86、甘南州64.30、金昌市（不含金川区）64.03、兰州市（不含5区）63.72、庆阳市63.37、白银市（不含白银区、平川区）63.23、定西市63.17、天水市（不含秦州区）62.90、临夏州62.37、陇南市62.25，处于绝对劣势；13 个市（州）（不含嘉峪关市）县域公共服务竞争力得分均无处于绝对优势、一般优势、中势的情况（见表 24）。

表 24　2017 年甘肃省 13 个市（州）县域公共服务竞争力水平归类分布一览

评价标准	市(州)名称	个数
绝对优势	—	0
一般优势	—	0
中　　势	—	0
一般劣势	酒泉市、张掖市、武威市	3
绝对劣势	平凉市、甘南州、金昌市(不含金川区)、兰州市(不含 5 区)、庆阳市、白银市(不含白银区、平川区)、定西市、天水市(不含秦州区)、临夏州、陇南市	10

注：不含嘉峪关市。

（2）结果分析

从 13 个市（州）（不含嘉峪关市）公共服务竞争力总体来看，均值为 64.18，与 77 个县（市、区）结果一致，均处在绝对劣势；医疗卫生得分均值为 66.22，处于一般劣势；科技服务和文化娱乐得分均值分别为 64.25 和 61.61，处于绝对劣势；极差、方差、标准差明显缩小，但仍相对较大，说明在 13 个市（州）（不含嘉峪关市）之间差异较大，各市（州）之间相对不均衡，结合 77 个县（市、区）的评价结果，反映出各市州所辖县域之间存在较大差异，各市（州）所辖县域之间发展不均衡（见表 23）。

从 13 个市（州）（不含嘉峪关市）县域社会保障竞争力 3 个二级指标极差、方差、标准差来看，与 77 个县（市、区）相比较明显缩小，但科技服务仍存在较大差异、文化娱乐和医疗卫生仍存在一定差异，要素配置不均衡；同时结合 77 个县（市、区）评价结果，也说明各市州所辖县域之间存在一定差异，各市（州）所辖县域之间要素配置不均衡（见表 23）。

从排序变化来看，排序上升的有 4 个市（州）：兰州市（不含 5 区）、武威市、天水市（不含秦州区）、临夏州。排序未变的有 5 个市（州）。排序下降的有 4 个市（州）：白银市（不含白银区、平川区）、陇南市、平凉市、定西市（见表 23）。

（六）甘肃省县域生活环境竞争力子系统评价分析

1. 甘肃省县域生活环境竞争力子系统评价结果

（1）评价结果

通过对生活环境、环境保护、农业环境 3 个二级指标进行计算和分析，2017 年甘肃省 77 个县（市、区）县域生活环境竞争力评价情况如表 25 所示。

表 25　2017 年甘肃省县域生活环境竞争力评价

县(市、区)	2017 年排序	2016 年排序	排序变化	得分	生活环境竞争力		
					生活环境	环境保护	农业环境
康　县	1	2	1	80.19	83.15	76.47	79.96
玛曲县	2	4	2	79.76	73.92	82.30	85.00
文　县	3	10	7	79.71	83.43	75.60	78.84
舟曲县	4	6	2	79.43	79.94	75.84	82.34
天祝县	5	5	0	79.32	77.48	80.15	80.94
灵台县	6	7	1	79.20	79.33	77.37	80.86
迭部县	7	23	16	79.07	77.39	75.67	84.69
徽　县	8	9	1	78.74	79.61	76.16	80.18
卓尼县	9	14	5	78.67	74.45	78.51	84.45
泾川县	10	8	-2	78.49	77.69	77.10	80.94
碌曲县	11	12	1	78.47	75.63	75.77	84.95
西和县	12	41	29	78.40	78.54	77.48	79.12
肃南县	13	11	-2	78.35	75.21	78.30	82.57
麦积区	14	19	5	78.33	79.81	77.49	77.21
安定区	15	13	-2	78.29	76.32	82.12	77.08
华池县	16	1	-15	78.26	77.10	79.30	78.76
武都区	17	27	10	78.18	79.31	78.58	76.28
正宁县	18	16	-2	78.03	78.92	76.31	78.58
西峰区	19	15	-4	77.93	77.37	76.10	80.50
两当县	20	21	1	77.91	82.71	75.47	73.95
华亭县	21	20	-1	77.65	78.97	71.56	81.99
会宁县	22	3	-19	77.64	70.45	84.63	80.21
崇信县	23	18	-5	77.56	78.82	73.87	79.57

续表

县(市、区)	2017年排序	2016年排序	排序变化	得分	生活环境竞争力		
					生活环境	环境保护	农业环境
成　县	24	57	33	77.45	76.27	75.63	80.85
民勤县	25	29	4	77.30	74.49	80.70	77.65
岷　县	26	26	0	77.26	75.03	76.65	80.87
镇原县	27	70	43	77.24	74.26	80.14	78.31
临泽县	28	32	4	77.20	76.00	75.21	80.79
临夏县	29	38	9	77.17	76.30	76.24	79.27
夏河县	30	31	1	77.12	74.59	72.68	84.92
合作市	31	30	-1	77.03	72.66	75.56	84.33
山丹县	32	17	-15	77.03	74.34	77.11	80.55
康乐县	33	22	-11	77.01	75.26	75.27	81.08
庆城县	34	49	15	76.98	74.55	78.73	78.48
甘谷县	35	55	20	76.88	74.27	75.32	81.93
张家川	36	42	6	76.75	76.66	75.71	77.91
临洮县	37	33	-4	76.74	74.85	78.49	77.49
甘州区	38	35	-3	76.73	75.88	74.67	79.92
高台县	39	36	-3	76.70	74.42	74.60	81.83
清水县	40	47	7	76.62	76.26	77.43	76.31
永昌县	41	43	2	76.57	74.81	74.81	80.66
武山县	42	40	-2	76.49	75.08	75.94	78.92
肃北县	43	75	32	76.49	73.98	75.89	80.43
永登县	44	60	16	76.45	73.98	75.52	80.67
民乐县	45	44	-1	76.40	76.47	74.24	78.48
临潭县	46	28	-18	76.33	71.88	76.05	82.53
静宁县	47	52	5	76.30	77.18	77.38	74.05
金塔县	48	56	8	76.30	73.69	75.83	80.25
临夏市	49	46	-3	76.27	72.76	74.16	83.04
和政县	50	54	4	76.22	73.44	72.74	83.41
陇西县	51	45	-6	76.18	73.08	76.58	79.91
敦煌市	52	48	-4	76.08	74.02	74.51	80.40
合水县	53	39	-14	76.08	77.45	77.59	72.73
通渭县	54	50	-4	76.01	74.96	78.52	74.89
肃州区	55	51	-4	75.95	73.86	74.20	80.47
崆峒区	56	53	-3	75.94	76.89	71.29	79.34

续表

县(市、区)	2017 年排序	2016 年排序	排序变化	得分	生活环境竞争力		
					生活环境	环境保护	农业环境
阿克塞	57	76	19	75.79	73.99	73.19	80.79
凉州区	58	37	-21	75.70	73.91	75.65	78.13
古浪县	59	34	-25	75.44	72.01	76.21	79.25
庄浪县	60	64	4	75.44	75.88	73.51	76.77
广河县	61	58	-3	75.28	75.11	75.47	75.33
宕昌县	62	72	10	75.19	69.28	79.06	79.20
靖远县	63	63	0	75.12	73.29	73.05	79.63
永靖县	64	59	-5	75.07	72.68	74.42	78.93
榆中县	65	61	-4	75.03	75.54	72.81	76.56
渭源县	66	24	-42	74.91	68.22	77.47	81.27
景泰县	67	68	1	74.40	71.59	72.78	79.76
环　县	68	65	-3	74.16	73.69	81.29	67.65
皋兰县	69	71	2	74.12	71.69	70.61	80.86
积石山	70	67	-3	73.60	71.55	74.68	75.24
宁　县	71	69	-2	73.39	70.33	78.12	72.75
礼　县	72	25	-47	73.21	65.08	79.82	77.43
漳　县	73	66	-7	71.75	62.82	74.63	80.78
秦安县	74	73	-1	71.64	67.74	76.72	71.77
东乡县	75	74	-1	71.05	60.31	74.92	81.49
玉门市	76	62	-14	70.02	60.84	73.84	78.42
瓜州县	77	77	0	69.83	60.65	74.07	77.82
均　值				76.45	74.43	76.23	79.37
极　差				10.36	23.12	14.02	17.35
方　差				4.49	20.13	6.65	9.92
标准差				2.12	4.49	2.58	3.15

资料来源：根据《甘肃发展年鉴》（2017）和甘肃省统计局提供的数据计算所得。

根据2017年甘肃省县域生活环境竞争力得分，甘肃省77个县（市、区）处于绝对优势的县（市、区）有1个：康县。处于一般优势的县（市、区）有64个：玛曲县、文县、舟曲县、天祝县、灵台县、迭部县、徽县、卓尼县、泾川县、碌曲县、西和县、肃南县、麦积区、安定区、华池县、武都区、正宁县、西峰区、两当县、华亭县、会宁县、崇信县、成县、民勤县、岷县、镇原县、临泽县、临夏县、夏河县、合作市、山丹县、康乐县、庆城县、甘谷县、张家川、临洮县、甘州区、高台县、清水县、永昌县、武山县、肃北县、永登县、民乐县、临潭县、静宁县、金塔县、临夏市、和政县、陇西县、敦煌市、合水县、通渭县、肃州区、崆峒区、阿克塞、凉州区、古浪县、庄浪县、广河县、宕昌县、靖远县、永靖县、榆中县。处于中势的县（市、区）有10个：景泰县、环县、皋兰县、积石山、宁县、礼县、漳县、秦安县、东乡县、玉门市。处于一般劣势有1个：瓜州县。处于绝对劣势的县（市、区）为0个（见表26）。

表26　2017年甘肃省县域生活环境竞争力水平归类分布一览

评价标准	县域名称	个数
绝对优势	康县	1
一般优势	玛曲县、文县、舟曲县、天祝县、灵台县、迭部县、徽县、卓尼县、泾川县、碌曲县、西和县、肃南县、麦积区、安定区、华池县、武都区、正宁县、西峰区、两当县、华亭县、会宁县、崇信县、成县、民勤县、岷县、镇原县、临泽县、临夏县、夏河县、合作市、山丹县、康乐县、庆城县、甘谷县、张家川、临洮县、甘州区、高台县、清水县、永昌县、武山县、肃北县、永登县、民乐县、临潭县、静宁县、金塔县、临夏市、和政县、陇西县、敦煌市、合水县、通渭县、肃州区、崆峒区、阿克塞、凉州区、古浪县、庄浪县、广河县、宕昌县、靖远县、永靖县、榆中县	64
中　　势	景泰县、环县、皋兰县、积石山、宁县、礼县、漳县、秦安县、东乡县、玉门市	10
一般劣势	瓜州县	1
绝对劣势	—	0

（2）结果分析

2017年甘肃省县域生活环境竞争力77个县（市、区）得分均值为76.45，处于一般优势，其极差、方差、标准差均相对较大，差异性较大，77个县（市、区）之间发展很不均衡；农业环境得分均值为79.37、环境保护得分均值为76.23，处于一般优势；生活环境得分均值为74.43，处于中势；从3个二级指标的极差、方差、标准差来看，都存在较大差异，在77个县（市、区）之间，3个要素配置较大失衡（见表25）。

从77个县（市、区）生活环境竞争力水平归类分布来看，经济结构特征均较为明显，工业化发展较快的地区生活环境竞争力水平相对较低，而产业单一或以农业和旅游业发展为主的地区生活环境竞争力水平相对较高；甘肃省整体而言，县域经济社会发展工业化程度较低，因此，生活环境竞争力整体水平相对较高（见表26）。

从排序变化来看，排序上升的有34个县（市、区），上升较快的县（市、区）为：镇原县上升43位、成县上升33位、肃北县上升32位、西和县上升29位、甘谷县上升20位、阿克塞上升19位、迭部县上升16位、永登县上升16位、庆城县上升15位、武都区上升10位、宕昌县上升10位。排序未变的有4个县（市、区）。排序下降的有39个县（市、区），下降较快的县（市、区）为：礼县下降47位、渭源县下降42位、古浪县下降25位、凉州区下降21位、会宁县下降19位、临潭县下降18位、华池县下降15位、山丹县下降15位、合水县下降14位、玉门市下降14位、康乐县下降11位（见表25）。

2. 甘肃省市（州）县域生活环境竞争力子系统评价分析

（1）评价结果

2017年甘肃省13个市（州）（不含嘉峪关市）县域生活环境竞争力综合评价情况如表27所示。

表27　2017年甘肃省13个市（州）县域生活环境竞争力评价

市(州)	2017年排序	2016年排序	排序变化	得分	生活环境竞争力		
					生活环境	环境保护	农业环境
甘南州	1	1	0	78.23	75.06	76.55	84.15
陇南市	2	4	2	77.66	77.49	77.14	78.42
平凉市	3	5	2	77.23	77.82	74.58	79.07
张掖市	4	3	-1	77.07	75.39	75.69	80.69
武威市	5	2	-3	76.94	74.47	78.18	78.99
金昌市(不含金川区)	6	7	1	76.57	74.81	74.81	80.66
庆阳市	7	8	1	76.51	75.46	78.45	75.97
天水市(不含秦州区)	8	10	2	76.12	74.97	76.43	77.34
定西市	9	6	-3	75.88	72.18	77.78	78.90

续表

市(州)	2017年排序	2016年排序	排序变化	得分	生活环境竞争力		
					生活环境	环境保护	农业环境
白银市(不含白银区、平川区)	10	9	-1	75.72	71.77	76.82	79.87
临夏州	11	11	0	75.21	72.18	74.74	79.72
兰州市(不含5区)	12	12	0	75.20	73.74	72.98	79.36
酒泉市	13	13	0	74.35	70.15	74.51	79.80
均　值				76.36	74.27	76.05	79.46
极　差				3.88	7.67	5.47	8.18
方　差				1.19	4.94	2.73	3.65
标准差				1.09	2.22	1.65	1.91

资料来源：根据《甘肃发展年鉴》（2017）和甘肃省统计局提供的数据计算所得。

2017年甘肃省13个市（州）（不含嘉峪关市）县域公共服务竞争力得分：甘南州78.23、陇南市77.66、平凉市77.23、张掖市77.07、武威市76.94、金昌市（不含金川区）76.57、庆阳市76.51、天水市（不含秦州区）76.12、定西市75.88、白银市（不含白银区、平川区）75.72、临夏州75.21、兰州市（不含5区）75.20，处于一般优势；酒泉市74.35，处于中势；13个市（州）（不含嘉峪关市）县域生活环境竞争力得分均无处于绝对优势、一般劣势、绝对劣势的情况（见表28）。

表28　2017年甘肃省13个市（州）县域生活环境竞争力水平归类分布一览

评价标准	市(州)名称	个数
绝对优势	—	0
一般优势	甘南州、陇南市、平凉市、张掖市、武威市、金昌市(不含金川区)、庆阳市、天水市(不含秦州区)、定西市、白银市(不含白银区、平川区)、临夏州、兰州市(不含5区)	12
中　势	酒泉市	1
一般劣势	—	0
绝对劣势	—	0

注：不含嘉峪关市。

（2）结果分析

从13个市（州）（不含嘉峪关市）生活环境竞争力总体来看，均值为

76.36，与77个县（市、区）结果一致，均处在一般优势；农业环境均值为79.46、环境保护均值为76.05，处于一般优势；生活环境均值为74.27，处于中势；极差、方差、标准差明显缩小，说明在13个市（州）（不含嘉峪关市）之间差异不大，各市（州）之间相对均衡，结合77个县（市、区）的评价结果，反映出各市州所辖县域之间存在一定差异，各市（州）所辖县域之间发展相对均衡（见表27）。

从13个市（州）（不含嘉峪关市）县域社会保障竞争力3个二级指标极差、方差、标准差来看，与77个县（市、区）相比较明显缩小，但生活环境和农业环境仍存在较大差异、环境保护仍存在一定差异，要素配置不均衡；同时结合77个县（市、区）评价结果，也说明各市州所辖县域之间存在一定差异，各市（州）所辖县域之间要素配置不均衡（见表27）。

从排序变化来看，排序上升的有5个市（州）：陇南市、平凉市、天水市（不含秦州区）、金昌市（不含金川区）、庆阳市。排序未变的有4个市（州）。排序下降的有4个市（州）：武威市、定西市、张掖市、白银市（不含白银区、平川区）（见表27）。

（七）甘肃省县域社会结构竞争力子系统评价分析

1. 甘肃省县域社会结构竞争力子系统评价结果

（1）评价结果

通过对人口结构和城乡结构2个二级指标进行计算和分析，2017年甘肃省77个县（市、区）县域社会结构竞争力评价情况如表29所示。

表29　2017年甘肃省县域社会结构竞争力评价

县(市、区)	2017年排序	2016年排序	排序变化	得分	社会结构竞争力	
					人口结构	城乡结构
凉州区	1	1	0	79.24	79.15	79.33
临夏市	2	2	0	79.02	75.65	82.39
武都区	3	3	0	75.99	70.73	81.26
和政县	4	14	10	75.30	65.60	85.00

续表

县(市、区)	2017 年排序	2016 年排序	排序变化	得分	社会结构竞争力	
					人口结构	城乡结构
肃州区	5	7	2	74.59	72.63	76.55
崆峒区	6	5	-1	74.16	70.49	77.83
临夏县	7	10	3	74.02	66.86	81.18
山丹县	8	8	0	73.92	67.10	80.74
甘州区	9	6	-3	73.62	71.18	76.06
华亭县	10	9	-1	73.52	65.69	81.36
麦积区	11	11	0	73.23	70.65	75.80
永登县	12	4	-8	73.10	68.83	77.36
西峰区	13	13	0	73.04	69.95	76.13
甘谷县	14	12	-2	72.91	68.84	76.99
漳　县	15	16	1	72.60	65.69	79.52
临泽县	16	17	1	72.53	66.73	78.33
镇原县	17	21	4	72.04	67.66	76.42
环　县	18	19	1	72.04	65.91	78.16
徽　县	19	15	-4	72.03	64.34	79.71
武山县	20	32	12	71.82	67.91	75.73
庄浪县	21	20	-1	71.79	65.75	77.84
永昌县	22	37	15	71.68	68.08	75.28
宁　县	23	23	0	71.61	67.18	76.03
榆中县	24	26	2	71.41	67.99	74.84
崇信县	25	22	-3	71.29	63.42	79.15
静宁县	26	47	21	71.18	67.86	74.51
舟曲县	27	24	-3	71.14	63.92	78.37
高台县	28	25	-3	71.04	63.88	78.20
敦煌市	29	29	0	70.96	65.25	76.68
成　县	30	27	-3	70.76	65.23	76.28
玉门市	31	30	-1	70.53	66.97	74.09
礼　县	32	28	-4	70.51	67.69	73.33
正宁县	33	36	3	70.51	66.73	74.28
陇西县	34	31	-3	70.36	68.16	72.55
泾川县	35	33	-2	70.23	64.74	75.71
安定区	36	35	-1	70.06	68.16	71.96
皋兰县	37	18	-19	69.95	64.09	75.81

续表

县(市、区)	2017年排序	2016年排序	排序变化	得分	社会结构竞争力	
					人口结构	城乡结构
通渭县	38	38	0	69.72	65.88	73.55
西和县	39	42	3	69.67	66.38	72.95
永靖县	40	44	4	69.64	65.00	74.28
临洮县	41	41	0	69.57	67.44	71.69
灵台县	42	40	-2	69.47	63.23	75.72
秦安县	43	46	3	69.47	67.49	71.45
天祝县	44	43	-1	69.38	66.46	72.31
文　县	45	50	5	69.29	63.77	74.80
民乐县	46	45	-1	69.11	67.03	71.18
阿克塞	47	34	-13	69.09	70.11	68.07
张家川	48	39	-9	69.07	64.37	73.77
金塔县	49	51	2	69.05	63.81	74.29
两当县	50	55	5	68.94	64.99	72.89
景泰县	51	63	12	68.77	66.93	70.61
广河县	52	54	2	68.76	67.01	70.51
庆城县	53	48	-5	68.67	65.62	71.73
东乡县	54	52	-2	68.42	65.53	71.32
积石山	55	49	-6	68.42	63.86	72.98
宕昌县	56	59	3	68.39	64.07	72.71
会宁县	57	60	3	68.27	67.52	69.03
肃北县	58	56	-2	68.24	69.47	67.02
岷　县	59	61	2	68.14	67.08	69.21
古浪县	60	57	-3	68.13	65.11	71.15
清水县	61	64	3	67.85	64.28	71.42
合水县	62	58	-4	67.85	63.15	72.55
临潭县	63	68	5	67.34	65.83	68.85
靖远县	64	66	2	67.27	66.87	67.68
康乐县	65	71	6	67.18	65.55	68.81
迭部县	66	62	-4	67.13	64.13	70.14
康　县	67	67	0	67.00	64.06	69.94
民勤县	68	70	2	66.92	65.21	68.64
瓜州县	69	69	0	66.82	63.37	70.27
肃南县	70	53	-17	66.75	64.33	69.16

续表

县(市、区)	2017年排序	2016年排序	排序变化	得分	社会结构竞争力	
					人口结构	城乡结构
合作市	71	65	-6	66.63	69.85	63.41
渭源县	72	72	0	66.41	64.10	68.71
夏河县	73	73	0	65.15	63.52	66.78
华池县	74	74	0	64.52	63.92	65.12
卓尼县	75	75	0	63.71	62.68	64.73
碌曲县	76	76	0	61.77	62.42	61.12
玛曲县	77	77	0	61.50	63.00	60.00
均 值				70.02	66.51	73.52
极 差				17.74	16.73	25.00
方 差				10.26	8.37	23.73
标准差				3.20	2.89	4.87

资料来源：根据《甘肃发展年鉴》（2017）和甘肃省统计局提供的数据计算所得。

根据2017年甘肃省县域社会结构竞争力得分，甘肃省77个县（市、区）处于绝对优势的县（市、区）为0个；处于一般优势的县（市、区）有4个，包括凉州区、临夏市、武都区、和政县；处于中势的县（市、区）有32个，包括肃州区、崆峒区、临夏县、山丹县、甘州区、华亭县、麦积区、永登县、西峰区、甘谷县、漳县、临泽县、镇原县、环县、徽县、武山县、庄浪县、永昌县、宁县、榆中县、崇信县、静宁县、舟曲县、高台县、敦煌市、成县、玉门市、礼县、正宁县、陇西县、泾川县、安定区；处于一般劣势的县（市、区）有37个，包括皋兰县、通渭县、西和县、永靖县、临洮县、灵台县、秦安县、天祝县、文县、民乐县、阿克塞、张家川、金塔县、两当县、景泰县、广河县、庆城县、东乡县、积石山、宕昌县、会宁县、肃北县、岷县、古浪县、清水县、合水县、临潭县、靖远县、康乐县、迭部县、康县、民勤县、瓜州县、肃南县、合作市、渭源县、夏河县；处于绝对劣势的县（市、区）有4个，包括华池县、卓尼县、碌曲县、玛曲县（见表30）。

表 30　2017 年甘肃省县域社会结构竞争力水平归类分布一览

评价标准	县域名称	个数
绝对优势	—	0
一般优势	凉州区、临夏市、武都区、和政县	4
中　　势	肃州区、崆峒区、临夏县、山丹县、甘州区、华亭县、麦积区、永登县、西峰区、甘谷县、漳县、临泽县、镇原县、环县、徽县、武山县、庄浪县、永昌县、宁县、榆中县、崇信县、静宁县、舟曲县、高台县、敦煌市、成县、玉门市、礼县、正宁县、陇西县、泾川县、安定区	32
一般劣势	皋兰县、通渭县、西和县、永靖县、临洮县、灵台县、秦安县、天祝县、文县、民乐县、阿克塞、张家川、金塔县、两当县、景泰县、广河县、庆城县、东乡县、积石山、宕昌县、会宁县、肃北县、岷县、古浪县、清水县、合水县、临潭县、靖远县、康乐县、迭部县、康县、民勤县、瓜州县、肃南县、合作市、渭源县、夏河县	37
绝对劣势	华池县、卓尼县、碌曲县、玛曲县	4

（2）结果分析

2017 年甘肃省县域社会结构竞争力 77 个县（市、区）得分均值为 70.02，处于中势，其极差、方差、标准差均相对较大，差异较大，77 个县（市、区）之间发展很不均衡；城乡结构均值为 73.52，处于中势；人口结构均值为 66.51，处于一般劣势；从 2 个二级指标的极差、方差、标准差来看，均存在较大差异，在 77 个县（市、区）之间，城乡结构配置存在严重失衡，人口结构配置存在较大失衡（见表 29）。

从 77 个县（市、区）社会结构竞争力水平归类分布来看，行政区域分布特征及贫困特征均不太明显；地理位置及产业结构特征明显，少数民族地区及牧区相对社会结构竞争力较弱（见表 30）。

从排序变化来看，排序上升的有 28 个县（市、区），上升较快的县（市、区）为：静宁县上升 21 位、永昌县上升 15 位、武山县上升 12 位、景泰县上升 12 位、和政县上升 10 位。排序未变的有 18 个县（市、区）。排序下降的有 31 个县（市、区），下降较快的县（市、区）为：皋兰县下降 19 位、肃南县下降 17 位、阿克塞下降 13 位（见表 29）。

2. 甘肃省市（州）县域社会结构竞争力子系统评价分析

（1）评价结果

2017 年甘肃省 13 个市（州）（不含嘉峪关市）县域社会结构竞争力综合评价情况如表 31 所示。

表 31　2017 年甘肃省 13 个市（州）县域社会结构竞争力评价

市(州)	2017 年排序	2016 年排序	排序变化	得分	社会结构竞争力	
					人口结构	城乡结构
金昌市(不含金川区)	1	10	9	71.68	68.08	75.28
平凉市	2	3	1	71.66	65.88	77.45
兰州市(不含5区)	3	1	-2	71.49	66.97	76.00
临夏州	4	4	0	71.35	66.88	75.81
张掖市	5	2	-3	71.16	66.71	75.61
武威市	6	5	-1	70.92	68.98	72.86
天水市(不含秦州区)	7	6	-1	70.73	67.26	74.19
陇南市	8	7	-1	70.28	65.69	74.87
庆阳市	9	8	-1	70.03	66.27	73.80
酒泉市	10	9	-1	69.90	67.37	72.42
定西市	11	11	0	69.55	66.64	72.46
白银市(不含白银区、平川区)	12	12	0	68.11	67.11	69.10
甘南州	13	13	0	65.55	64.42	66.67
均　值				70.18	66.79	73.58
极　差				6.13	4.56	10.77
方　差				2.97	1.26	8.81
标准差				1.72	1.12	2.97

资料来源：根据《甘肃发展年鉴》(2017) 和甘肃省统计局提供的数据计算所得。

2017 年甘肃省 13 个市（州）（不含嘉峪关市）县域社会结构竞争力得分：金昌市（不含金川区）71.68、平凉市 71.66、兰州市（不含 5 区）71.49、临夏州 71.35、张掖市 71.16、武威市 70.92、天水市（不含秦州区）70.73、陇南市 70.28、庆阳市 70.03，处于中势；酒泉市 69.90、定西市 69.55、白银市（不含白银区、平川区）68.11、甘南州 65.55，处于一般劣势；13 个市（州）（不含嘉峪关市）县域社会结构竞争力得分均无处于绝对优势、一般优势、绝对劣势的情况（见表 32）。

表 32　2017 年甘肃省 13 个市（州）县域社会结构竞争力水平归类分布一览

评价标准	市(州)名称	个数
绝对优势	—	0
一般优势	—	0
中　　势	金昌市(不含金川区)、平凉市、兰州市(不含 5 区)、临夏州、张掖市、武威市、天水市(不含秦州区)、陇南市、庆阳市	9
一般劣势	酒泉市、定西市、白银市(不含白银区、平川区)、甘南州	4
绝对劣势	—	0

注：不含嘉峪关市。

（2）结果分析

从 13 个市（州）（不含嘉峪关市）社会结构竞争力总体来看，均值为 70.18，与 77 个县（市、区）结果一致，均处在中势；城乡结构均值为 73.58，处于中势、人口结构均值为 66.79，处于一般劣势；极差、方差、标准差明显缩小，但仍然相对较大，说明在 13 个市（州）（不含嘉峪关市）之间存在一定差异，结合 77 个县（市、区）的评价结果，反映出各市州所辖县域之间存在较大差异，各市（州）所辖县域之间发展不均衡（见表 31）。

从 13 个市（州）（不含嘉峪关市）县域社会结构竞争力 2 个二级指标极差、方差、标准差来看，与 77 个县（市、区）相比较明显缩小，但城乡结构仍然存在较大差异，要素配置很不均衡，人口结构相对差异性较小，相对均衡；同时结合 77 个县（市、区）评价结果，也说明各市州所辖县域之间存在一定差异，各市（州）所辖县域之间要素配置不均衡（见表 31）。

从排序变化来看，排序上升的有 2 个市（州）：金昌市（不含金川区）、平凉市。排序未变的有 4 个市（州）。排序下降的有 7 个市（州）：张掖市、兰州市（不含 5 区）、武威市、天水市（不含秦州区）、陇南市、庆阳市、酒泉市（见表 31）。

（八）甘肃省县域科学教育竞争力子系统评价分析

1. 甘肃省县域科学教育竞争力子系统评价结果

（1）评价结果

通过对科教支出和科教资源2个二级指标进行计算和分析，2017年甘肃省77个县（市、区）县域科学教育竞争力评价情况如表33所示。

表33　2017年甘肃省县域科学教育竞争力评价

县(市、区)	2017年排序	2016年排序	排序变化	得分	科学教育竞争力	
					科教支出	科教资源
环　县	1	1	0	72.89	74.62	71.16
康乐县	2	50	48	71.75	72.01	71.50
静宁县	3	6	3	70.90	66.89	74.90
清水县	4	18	14	70.23	65.07	75.39
岷　县	5	21	16	70.20	71.68	68.73
文　县	6	2	-4	70.17	71.62	68.71
陇西县	7	17	10	70.15	69.68	70.61
通渭县	8	5	-3	69.86	66.87	72.84
积石山	9	30	21	69.51	61.80	77.23
礼　县	10	7	-3	69.39	66.55	72.23
张家川	11	27	16	69.24	64.59	73.89
甘谷县	12	41	29	69.21	66.17	72.26
靖远县	13	24	11	69.20	66.71	71.70
庄浪县	14	37	23	68.99	65.41	72.56
卓尼县	15	10	-5	68.98	63.94	74.01
碌曲县	16	23	7	68.88	62.96	74.81
皋兰县	17	9	-8	68.85	68.31	69.40
会宁县	18	11	-7	68.81	67.04	70.58
迭部县	19	15	-4	68.76	64.20	73.32
榆中县	20	12	-8	68.73	69.22	68.24
东乡县	21	33	12	68.36	65.54	71.17
康　县	22	36	14	68.35	65.67	71.04
西峰区	23	57	34	68.29	66.67	69.90
凉州区	24	35	11	68.27	69.34	67.19

续表

县(市、区)	2017年排序	2016年排序	排序变化	得分	科学教育竞争力	
					科教支出	科教资源
泾川县	25	51	26	68.18	65.50	70.86
武山县	26	46	20	68.03	65.91	70.15
肃北县	27	8	-19	67.99	66.10	69.88
徽　县	28	47	19	67.91	63.61	72.21
民勤县	29	13	-16	67.90	71.11	64.69
灵台县	30	32	2	67.88	63.43	72.34
华池县	31	14	-17	67.84	63.69	71.99
麦积区	32	45	13	67.82	67.96	67.69
临潭县	33	22	-11	67.79	63.96	71.63
安定区	34	25	-9	67.68	66.71	68.64
渭源县	35	29	-6	67.53	65.36	69.71
临洮县	36	44	8	67.47	65.52	69.43
永登县	37	34	-3	67.44	67.44	67.45
景泰县	38	19	-19	67.44	65.03	69.85
镇原县	39	26	-13	67.40	64.91	69.90
天祝县	40	4	-36	67.35	64.93	69.78
古浪县	41	38	-3	67.35	65.67	69.03
秦安县	42	39	-3	67.26	67.31	67.20
永靖县	43	20	-23	67.22	63.82	70.62
宁　县	44	28	-16	67.22	66.40	68.04
西和县	45	59	14	67.07	64.29	69.84
肃南县	46	3	-43	67.06	64.43	69.69
临夏市	47	58	11	66.90	69.84	63.96
两当县	48	16	-32	66.76	62.57	70.95
和政县	49	52	3	66.75	63.19	70.31
甘州区	50	64	14	66.73	65.96	67.50
舟曲县	51	62	11	66.69	63.10	70.29
正宁县	52	42	-10	66.57	63.88	69.26
武都区	53	61	8	66.51	65.23	67.78
成　县	54	49	-5	66.39	64.48	68.31
临夏县	55	43	-12	66.39	64.17	68.61
华亭县	56	53	-3	66.34	63.93	68.76
崆峒区	57	65	8	66.13	65.65	66.61

续表

县(市、区)	2017 年排序	2016 年排序	排序变化	得分	科学教育竞争力	
					科教支出	科教资源
合作市	58	66	8	66.03	61.84	70.21
玉门市	59	63	4	65.53	67.31	63.75
夏河县	60	60	0	65.42	62.65	68.19
临泽县	61	40	-21	65.39	64.84	65.94
漳　县	62	69	7	65.33	62.82	67.85
民乐县	63	67	4	65.22	64.29	66.15
崇信县	64	48	-16	65.16	62.50	67.83
广河县	65	68	3	65.14	63.17	67.11
庆城县	66	55	-11	65.10	63.50	66.69
玛曲县	67	76	9	65.05	63.41	66.69
合水县	68	70	2	65.00	62.89	67.11
宕昌县	69	54	-15	64.68	64.05	65.31
山丹县	70	71	1	64.42	64.03	64.80
阿克塞	71	56	-15	64.40	62.47	66.34
瓜州县	72	73	1	64.38	62.82	65.94
金塔县	73	74	1	64.06	64.56	63.57
肃州区	74	75	1	63.92	64.90	62.94
高台县	75	31	-44	63.92	63.23	64.60
敦煌市	76	72	-4	63.32	62.81	63.83
永昌县	77	77	0	62.33	63.82	60.84
均　值				67.28	65.45	69.12
极　差				10.57	12.83	16.39
方　差				4.03	6.65	9.78
标准差				2.01	2.58	3.13

资料来源：根据《甘肃发展年鉴》（2017）和甘肃省统计局提供的数据计算所得。

根据2017年甘肃省县域科学教育竞争力得分，甘肃省77个县（市、区）处于绝对优势的县（市、区）为0个；处于一般优势的县（市、区）为0个；处于中势的县（市、区）有7个，包括环县、康乐县、静宁县、清水县、岷县、文县、陇西县；处于一般劣势的县（市、区）有61个，包括通渭县、积石山、礼县、张家川、甘谷县、靖远县、庄浪县、卓尼县、碌曲县、皋兰县、会宁县、迭部县、榆中县、东乡县、康县、西峰区、凉州区、泾川县、武山县、肃北县、徽县、民勤县、灵台县、华池县、麦积区、临潭县、安定区、渭源县、临洮县、永登县、景泰县、镇原县、天祝县、古浪县、秦安县、永靖县、宁县、西和县、肃南县、临夏市、两当县、和政县、甘州区、舟曲县、正宁县、武都区、成县、临夏县、华亭县、崆峒区、合作市、玉门市、夏河县、临泽县、漳县、民乐县、崇信县、广河县、庆城县、玛曲县、合水县；处于绝对劣势的县（市、区）有9个，包括宕昌县、山丹县、阿克塞、瓜州县、金塔县、肃州区、高台县、敦煌市、永昌县（见表34）。

表34　2017年甘肃省县域科学教育竞争力水平归类分布一览

评价标准	县域名称	个数
绝对优势	—	0
一般优势	—	0
中　　势	环县、康乐县、静宁县、清水县、岷县、文县、陇西县	7
一般劣势	通渭县、积石山、礼县、张家川、甘谷县、靖远县、庄浪县、卓尼县、碌曲县、皋兰县、会宁县、迭部县、榆中县、东乡县、康县、西峰区、凉州区、泾川县、武山县、肃北县、徽县、民勤县、灵台县、华池县、麦积区、临潭县、安定区、渭源县、临洮县、永登县、景泰县、镇原县、天祝县、古浪县、秦安县、永靖县、宁县、西和县、肃南县、临夏市、两当县、和政县、甘州区、舟曲县、正宁县、武都区、成县、临夏县、华亭县、崆峒区、合作市、玉门市、夏河县、临泽县、漳县、民乐县、崇信县、广河县、庆城县、玛曲县、合水县	61
绝对劣势	宕昌县、山丹县、阿克塞、瓜州县、金塔县、肃州区、高台县、敦煌市、永昌县	9

（2）结果分析

2017年甘肃省77个县（市、区）县域社会结构竞争力得分均值为67.28，处于一般劣势，其极差、方差、标准差均相对较大，差异较大，77个县（市、区）之间发展很不均衡；科教资源均值为69.12、科教支出均值为65.45，处于一般劣势；从2个二级指标的极差、方差、标准差来看，均存在较大差异，77个县（市、区）之间科教支出和科教资源配置存在较大失衡（见表33）。

从77个县（市、区）科学教育竞争力水平归类分布来看，行政区域分布特征、地理位置特征及贫困特征均不太明显（见表34）。

从排序变化来看，排序上升的有39个县（市、区），上升较快的县（市、区）为：康乐县上升48位、西峰区上升34位、甘谷县上升29位、泾川县上升26位、庄浪县上升23位、积石山上升21位、武山县上升20位、徽县上升19位、岷县上升16位、张家川上升16位、清水县上升14位、康县上升14位、西和县上升14位、甘州区上升14位、麦积区上升13位、东乡县上升12位、靖远县上升11位、凉州区上升11位、临夏市上升11位、舟曲县上升11位、陇西县上升10位。排序未变的有3个县（市、区）。排序下降的有35个县（市、区），下降较快的县（市、区）为：高台县下降44位、肃南县下降43位、天祝县下降36位、两当县下降32位、永靖县下降23位、临泽县下降21位、肃北县下降19位、景泰县下降19位、华池县下降17位、民勤县下降16位、宁县下降16位、崇信县下降16位、宕昌县下降15位、阿克塞下降15位、镇原县下降13位、临夏县下降12位、临潭县下降11位、庆城县下降11位、正宁县下降10位（见表33）。

2. 甘肃省市（州）县域科学教育竞争力子系统评价分析

（1）评价结果

2017年甘肃省13个市（州）（不含嘉峪关市）县域科学教育竞争力综合评价情况如表35所示。

表35　2017年甘肃省13个市（州）县域科学教育竞争力评价

市(州)	2017年排序	2016年排序	排序变化	得分	科学教育竞争力	
					科教支出	科教资源
天水市(不含秦州区)	1	7	6	68.63	66.17	71.10
白银市(不含白银区、平川区)	2	2	0	68.48	66.26	70.71
兰州市(不含5区)	3	1	-2	68.34	68.32	68.36
定西市	4	4	0	68.32	66.95	69.69
临夏州	5	11	6	67.75	65.44	70.06
武威市	6	3	-3	67.72	67.76	67.67
平凉市	7	8	1	67.65	64.76	70.55
庆阳市	8	5	-3	67.54	65.82	69.26

续表

市(州)	2017年排序	2016年排序	排序变化	得分	科学教育竞争力	
					科教支出	科教资源
陇南市	9	6	-3	67.47	65.34	69.60
甘南州	10	9	-1	67.20	63.26	71.14
张掖市	11	10	-1	65.46	64.46	66.45
酒泉市	12	12	0	64.80	64.43	65.18
金昌市(不含金川区)	13	13	0	62.33	63.82	60.84
均　值				67.05	65.60	68.51
极　差				6.30	5.07	10.30
方　差				3.29	2.24	8.59
标准差				1.81	1.50	2.93

资料来源：根据《甘肃发展年鉴》(2017) 和甘肃省统计局提供的数据计算所得。

2017年甘肃省13个市（州）（不含嘉峪关市）县域科学教育竞争力得分：天水市（不含秦州区）68.63、白银市（不含白银区、平川区）68.48、兰州市（不含5区）68.34、定西市68.32、临夏州67.75、武威市67.72、平凉市67.65、庆阳市67.54、陇南市67.47、甘南州67.20、张掖市65.46，处于一般劣势；酒泉市64.80、金昌市（不含金川区）62.33，处于绝对劣势；13个市（州）（不含嘉峪关市）县域科学教育竞争力得分均无处于绝对优势、一般优势、中势的情况（见表36）。

表36　2017年甘肃省13个市（州）县域科学教育竞争力水平归类分布一览

评价标准	市(州)名称	个数
绝对优势	—	0
一般优势	—	0
中　势	—	0
一般劣势	天水市(不含秦州区)、白银市(不含白银区、平川区)、兰州市(不含5区)、定西市、临夏州、武威市、平凉市、庆阳市、陇南市、甘南州、张掖市	11
绝对劣势	酒泉市、金昌市(不含金川区)	2

注：不含嘉峪关市。

(2) 结果分析

从13个市(州)(不含嘉峪关市)科学教育竞争力总体来看，均值为67.05，与77个县(市、区)结果一致，均处在一般劣势；科教资源均值为68.51、科技支出均值为65.60，处在一般劣势；极差、方差、标准差明显缩小，且相对较小，说明在13个市(州)(不含嘉峪关市)之间不存在太大差异，结合77个县(市、区)的评价结果，反映出各市州所辖县域之间存在较大差异，各市(州)所辖县域之间发展不均衡(见表35)。

从13个市(州)(不含嘉峪关市)县域科学教育竞争力2个二级指标极差、方差、标准差来看，与77个县(市、区)相比较明显缩小，但科教资源仍然存在较大差异，要素配置很不均衡，科教支出相对差异性较小，相对均衡；同时结合77个县(市、区)评价结果，也说明各市州所辖县域之间存在一定差异，各市(州)所辖县域之间要素配置不均衡(见表35)。

从排序变化来看，排序上升的有3个市(州)：天水市(不含秦州区)、临夏州、平凉市。排序未变的有4个市(州)。排序下降的有6个市(州)，武威市、庆阳市、陇南市、兰州市(不含5区)、甘南州、张掖市(见表35)。

本章小结

通过以上分析，2017年甘肃省县域竞争力具有以下明显特征。

第一，2017年甘肃省县域竞争力整体水平仍相对较低，较2016年相比提升不明显；但多项指标极差、方差、标准差相对2016年出现微幅缩小，各县(市、区)及各地(州)县域综合竞争力均衡化趋势显现。

第二，2017年甘肃省县域竞争力从8个一级指标均值来看，生活环境竞争力均值76.45，处于一般优势；基础设施得分72.73、社会保障竞争力均值72.49、社会结构竞争力均值70.02，处于中势；产业发展得分68.66、科学教育竞争力均值67.28、产业发展竞争力均值66.32，处于一般劣势；公共服务得分64.14，处于绝对劣势。

第三，2017 年甘肃省县域竞争力各市（州）及各市（州）所辖县域之间差异性较大，县域竞争力发展很不均衡；各县（市、区）排序波动较大，政策连续性及稳定性较差，县域竞争力可持续性不强。

第四，2017 年甘肃省县域竞争力各市（州）及各市（州）所辖县域之间要素配置差异性较大，县域竞争力要素配置很不均衡。

第五，2017 年甘肃省各市（州）及各市（州）所辖县域之间县域竞争力具有一定的行政区域、地理位置、经济发展、经济结构等因素制约下的分布特征。

第六，2017 年甘肃省贫困地区县域竞争力上升趋势出现分化，甘谷县、武山县、康乐县、康县、武都区、张家川、泾川县、镇原县、清水县、文县、永登县、西和县等县（市、区）上升明显；肃南县、两当县、高台县、天祝县、华池县、迭部县、正宁县、民勤县、阿克塞、灵台县、民乐县等县（市、区）加速下降。

第七，从 2017 年甘肃省县域竞争力综合排序来看，传统强县（如阿克塞等）出现明显下降，政策倾向贫困县域脱贫，非贫困县域发展严重缺血。

第八，从 2017 年甘肃省县域产业发展竞争力来看，各县（市、区）产业发展竞争力出现回归最初传统产业竞争力优势现象，反映出甘肃省 2017 年新兴产业发展不足，产业扶贫效果不明显。

第九，从 2017 年甘肃省县域基础设施竞争力来看，贫困县域与非贫困县域差异性不明显，一方面反映出近几年对各贫困县（市、区）基础设施投资力度较大，成效显著；另一方面反映出近几年对各非贫困县（市、区）基础设施建设投入相对不足。

B.3 甘肃省各市（州）所辖县域竞争力评价

何 剑　潘从银*

摘　要： 本报告利用层次分析法，构建包括宏观经济、产业发展、基础设施、社会保障、公共服务、生活环境、社会结构及科学教育等8个一级指标的甘肃省县域竞争力评价指标体系，根据这8个一级指标的综合得分情况，将甘肃省77个县（市、区）的县域竞争力划归为5个类别，即绝对优势、一般优势、中势、一般劣势和绝对劣势。在此基础上，对甘肃省14个市（州）内部县域竞争力进行总体评价，并对各市（州）所辖县（市、区）县域社会发展优劣势进行对比分析。

关键词： 甘肃省　市（州）辖县　社会发展排名　层次分析法

一　2017年兰州市县域竞争力评价分析

（一）县域竞争力整体状况分析

兰州市（不含5区）所辖为永登县、皋兰县和榆中县。2017年，兰州

* 何剑，硕士研究生，甘肃省社会科学院农村发展研究所助理研究员，主要研究方向为农业经济、农村发展；潘从银，甘肃省社会科学院农村发展研究所助理研究员，区域经济学硕士研究生，主要研究方向为农村经济发展。

市县域竞争力综合得分平均为 70.93，处于中势，较 2016 年水平（得分 70.56）有所提升，如表 1 所示。

表 1　2017 年兰州市县域竞争力一级指标得分及排名情况

县市区	全省综合排序		市(州)综合排序		综合得分	宏观经济得分	产业发展得分	基础设施得分	社会保障得分	公共服务得分	生活环境得分	社会结构得分	科学教育得分
	2016 年	2017 年	2016 年	2017 年									
永登县	19	8	2	1	71.16	67.44	74.68	73.06	74.20	63.89	76.45	73.10	67.44
榆中县	17	9	1	2	71.09	70.12	73.23	71.42	75.11	64.08	75.03	71.41	68.73
皋兰县	19	15	2	3	70.55	67.02	73.28	75.73	70.98	63.18	74.12	69.95	68.85
均　值					70.93	68.19	70.16	73.59	73.64	64.20	77.42	69.33	68.65

资料来源：根据《甘肃发展年鉴》（2018）和甘肃省统计局提供的数据整理而来。

分指标来看，2017 年兰州市县域在生活环境上具有一般优势，在产业发展、基础设施、社会保障上处于中势，在宏观经济、社会结构和科学教育上处于一般劣势，在公共服务上处于绝对劣势。公共服务得分偏低，是提升县域竞争力中的短板。与 2016 年相比，2017 年兰州市县域在宏观经济、基础设施、社会保障、公共服务和生活环境方面竞争力有所提升，在产业发展、社会结构和科学教育方面竞争力有所降低（见图 1）。

（二）各县县域竞争力状况分析

2017 年永登县县域竞争力综合得分为 71.16，处于中势，较 2016 年水平（得分 70.53）有所提升。县域竞争力综合得分在全省居第 8 位、在兰州市居第 1 位；与 2016 年相比，全省排序上升 11 位，市内排序上升 1 位，县域竞争力提升较明显。分指标来看，2017 年永登县在生活环境上具有一般优势，在产业发展、基础设施、社会保障和社会结构上处于中势，在宏观经济和科学教育上处于一般劣势，在公共服务上处于绝对劣势；与 2016 年相比，永登县在宏观经济、产业发展、基础设施、社会保障、公共服务和生活环境方面竞争力有所提升，在社会结构和科学教育方面竞争力有所下降。

2017 年榆中县县域竞争力综合得分为 71.09，处于中势，较 2016 年水

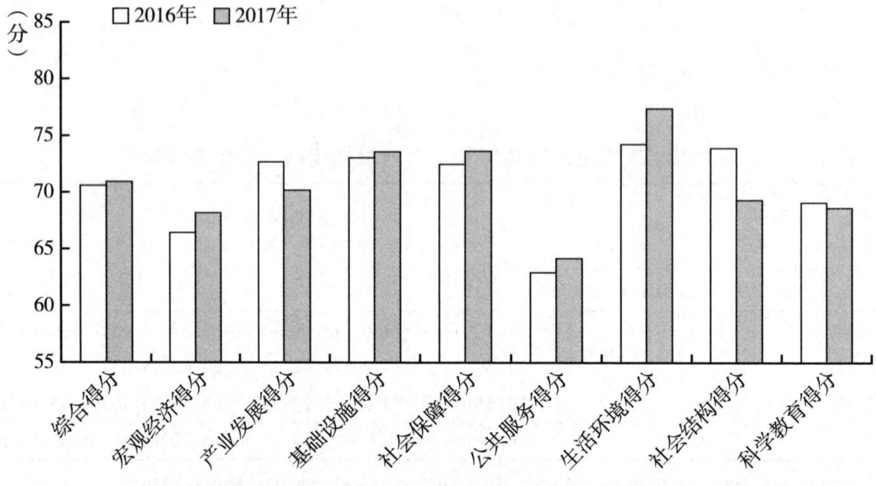

图1　2016年与2017年兰州市县域竞争力各分项指标得分比较

资料来源：根据《甘肃发展年鉴》（2018）和甘肃省统计局提供的数据整理而来。

平（得分70.63）有所提升。县域竞争力综合得分在全省居第9位、在兰州市居第2位；与2016年相比，全省排序上升8位，市内排序下降1位。分指标来看，2017年榆中县在社会保障、生活环境上具有一般优势，在宏观经济、产业发展、基础设施和社会结构上处于中势，在科学教育上处于一般劣势，在公共服务上处于绝对劣势；与2016年相比，榆中县在宏观经济、产业发展、基础设施、社会保障、公共服务方面竞争力有所提升，在生活环境、社会结构和科学教育方面竞争力有所下降。

2017年皋兰县县域竞争力综合得分为70.55，处于中势水平，较2016年水平（得分70.53）略有提升。县域竞争力综合得分在全省居第15位、在兰州市居第3位；与2016年相比，全省排序上升4位，市内排序降低1位。分指标来看，2017年皋兰县在基础设施上具有一般优势，在产业发展、社会保障和生活环境上处于中势，在宏观经济、社会结构和科学教育上处于一般劣势，在公共服务上处于绝对劣势；与2016年相比，皋兰县在宏观经济、产业发展、社会保障、公共服务和生活环境方面竞争力有所提升，在基础设施、社会结构和科学教育方面竞争力有所下降。

二 2017年金昌市县域竞争力评价分析

金昌市（不含金川区）所辖县域为永昌县。2017 年，金昌市（永昌县）县域竞争力综合得分平均为 69.05，处于一般劣势，在全省居第 51 位；综合得分较 2016 年（得分 69.29）有所降低，且全省排序下降 8 位（见表 2）。

分指标来看，2017 年金昌市（永昌县）在生活环境上具有一般优势，在基础设施、社会保障和社会结构上处于中势，在宏观经济和产业发展上处于一般劣势，在公共服务和科学教育上处于绝对劣势；与 2016 年相比，金昌市（永昌县）县域在产业发展、社会保障、公共服务、生活环境和社会结构方面竞争力有所提升，在宏观经济、基础设施和科学教育方面竞争力有所下降，如图 2 所示。

表 2　2017 年金昌市县域竞争力一级指标得分及排名情况

县市区	全省综合排序		综合得分	宏观经济得分	产业发展得分	基础设施得分	社会保障得分	公共服务得分	生活环境得分	社会结构得分	科学教育得分
	2016 年	2017 年									
永昌县	43	51	69.05	66.32	69.05	72.35	73.17	64.03	76.57	71.68	62.3

资料来源：根据《甘肃发展年鉴》(2018) 和甘肃省统计局提供的数据整理而来。

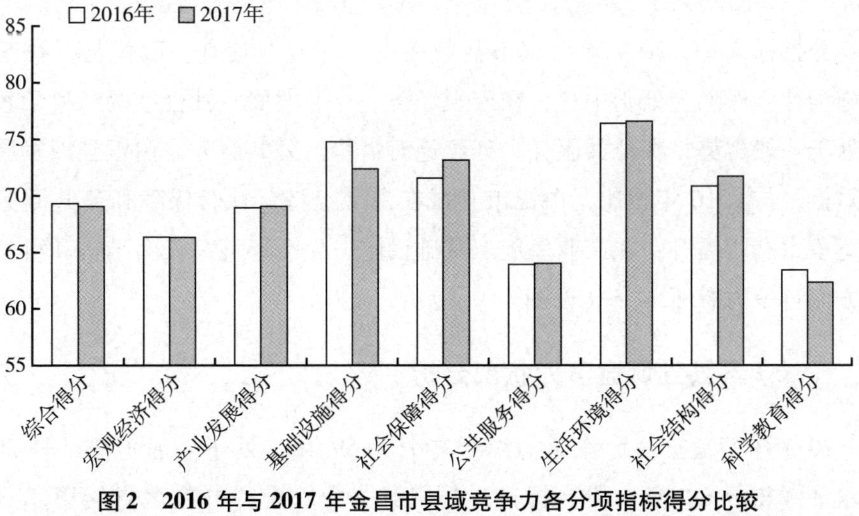

图 2　2016 年与 2017 年金昌市县域竞争力各分项指标得分比较

资料来源：根据《甘肃发展年鉴》(2018) 和甘肃省统计局提供的数据整理而来。

三　2017年白银市县域竞争力评价分析

（一）县域竞争力总体状况分析

白银市（不含白银区、平川区）下辖靖远县、会宁县和景泰县。2017年，白银市县域竞争力综合得分平均为68.92，处于一般劣势，较2016年水平（得分68.99）略有下降，如表3所示。

表3　2017年白银市县域竞争力一级指标得分及排名情况

县市区	全省综合排序		市(州)综合排序		综合得分	宏观经济得分	产业发展得分	基础设施得分	社会保障得分	公共服务得分	生活环境得分	社会结构得分	科学教育得分
	2016年	2017年	2016年	2017年									
靖远县	54	48	2	1	69.15	66.10	67.61	72.15	72.39	64.11	75.12	67.27	69.20
景泰县	45	52	1	2	69.04	65.46	67.05	74.08	74.52	61.67	74.40	68.77	67.44
会宁县	58	61	3	3	68.58	65.87	67.89	67.37	71.11	63.89	77.64	68.27	68.81
均　值					68.92	65.81	67.52	71.20	72.67	63.23	75.72	68.11	68.48

资料来源：根据《甘肃发展年鉴》（2018）和甘肃省统计局提供的数据整理而来。

分指标来看，2017年白银市县域在生活环境上具有一般优势，在基础设施和社会保障上处于中势，在宏观经济、产业发展、社会结构和科学教育上处于一般劣势，在公共服务上处于绝对劣势。公共服务是白银县域发展中的短板；与2016年相比，白银市县域在宏观经济、社会保障和公共服务方面竞争力有所提升，在产业发展、基础设施、生活环境、社会结构和科学教育方面竞争力有所下降（见图3）。

（二）各县县域竞争力状况分析

2017年靖远县县域竞争力综合得分为69.15，处于一般劣势，较2016年水平（得分68.94）略有提升。县域竞争力综合得分在全省居第48位、在白银市居第1位；与2016年相比，全省排序上升6位，市内排序上升1

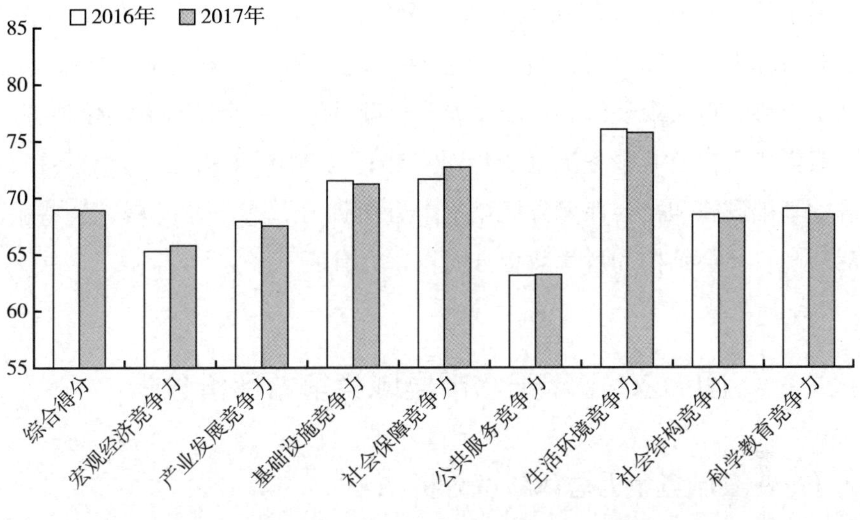

图 3　2016 年与 2017 年白银市县域竞争力各分项指标得分比较

资料来源：根据《甘肃发展年鉴》（2018）和甘肃省统计局提供的数据整理而来。

位。分指标来看，2017 年靖远县在生活环境上具有一般优势，在基础设施和社会保障上处于中势，在宏观经济、产业发展、社会结构和科学教育上处于一般劣势，在公共服务上处于绝对劣势；与 2016 年相比，靖远县在宏观经济、基础设施、公共服务、生活环境和科学教育方面竞争力有所提升，在产业发展、社会保障和社会结构方面竞争力有所下降。

2017 年景泰县县域竞争力综合得分为 69.04，处于一般劣势，较 2016 年水平（得分 69.24）有所下降。县域竞争力综合得分在全省居第 52 位、在白银市居第 2 位；与 2016 年相比，全省排序下降 7 位，市内排序下降 1 位。分指标来看，2017 年景泰县无得分在一般优势及以上水平指标，在基础设施、社会保障和生活环境上处于中势，在宏观经济、产业发展、社会结构和科学教育上处于一般劣势，在公共服务上处于绝对劣势；与 2016 年相比，景泰县在宏观经济、社会保障、公共服务、生活环境和社会结构方面竞争力有所提升，在产业发展、基础设施和科学教育方面竞争力有所下降。

2017 年会宁县县域竞争力综合得分为 68.58，处于一般劣势，较 2016 年水平（得分 68.78）有所下降。县域竞争力综合得分在全省居第 61 位、在白银市居第3位；与2016年相比，全省排序下降3位，市内排序保持不变。分指标来看，2017年会宁县在生活环境上具有一般优势，在社会保障上处于中势，在宏观经济、产业发展、基础设施、社会结构和科学教育上处于一般劣势，在公共服务上处于绝对劣势；与2016年相比，会宁县在宏观经济、基础设施和社会保障方面竞争力有所提升，在产业发展、公共服务、生活环境、社会结构和科学教育方面竞争力有所下降。

四 2017年天水市县域竞争力评价分析

（一）县域竞争力总体状况分析

天水市（不含秦州区）下辖麦积区、清水县、秦安县、甘谷县、武山县和张家川县。2017年，天水市县域竞争力综合得分均值为70.03，处于一般劣势，较2016年水平（得分69.36）有所提升（见表4）。

表4 2017年天水市县域竞争力一级指标得分及排名情况

县市区	全省综合排序		市(州)综合排序		综合得分	宏观经济得分	产业发展得分	基础设施得分	社会保障得分	公共服务得分	生活环境得分	社会结构得分	科学教育得分
	2016年	2017年	2016年	2017年									
麦积区	6	5	1	1	72.31	73.37	73.59	73.95	72.89	65.56	78.33	73.23	67.82
甘谷县	38	11	2	2	70.73	67.39	67.58	72.89	79.77	62.13	76.88	72.91	69.21
武山县	57	32	5	3	69.60	66.51	67.39	72.77	72.93	62.74	76.49	71.82	68.03
清水县	48	34	3	4	69.55	65.35	68.33	73.62	72.89	61.79	76.62	67.85	70.23
张家川	52	36	4	5	69.47	63.90	67.69	74.97	71.96	63.25	76.75	69.07	69.24
秦安县	66	63	6	6	68.51	66.78	68.01	71.54	71.70	61.91	71.64	69.47	67.26
均值					70.03	67.21	68.76	73.29	73.69	62.90	76.12	70.73	68.63

资料来源：根据《甘肃发展年鉴》（2018）和甘肃省统计局提供的数据整理而来。

分指标来看，2017年天水市县域竞争力在生活环境上具有一般优势，在基础设施、社会保障和社会结构上处于中势，在宏观经济、产业发展和科学教育上处于一般劣势，在公共服务上处于绝对劣势；与2016年相比，天水市县域除社会结构竞争力有所下降外，其余7个方面竞争力均有所提升，如图4所示。

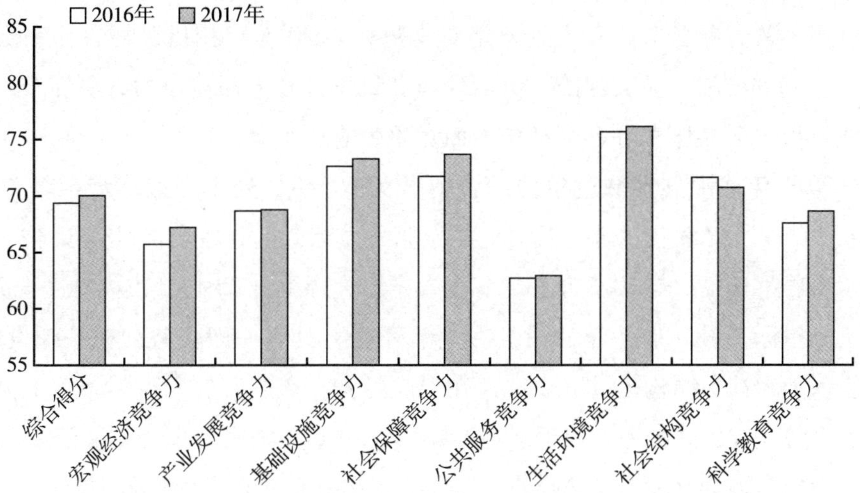

图4　2016年与2017年天水市县域竞争力各分项指标得分比较

资料来源：根据《甘肃发展年鉴》(2018) 和甘肃省统计局提供的数据整理而来。

（二）各县（区）县域竞争力状况分析

2017年麦积区县域竞争力综合得分为72.31，处于中势，较2016年水平（得分71.51）有所提升。县域竞争力综合得分在全省居第5位、在天水市居第1位；与2016年相比，全省排序上升1位，市内排序保持不变。分指标来看，2017年麦积区在生活环境上具有一般优势，在宏观经济、产业发展、基础设施、社会保障和社会结构上处于中势，在公共服务和科学教育上处于一般劣势，无得分处于绝对劣势水平指标；与2016年相比，麦积区在宏观经济、产业发展、社会保障、公共服务、生活环境和科学教育方面竞争力有所提升，在基础设施和社会结构方面竞争力有所下降。

2017年甘谷县县域竞争力综合得分为70.73，处于中势，较2016年水平（得分69.43）有所提升。县域竞争力综合得分在全省居第11位、在天水市居第2位；与2016年相比，全省排序大幅上升27位，市内排序保持不变。分指标来看，2017年甘谷县在社会保障和生活环境上具有一般优势，在基础设施和社会结构上处于中势，在宏观经济、产业发展和科学教育上处于一般劣势，在公共服务上处于绝对劣势；与2016年相比，甘谷县在宏观经济、基础设施、社会保障、生活环境和科学教育方面竞争力有所提升，在产业发展、公共服务和社会结构方面竞争力有所下降。

2017年武山县县域竞争力综合得分为69.60，处于一般劣势，较2016年水平（得分68.79）有所提升。县域竞争力综合得分在全省居第32位、在天水市居第3位；与2016年相比，全省排序大幅上升25位，市内排序上升2位。分指标来看，2017年武山县在生活环境上具有一般优势，在基础设施、社会保障和社会结构上处于中势，在宏观经济、产业发展和科学教育上处于一般劣势，在公共服务上处于绝对劣势；与2016年相比，武山县在宏观经济、基础设施、社会保障、公共服务、社会结构和科学教育方面竞争力有所提升，在生活环境方面竞争力有所下降，在产业发展方面竞争力保持不变。

2017年清水县县域竞争力综合得分为69.55，处于一般劣势，较2016年水平（得分69.17）略有提升。县域竞争力综合得分在全省居第34位、在天水市居第4位；与2016年相比，全省排序上升14位，市内排序下降1位。分指标来看，2017年清水县在生活环境上具有一般优势，在基础设施、社会保障和科学教育上处于中势，在宏观经济、产业发展和社会结构上处于一般劣势，在公共服务上处于绝对劣势；与2016年相比，清水县在宏观经济、产业发展、基础设施、社会保障、生活环境和科学教育方面竞争力有所提升，在公共服务和社会结构方面竞争力有所下降。

2017年张家川县县域竞争力综合得分为69.47，处于一般劣势，较2016年水平（得分69.03）有所提升。县域竞争力综合得分在全省居第36位、在天水市居第5位；与2016年相比，全省排序上升16位，市内排序下降1位。分指标来看，2017年张家川县在生活环境上具有一般优势，在基础设施和社会保障上处于中势，在产业发展、社会结构和科学教育上处于一般劣势，在宏观经济和公共服务上处于绝对劣势；与2016年相比，张家川县在宏观经济、基础设施、社会保障、公共服务、生活环境和科学教育方面竞争力有所提升，在产业发展和社会结构方面竞争力有所下降。

2017年秦安县县域竞争力综合得分为68.51，处于一般劣势，较2016年水平（得分68.25）略有提升。县域竞争力综合得分在全省居第63位、在天水市居第6位；与2016年相比，全省排序上升3位，市内排序保持不变。分指标来看，2017年秦安县无得分在一般优势及以上水平指标，在基础设施、社会保障和生活环境上处于中势，在宏观经济、产业发展、社会结构和科学教育上处于一般劣势，在公共服务上处于绝对劣势；与2016年相比，秦安县在宏观经济、基础设施和生活环境方面竞争力有所提升，在产业发展、社会保障、公共服务、社会结构和科学教育方面竞争力有所下降。

五　2017年武威市县域竞争力评价分析

（一）县域竞争力总体状况分析

武威市下辖凉州区、民勤县、古浪县和天祝县。2017年，武威市县域竞争力综合得分均值为70.44，处于中势，较2016年水平（得分71.20）有所下降（见表5）。

表5　2017年武威市县域竞争力一级指标得分及排名情况

县市区	全省综合排序		市(州)综合排序		综合得分	宏观经济得分	产业发展得分	基础设施得分	社会保障得分	公共服务得分	生活环境得分	社会结构得分	科学教育得分
	2016年	2017年	2016年	2017年									
凉州区	1	1	1	1	74.04	78.26	75.91	74.09	74.23	66.46	75.70	79.24	68.27
民勤县	13	25	3	2	70.00	67.26	68.57	73.18	75.15	65.25	77.30	66.92	67.90
天祝县	11	31	2	3	69.61	65.61	68.10	71.86	72.57	65.49	79.32	69.38	67.35
古浪县	63	69	4	4	68.11	65.18	67.29	70.71	68.72	62.99	75.44	68.13	67.35
均　值					70.44	69.08	69.97	72.46	72.67	65.05	76.94	70.92	67.72

资料来源：根据《甘肃发展年鉴》（2018）和甘肃省统计局提供的数据整理而来。

分指标来看，2017 年武威市县域在生活环境上具有一般优势，在基础设施、社会保障和社会结构上处于中势，在宏观经济、产业发展、公共服务和科学教育上处于一般劣势，无得分处于绝对劣势水平指标；与 2016 年相比，武威市县域在宏观经济和公共服务方面竞争力有所提升，在产业发展、基础设施、社会保障、生活环境、社会结构和科学教育方面竞争力有所下降（见图 5）。

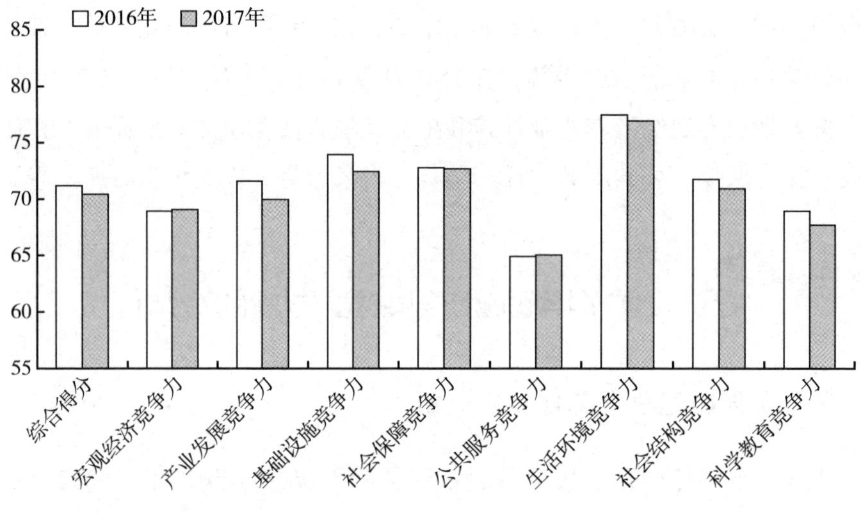

图 5　2016 年与 2017 年武威市县域竞争力各分项指标得分比较

资料来源：根据《甘肃发展年鉴》（2018）和甘肃省统计局提供的数据整理而来。

（二）各县（区）县域竞争力状况分析

2017 年凉州区县域竞争力综合得分为 74.04，处于中势，较 2016 年水平（得分 74.54）有所下降。县域竞争力综合得分在全省居第 1 位、在武威市居第 1 位；与 2016 年相比，全省排序保持不变，市内排序保持不变。分指标来看，2017 年凉州区在宏观经济、产业发展、生活环境、社会结构上具有一般优势，在基础设施和社会保障上处于中势，在公共服务和科学教育上处于一般劣势，无得分处于绝对劣势水平指标；与 2016 年相比，凉州区在宏观经济、社会保障和科学教育方面竞争力有所提升，在产业发展、基础设施、公共服务、生活环境和社会结构方面竞争力有所下降。

2017 年民勤县县域竞争力综合得分为 70.00，处于中势，较 2016 年水平（得分 70.83）有所下降。县域竞争力综合得分在全省居第 25 位、在武威市居第 2 位；与 2016 年相比，全省排序下降 12 位，市内排序上升 1 位。分指标来看，2017 年民勤县在社会保障和生活环境上具有一般优势，在基础设施上处于中势，在宏观经济、产业发展、公共服务、社会结构和科学教育上处于一般劣势，无得分处于绝对劣势水平指标；与 2016 年相比，民勤县在公共服务和生活环境方面竞争力有所提升，在宏观经济、产业发展、基础设施、社会保障、社会结构和科学教育方面竞争力有所下降。

2017 年天祝县县域竞争力综合得分为 69.61，处于一般劣势，较 2016 年水平（得分 71.02）有所下降。县域竞争力综合得分在全省居第 31 位、在武威市居第 3 位；与 2016 年相比，全省排序下降 20 位，市内排序下降 1 位。分指标来看，2017 年天祝县在生活环境上具有一般优势，在基础设施和社会保障上处于中势，在宏观经济、产业发展、公共服务、社会结构和科学教育上处于一般劣势，无得分处于绝对劣势水平指标；与 2016 年相比，天祝县在社会保障和生活环境方面竞争力有所提升，在宏观经济、产业发展、基础设施、公共服务、社会结构和科学教育方面竞争力有所下降。

2017 年古浪县县域竞争力综合得分为 68.11，处于一般劣势，较 2016 年水平（得分 68.40）有所下降。县域竞争力综合得分在全省居第 69 位、在武威市居第 4 位；与 2016 年相比，全省排序下降 6 位，市内排序保持不变。分指标来看，2017 年古浪县在生活环境上具有一般优势，在基础设施上处于中势，在宏观经济、产业发展、社会保障、社会结构和科学教育上处于一般劣势，在公共服务上处于绝对劣势；与 2016 年相比，古浪县在宏观经济、公共服务和科学教育方面竞争力有所提升，在产业发展、基础设施、社会保障、生活环境和社会结构方面竞争力有所下降。

六　2017年张掖市县域竞争力评价分析

（一）县域竞争力总体状况分析

张掖市下辖甘州区、肃南县、民乐县、临泽县、高台县和山丹县。2017年，张掖市县域竞争力综合得分均值为70.23，处于中势，较2016年水平（得分70.87）有所下降（见表6）。

表6　2017年张掖市县域竞争力一级指标得分及排名情况

县市区	全省综合排序		市(州)综合排序		综合得分	宏观经济得分	产业发展得分	基础设施得分	社会保障得分	公共服务得分	生活环境得分	社会结构得分	科学教育得分
	2016年	2017年	2016年	2017年									
甘州区	3	3	1	1	72.54	74.05	72.49	75.49	73.89	68.03	76.73	73.62	66.73
临泽县	16	14	4	2	70.64	66.23	68.44	77.34	75.23	65.39	77.20	72.53	65.39
山丹县	14	19	3	3	70.20	65.46	68.70	75.14	75.49	64.97	77.03	73.92	64.42
民乐县	31	41	6	4	69.39	65.47	68.64	75.01	72.88	64.06	76.40	69.11	65.22
高台县	21	42	5	5	69.37	65.87	67.45	73.79	73.59	65.83	76.70	71.04	63.92
肃南县	9	45	2	6	69.25	64.92	65.87	73.50	71.21	69.20	78.35	66.75	67.06
均　值					70.23	67.00	68.60	75.05	73.71	66.25	77.07	71.16	65.46

资料来源：根据《甘肃发展年鉴》（2018）和甘肃省统计局提供的数据整理而来。

分指标来看，2017年张掖市县域在基础设施和生活环境上具有一般优势，在社会保障和社会结构上处于中势，在宏观经济、产业发展、公共服务和科学教育上处于一般劣势，无得分处于绝对劣势水平指标；与2016年相比，张掖市县域在宏观经济和社会保障方面竞争力有所提升，在产业发展、基础设施、公共服务、生活环境、社会结构和科学教育方面竞争力有所下降（见图6）。

（二）各县（区）县域竞争力状况分析

2017年甘州区县域竞争力综合得分为72.54，处于中势，较2016年水

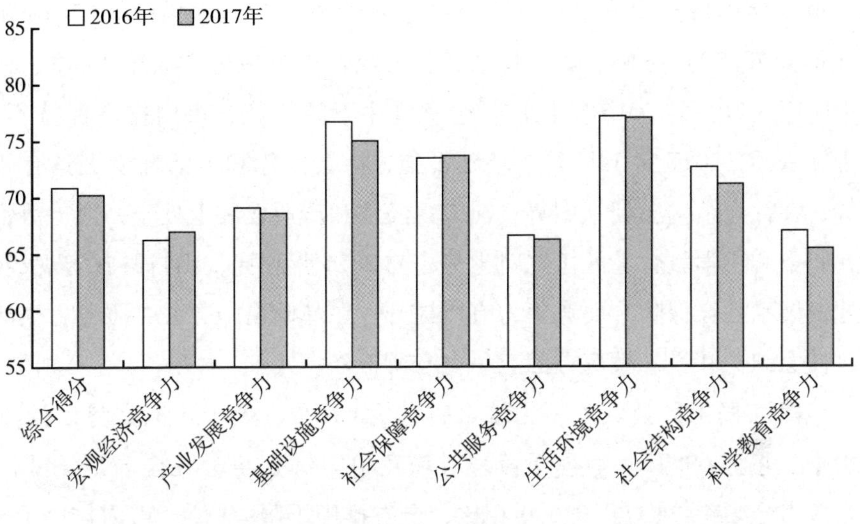

图 6　2016 年与 2017 年张掖市县域竞争力各分项指标得分比较

资料来源：根据《甘肃发展年鉴》（2018）和甘肃省统计局提供的数据整理而来。

平（得分 72.32）略有提升。县域竞争力综合得分在全省居第 3 位、在张掖市居第 1 位；与 2016 年相比，全省排序保持不变，市内排序保持不变。分指标来看，2017 年甘州区在基础设施和生活环境上具有一般优势，在宏观经济、产业发展、社会保障和社会结构上处于中势，在公共服务和科学教育上处于一般劣势，无得分处于绝对劣势水平指标；与 2016 年相比，甘州区在宏观经济、产业发展、公共服务和科学教育方面竞争力有所提升，在基础设施、社会保障、生活环境和社会结构方面竞争力有所下降。

2017 年临泽县县域竞争力综合得分为 70.64，处于中势，较 2016 年水平（得分 70.74）略有下降。县域竞争力综合得分在全省居第 14 位、在张掖市居第 2 位；与 2016 年相比，全省排序上升 2 位，市内排序上升 2 位。分指标来看，2017 年临泽县在基础设施、社会保障和生活环境上具有一般优势，在社会结构上处于中势，在宏观经济、产业发展、公共服务和科学教育上处于一般劣势，无得分处于绝对劣势水平指标；与 2016 年相比，临泽县在宏观经济、社会保障、公共服务和生活环境方面竞争力有所提升，在产业发展、基础设施、社会结构和科学教育方面竞争力有所下降。

2017 年山丹县县域竞争力综合得分为 70.20，处于中势，较 2016 年水平（得分 70.77）有所下降。县域竞争力综合得分在全省居第 19 位、在张掖市居第 3 位；与 2016 年相比，全省排序下降 5 位，市内排序保持不变。分指标来看，2017 年山丹县在基础设施、社会保障和生活环境上具有一般优势，在社会结构上处于中势，在宏观经济和产业发展上处于一般劣势，在公共服务和科学教育上处于绝对劣势；与 2016 年相比，山丹县在宏观经济、产业发展和社会保障方面竞争力有所提升，在基础设施、公共服务、生活环境、社会结构和科学教育方面竞争力有所下降。

2017 年民乐县县域竞争力综合得分为 69.39，处于一般劣势，较 2016 年水平（得分 69.73）有所下降。县域竞争力综合得分在全省居第 41 位、在张掖市居第 4 位；与 2016 年相比，全省排序下降 10 位，市内排序上升 2 位。分指标来看，2017 年民乐县在基础设施和生活环境上具有一般优势，在社会保障上处于中势，在宏观经济、产业发展、社会结构和科学教育上处于一般劣势，在公共服务上处于绝对劣势；与 2016 年相比，民乐县在宏观经济、公共服务、生活环境和科学教育方面竞争力有所提升，在产业发展、基础设施、社会保障和社会结构方面竞争力有所下降。

2017 年高台县县域竞争力综合得分为 69.37，处于一般劣势，较 2016 年水平（得分 70.47）有明显下降。县域竞争力综合得分在全省居第 42 位、在张掖市居第 5 位；与 2016 年相比，全省排序下降 21 位，市内排序保持不变。分指标来看，2017 年高台县在生活环境上具有一般优势，在基础设施、社会保障和社会结构上处于中势，在宏观经济、产业发展、公共服务上处于一般劣势，在科学教育上处于绝对劣势；与 2016 年相比，高台县在宏观经济、社会保障和生活环境方面竞争力有所提升，在产业发展、基础设施、公共服务、社会结构和科学教育方面竞争力有所下降。

2017 年肃南县县域竞争力综合得分为 69.25，处于一般劣势，较 2016 年水平（得分 71.18）有明显下降。县域竞争力综合得分在全省居第 45 位、在张掖市居第 6 位；与 2016 年相比，全省排序下降 36 位，市内排序下降 4 位。分指标来看，2017 年肃南县在生活环境上具有一般优势，在基础设施和社会保障上处于中势，在产业发展、公共服务、社会结构和科学教育上处于一般劣势，在宏观经济上处于绝对劣势；与2016年相比，肃南县除宏观经济竞争力略有提升外，其余7个方面竞争力均有所下降。

七 2017年平凉市县域竞争力评价分析

（一）县域竞争力总体状况分析

平凉市下辖崆峒区、泾川县、灵台县、崇信县、华亭县、庄浪县和静宁县。2017年，平凉市县域竞争力综合得分均值为70.02，处于中势，较2016年水平（得分69.93）略有提升（见表7）。

表7 2017年平凉市所辖各县县域竞争力一级指标得分及排名情况

县市区	全省综合排序		市(州)综合排序		综合得分	宏观经济得分	产业发展得分	基础设施得分	社会保障得分	公共服务得分	生活环境得分	社会结构得分	科学教育得分
	2016年	2017年	2016年	2017年									
崆峒区	7	7	1	1	71.41	71.96	71.76	74.00	71.75	66.48	75.94	74.16	66.13
华亭县	23	16	3	2	70.37	67.39	68.47	74.52	70.13	67.37	77.65	73.52	66.34
静宁县	22	18	2	3	70.24	65.51	66.71	75.27	72.84	64.50	76.30	71.18	70.90
庄浪县	34	28	5	4	69.80	64.86	66.72	74.50	73.81	64.38	75.44	71.79	68.99
泾川县	44	29	7	5	69.70	65.16	67.22	75.08	71.44	63.36	78.49	70.23	68.18
崇信县	32	30	4	6	69.64	65.34	67.09	75.58	73.70	64.13	77.56	71.29	65.16
灵台县	42	53	6	7	68.99	64.21	65.88	71.94	72.51	63.82	79.20	69.47	67.88
均 值					70.02	66.35	67.69	74.41	72.31	64.86	77.23	71.66	67.65

资料来源：根据《甘肃发展年鉴》（2018）和甘肃省统计局提供的数据整理而来。

分指标来看，2017年平凉市县域在生活环境上具有一般优势，在基础设施、社会保障和社会结构上处于中势，在宏观经济、产业发展和科学教育上处于一般劣势，在公共服务上处于绝对劣势；与2016年相比，平凉市县域在宏观经济、基础设施、社会保障、生活环境和科学教育方面竞争力有所提升，在产业发展、公共服务和社会结构方面竞争力有所下降，如图7所示。

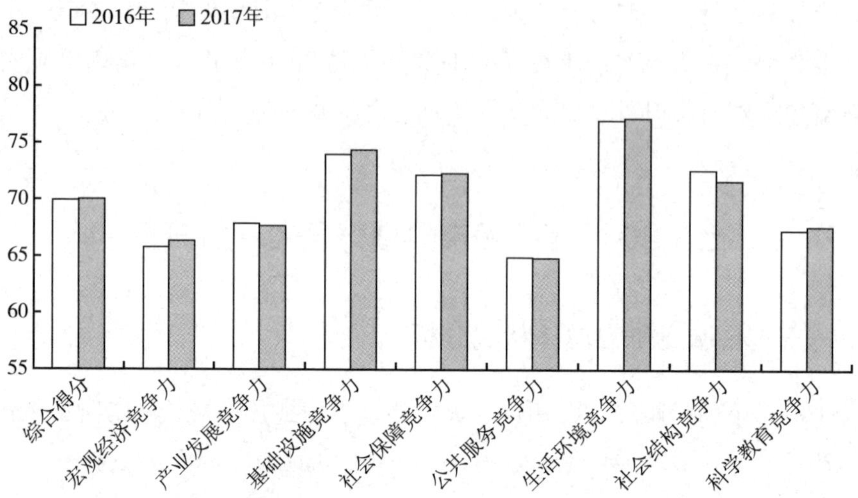

图7 2016年与2017年平凉市县域竞争力各分项指标得分比较

资料来源：根据《甘肃发展年鉴》（2018）和甘肃省统计局提供的数据整理而来。

（二）各县（区）县域竞争力状况分析

2017年崆峒区县域竞争力综合得分为71.41，处于中势，较2016年水平（得分71.34）略有提升。县域竞争力综合得分在全省居第7位、在平凉市居第1位；与2016年相比，全省排序保持不变，市内排序保持不变。分指标来看，2017年崆峒区在生活环境上具有一般优势，在宏观经济、产业发展、基础设施、社会保障和社会结构上处于中势，在公共服务和科学教育上处于一般劣势，无得分处于绝对劣势水平指标；与2016年相比，崆峒区在宏观经济、产业发展、社会保障、生活环境和科学教育方面竞争力有所提升，在基础设施、公共服务和社会结构方面竞争力有所下降。

2017年华亭县县域竞争力综合得分为70.37，处于中势，较2016年水平（得分70.11）略有提升。县域竞争力综合得分在全省居第16位、在平凉市居第2位；与2016年相比，全省排序上升7位，市内排序上升1位。分指标来看，2017年华亭县在生活环境上具有一般优势，在基础设施、社会保障和社会结构上处于中势，在宏观经济、产业发展、公共服务和科学教育上处于一般劣势，无得分处于绝对劣势水平指标；与2016年相比，华亭县在宏观经济、产业发展、社会保障、公共服务、生活环境和科学教育方面竞争力有所提升，在基础设施和社会结构方面竞争力有所下降。

2017年静宁县县域竞争力综合得分为70.24，处于中势，较2016年水平（得分70.12）略有提升。县域竞争力综合得分在全省居第18位、在平凉市居第3位；与2016年相比，全省排序上升4位，市内排序下降1位。分指标来看，2017年静宁县在基础设施和生活环境上具有一般优势，在社会保障、社会结构和科学教育上处于中势，在宏观经济和产业发展上处于一般劣势，在公共服务上处于绝对劣势；与2016年相比，静宁县在宏观经济、社会保障、生活环境、社会结构和科学教育方面竞争力有所提升，在产业发展、基础设施和公共服务方面竞争力有所下降。

2017年庄浪县县域竞争力综合得分为69.80，处于一般劣势，较2016年水平（得分69.64）略有提升。县域竞争力综合得分在全省居第28位、在平凉市居第4位；与2016年相比，全省排序上升6位，市内排序上升1位。分指标来看，2017年庄浪县在生活环境上具有一般优势，在基础设施、社会保障和社会结构上处于中势，在产业发展和科学教育上处于一般劣势，在宏观经济和公共服务上处于绝对劣势；与2016年相比，庄浪县在宏观经济、社会保障、公共服务、生活环境和科学教育方面竞争力有所提升，在产业发展、基础设施和社会结构方面竞争力有所下降。

2017年泾川县县域竞争力综合得分为69.70，处于一般劣势，较2016年水平（得分69.25）有所提升。县域竞争力综合得分在全省居第29位、在平凉市居第5位；与2016年相比，全省排序上升15位，市内排序保持不变。分指标来看，2017年泾川县在基础设施和生活环境上具有一般优势，在社会保障和社会结构上处于中势，在宏观经济、产业发展和科学教育上处于一般劣势，在公共服务上处于绝对劣势；与2016年相比，泾川县在宏观经济、基础设施和科学教育方面竞争力有所提升，在产业发展、社会保障、公共服务、生活环境和社会结构方面竞争力有所下降。

2017年崇信县县域竞争力综合得分为69.64，处于一般劣势，较2016年水平（得分69.72）略有下降。县域竞争力综合得分在全省居第30位、在平凉市居第6位；与2016年相比，全省排序上升2位，市内排序下降2位。分指标来看，2017年崇信县在基础设施和生活环境上具有一般优势，在社会保障和社会结构上处于中势，在宏观经济、产业发展和科学教育上处于一般劣势，在公共服务上处于绝对劣势；与2016年相比，崇信县在宏观经济、产业发展和基础设施方面竞争力有所提升，在社会保障、公共服务、社会结构和科学教育方面竞争力有所下降。

2017年灵台县县域竞争力综合得分为68.99，处于一般劣势，较2016年水平（得分69.29）有所下降。县域竞争力综合得分在全省居第53位、在平凉市居第7位；与2016年相比，全省排序下降11位，市内排序下降1位。分指标来看，2017年灵台县在生活环境上具有一般优势，在基础设施和社会保障上处于中势，在产业发展、社会结构和科学教育上处于一般劣势，在宏观经济和公共服务上处于绝对劣势；与2016年相比，崇信县在宏观经济、基础设施、生活环境和科学教育方面竞争力有所提升，在产业发展、社会保障、公共服务和社会结构方面竞争力有所下降。

八　2017年酒泉市县域竞争力评价分析

（一）县域竞争力总体状况分析

酒泉市下辖肃州区、肃北县、敦煌市、阿克塞县、玉门市、金塔县和瓜州县。2017年，酒泉市县域竞争力综合得分均值为70.34，处于中势，较2016年水平（得分70.81）有所下降（见表8）。

分指标来看，2017年酒泉市县域无得分在一般优势及以上水平指标，在宏观经济、基础设施、社会保障和生活环境上处于中势，在产业发展、公共服务和社会结构上处于一般劣势，在科学教育上处于绝对劣势；与2016年相比，酒泉市县域在宏观经济、社会保障、公共服务和生活环境方面竞争

表 8　2017 年酒泉市县域竞争力一级指标得分及排名情况

县市区	全省综合排序		市(州)综合排序		综合得分	宏观经济得分	产业发展得分	基础设施得分	社会保障得分	公共服务得分	生活环境得分	社会结构得分	科学教育得分
	2016 年	2017 年	2016 年	2017 年									
肃州区	4	6	1	1	72. 27	76. 72	71. 26	74. 72	72. 83	69. 44	75. 95	74. 59	63. 92
肃北县	5	10	2	2	71. 00	68. 64	66. 56	72. 49	76. 42	75. 34	76. 49	68. 24	67. 99
敦煌市	8	13	3	3	70. 68	72. 64	69. 21	73. 57	75. 58	66. 07	76. 08	70. 96	63. 32
玉门市	18	21	5	4	70. 07	71. 61	70. 68	74. 38	72. 43	64. 38	70. 02	70. 53	65. 53
阿克塞	12	23	4	5	70. 01	67. 56	65. 77	74. 19	69. 44	77. 87	75. 79	69. 09	64. 40
金塔县	28	35	6	6	69. 53	67. 91	67. 46	73. 40	76. 35	64. 37	76. 30	69. 05	64. 06
瓜州县	46	55	7	7	68. 81	69. 61	68. 52	72. 79	73. 85	64. 68	69. 83	66. 82	64. 38
均　值					70. 34	70. 67	68. 49	73. 65	73. 84	68. 88	74. 35	69. 90	64. 80

资料来源：根据《甘肃发展年鉴》（2018）和甘肃省统计局提供的数据整理而来。

力有所提升，在产业发展、基础设施、社会结构和科学教育方面竞争力有所下降（见图 8）。

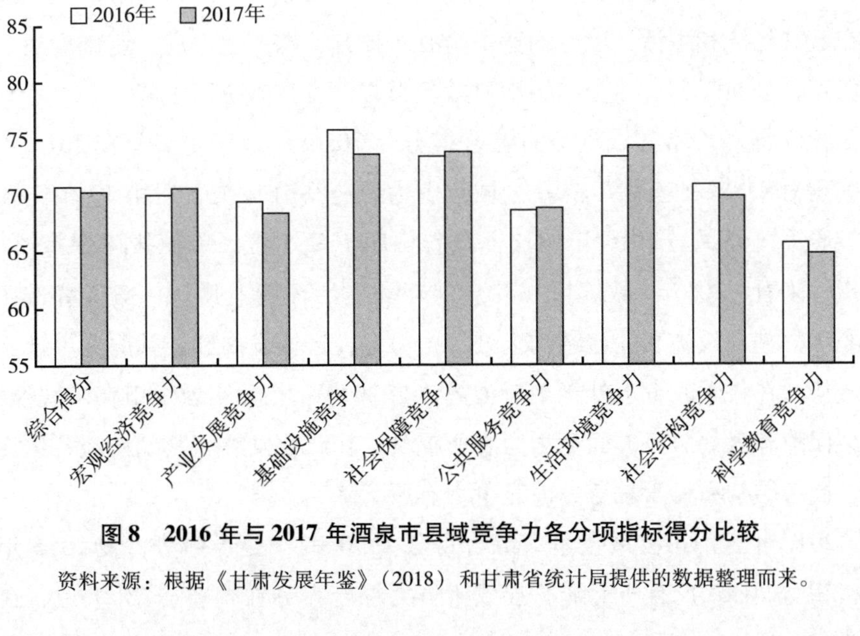

图 8　2016 年与 2017 年酒泉市县域竞争力各分项指标得分比较

资料来源：根据《甘肃发展年鉴》（2018）和甘肃省统计局提供的数据整理而来。

（二）各县（市、区）县域竞争力状况分析

2017 年肃州区县域竞争力综合得分为 72.27，处于中势，较 2016 年水平（得分 72.26）略有提升。县域竞争力综合得分在全省居第 6 位、在酒泉市居第 1 位；与 2016 年相比，全省排序下降 2 位，市内排序保持不变。分指标来看，2017 年肃州区在宏观经济和生活环境上具有一般优势，在产业发展、基础设施、社会保障和社会结构上处于中势，在公共服务上处于一般劣势，在科学教育上处于绝对劣势；与 2016 年相比，肃州区在宏观经济、社会保障、公共服务和生活环境方面竞争力有所提升，在产业发展、基础设施、社会结构和科学教育方面竞争力有所下降。

2017 年肃北县县域竞争力综合得分为 71.00，处于中势，较 2016 年水平（得分 71.65）有所下降。县域竞争力综合得分在全省居第 10 位、在酒泉市居第 2 位；与 2016 年相比，全省排序下降 5 位，市内排序保持不变。分指标来看，2017 年肃北县在社会保障、公共服务和生活环境上具有一般优势，在基础设施上处于中势，在宏观经济、产业发展、社会结构和科学教育上处于一般劣势，无得分处于绝对劣势水平指标；与 2016 年相比，肃州区在宏观经济和生活环境方面竞争力有所提升，在产业发展、基础设施、社会保障、公共服务、社会结构和科学教育方面竞争力有所下降。

2017 年敦煌市县域竞争力综合得分为 70.68，处于中势，较 2016 年水平（得分 71.21）有所下降。县域竞争力综合得分在全省居第 13 位、在酒泉市居第 3 位；与 2016 年相比，全省排序下降 5 位，市内排序保持不变。分指标来看，2017 年敦煌市在社会保障和生活环境上具有一般优势，在宏观经济、基础设施和社会结构上处于中势，在产业发展和公共服务上处于一般劣势，在科学教育上处于绝对劣势；与 2016 年相比，敦煌市在宏观经济、社会保障和公共服务方面竞争力有所提升，在产业发展、基础设施、生活环境、社会结构和科学教育方面竞争力有所下降。

2017 年玉门市县域竞争力综合得分为 70.07，处于中势，较 2016 年水平（得分 70.61）有所下降。县域竞争力综合得分在全省居第 21 位、在酒

泉市居第4位；与2016年相比，全省排序下降3位，市内排序上升1位。分指标来看，2017年玉门市无得分在一般优势及以上水平指标，在宏观经济、产业发展、基础设施、社会保障、生活环境和社会结构上处于中势，在科学教育上处于一般劣势，在公共服务上处于绝对劣势；与2016年相比，玉门市在宏观经济和产业发展方面竞争力有所提升，在基础设施、社会保障、公共服务、生活环境、社会结构和科学教育方面竞争力有所下降。

2017年阿克塞县县域竞争力综合得分为70.01，处于中势，较2016年水平（得分70.89）有所下降。县域竞争力综合得分在全省居第23位、在酒泉市居第5位；与2016年相比，全省排序下降11位，市内排序下降1位。分指标来看，2017年阿克塞县在公共服务和生活环境上具有一般优势，在基础设施上处于中势，在宏观经济、产业发展、社会保障和社会结构上处于一般劣势，在科学教育上处于绝对劣势；与2016年相比，阿克塞县在公共服务和生活环境方面竞争力有所提升，在宏观经济、产业发展、基础设施、社会保障、社会结构和科学教育方面竞争力有所下降。

2017年金塔县县域竞争力综合得分为69.53，处于一般劣势，较2016年水平（得分70.61）有所下降。县域竞争力综合得分在全省居第35位、在酒泉市居第6位；与2016年相比，全省排序下降7位，市内排序保持不变。分指标来看，2017年金塔县在社会保障和生活环境上具有一般优势，在基础设施上处于中势，在宏观经济、产业发展和社会结构上处于一般劣势，在公共服务和科学教育上处于绝对劣势；与2016年相比，金塔县在宏观经济、社会保障、公共服务和生活环境方面竞争力有所提升，在产业发展、基础设施、社会结构和科学教育方面竞争力有所下降。

2017年瓜州县县域竞争力综合得分为68.81，处于一般劣势，较2016年水平（得分69.24）有所下降。县域竞争力综合得分在全省居第55位、在酒泉市居第7位；与2016年相比，全省排序下降9位，市内排序保持不变。分指标来看，2017年瓜州县无得分在一般优势及以上水平指标，在基础设施、社会保障上处于中势，在宏观经济、产业发展、生活环境和社会结构上处于一般劣势，在公共服务和科学教育上处于绝对劣势；与2016年相比，瓜州县在宏观经济、社会保障和生活环境方面竞争力有所提升，在产业发展、基础设施、公共服务、社会结构和科学教育方面竞争力有所下降。

九 2017年庆阳市县域竞争力评价分析

（一）县域竞争力总体状况分析

庆阳市下辖西峰区、庆城县、环县、华池县、合水县、正宁县、宁县、镇原县。2017年，庆阳市县域竞争力综合得分均值为69.85，处于一般劣势，较2016年水平（得分69.97）略有下降（见表9）。

表9　2017年庆阳市县域竞争力一级指标得分及排名情况

县市区	全省综合排序		市(州)综合排序		综合得分	宏观经济得分	产业发展得分	基础设施得分	社会保障得分	公共服务得分	生活环境得分	社会结构得分	科学教育得分
	2016年	2017年	2016年	2017年									
西峰区	2	2	1	1	73.78	74.31	76.86	77.51	74.55	66.77	77.93	73.04	68.29
环　县	15	17	2	2	70.28	69.77	69.95	68.39	72.03	63.04	74.16	72.04	72.89
镇原县	47	33	7	3	69.58	65.99	68.49	72.56	72.68	62.19	77.24	72.04	67.40
宁　县	36	43	4	4	69.35	66.09	69.00	73.66	73.41	61.09	73.39	71.61	67.22
正宁县	33	46	3	5	69.18	64.35	67.15	74.22	73.29	61.53	78.03	70.51	66.57
庆城县	41	47	6	6	69.17	67.43	69.29	70.88	73.92	63.07	76.98	68.67	65.10
合水县	55	57	8	7	68.76	64.69	67.83	73.84	72.98	63.62	76.08	67.85	65.00
华池县	40	58	5	8	68.74	65.12	69.93	68.07	72.53	65.65	78.26	64.52	67.84
均　值					69.85	67.22	69.81	72.39	73.17	63.37	76.51	70.03	67.54

资料来源：根据《甘肃发展年鉴》（2018）和甘肃省统计局提供的数据整理而来。

分指标来看，2017年庆阳市县域在生活环境上具有一般优势，在基础设施、社会保障和社会结构上处于中势，在宏观经济、产业发展和科学教育上处于一般劣势，在公共服务上处于绝对劣势；与2016年相比，庆阳市县域在社会保障、公共服务、生活环境方面竞争力有所提升，在宏观经济、产业发展、基础设施、社会结构和科学教育方面竞争力有所下降（见图9）。

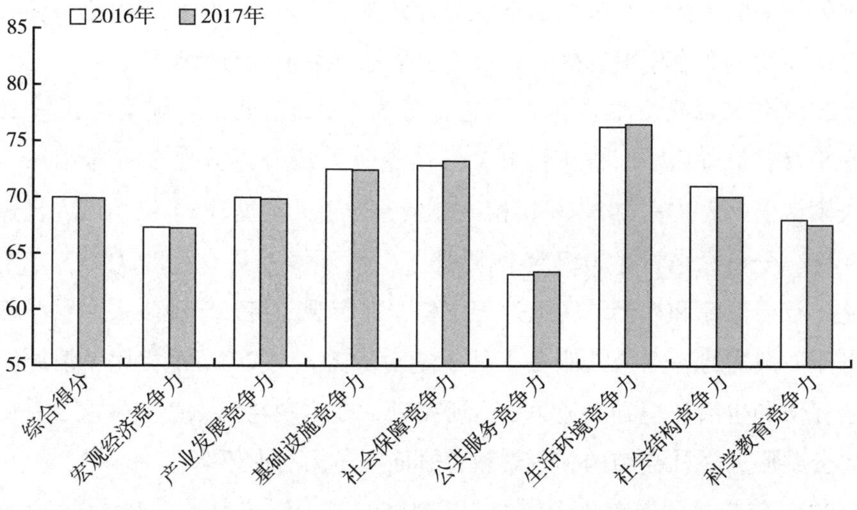

图 9　2016 年与 2017 年庆阳市县域竞争力各分项指标得分比较

资料来源：根据《甘肃发展年鉴》（2018）和甘肃省统计局提供的数据整理而来。

（二）各县（区）县域竞争力状况分析

2017 年西峰区县域竞争力综合得分为 73. 78，处于中势，较 2016 年水平（得分 72. 98）有所提升。县域竞争力综合得分在全省居第 2 位、在庆阳市居第 1 位；与 2016 年相比，全省排序保持不变，市内排序保持不变。分指标来看，2017 年西峰区在基础设施和生活环境上具有一般优势，在宏观经济、产业发展、社会保障和社会结构上处于中势，在公共服务和科学教育上处于一般劣势，无得分处于绝对劣势水平指标；与 2016 年相比，西峰区在宏观经济、产业发展、社会保障、公共服务和科学教育方面竞争力有所提升，在基础设施、生活环境和社会结构方面竞争力有所下降。

2017 年环县县域竞争力综合得分为 70. 28，处于中势，较 2016 年水平（得分 70. 76）有所下降。县域竞争力综合得分在全省居第 17 位、在庆阳市居第 2 位；与 2016 年相比，全省排序下降 2 位，市内排序保持不变。分指标来看，2017 年环县无得分在一般优势及以上水平指标，在社会保障、生活环境、社会结构和科学教育上处于中势，在宏观经济、产业发展、基础设施上处于一般劣势，在公共服务上处于绝对劣势；与2016年相比，环县除社会保障竞争力有所提升外，其余7项指标竞争力均有所下降。

2017年镇原县县域竞争力综合得分为69.58，处于一般劣势，较2016年水平（得分69.21）有所提升。县域竞争力综合得分在全省居第33位、在庆阳市居第3位；与2016年相比，全省排序大幅提升14位，市内排序提升4位。分指标来看，2017年镇原县在生活环境上具有一般优势，在基础设施、社会保障和社会结构上处于中势，在宏观经济、产业发展和科学教育上处于一般劣势，在公共服务上处于绝对劣势；与2016年相比，镇原县在社会保障和生活环境方面竞争力有所提升，在宏观经济、产业发展、基础设施、公共服务、社会结构和科学教育方面竞争力有所下降。

2017年宁县县域竞争力综合得分为69.35，处于一般劣势，较2016年水平（得分69.50）有所下降。县域竞争力综合得分在全省居第43位、在庆阳市居第4位；与2016年相比，全省排序降低7位，市内排序保持不变。分指标来看，2017年宁县无得分在一般优势及以上水平指标，在基础设施、生活环境和社会结构上处于中势，在宏观经济、产业发展和科学教育上处于一般劣势，在公共服务上处于绝对劣势；与2016年相比，宁县在基础设施和生活环境方面竞争力有所提升，在宏观经济、产业发展、社会保障、公共服务、社会结构和科学教育方面竞争力有所下降。

2017年正宁县县域竞争力综合得分为69.18，处于一般劣势，较2016年水平（得分69.71）有所下降。县域竞争力综合得分在全省居第46位、在庆阳市居第5位；与2016年相比，全省排序降低13位，市内排序降低2位。分指标来看，2017年正宁县在生活环境上具有一般优势，在基础设施、社会保障和社会结构上处于中势，在产业发展和科学教育上处于一般劣势，在宏观经济和公共服务上处于绝对劣势；与2016年相比，正宁县在社会保障和生活环境方面竞争力有所提升，在宏观经济、产业发展、基础设施、公共服务、社会结构和科学教育方面竞争力有所下降。

2017年庆城县县域竞争力综合得分为69.17，处于一般劣势，较2016年水平（得分69.31）有所下降。县域竞争力综合得分在全省居第47位、在庆阳市居第6位；与2016年相比，全省排序降低6位，市内排序保持不变。分指标来看，2017年庆城县在生活环境上具有一般优势，在基础设施和社会保障上处于中势，在宏观经济、产业发展、社会结构和科学教育上处于一般劣势，在公共服务上处于绝对劣势；与2016年相比，庆城县在宏观经济、基础设施、社会保障、公共服务和生活环境方面竞争力有所提升，在产业发展、社会结构和科学教育方面竞争力有所下降。

2017年合水县县域竞争力综合得分为68.76，处于一般劣势，较2016年水平（得分68.87）有所下降。县域竞争力综合得分在全省居第57位、在庆阳市居第7位；与2016年相比，全省排序降低2位，市内排序上升1位。分指标来看，2017年合水县在生活环境上具有一般优势，在基础设施和社会保障上处于中势，在产业发展、社会结构和科学教育上处于一般劣势，在宏观经济和公共服务上处于绝对劣势；与2016年相比，合水县在基础设施、公共服务和科学教育方面竞争力有所提升，在宏观经济、产业发展、社会保障、生活环境和社会结构方面竞争力有所下降。

2017年华池县县域竞争力综合得分为68.74，处于一般劣势，较2016年水平（得分69.40）有所下降。县域竞争力综合得分在全省居第58位、在庆阳市居第8位；与2016年相比，全省排序降低18位，市内排序降低3位。分指标来看，2017年华池县在生活环境上具有一般优势，在社会保障上处于中势，在宏观经济、产业发展、基础设施、公共服务和科学教育上处于一般劣势，在社会结构上处于绝对劣势；与2016年相比，华池县在产业发展、社会保障和公共服务方面竞争力有所提升，在宏观经济、基础设施、生活环境、社会结构和科学教育方面竞争力有所下降。

十　2017年定西市县域竞争力评价分析

（一）县域竞争力总体状况分析

定西市下辖安定区、通渭县、陇西县、渭源县、临洮县、漳县和岷县。

2017 年，定西市县域竞争力综合得分均值为 69.24，处于一般劣势，较 2016 年水平（得分 69.16）略有提升，如表 10 所示。

表 10　2017 年定西市县域竞争力一级指标得分及排名情况

县市区	全省综合排序		市（州）综合排序		综合得分	宏观经济得分	产业发展得分	基础设施得分	社会保障得分	公共服务得分	生活环境得分	社会结构得分	科学教育得分
	2016 年	2017 年	2016 年	2017 年									
陇西县	25	22	1	1	70.05	67.12	69.15	71.34	72.49	64.80	76.18	70.36	70.15
安定区	27	26	2	2	69.90	68.72	70.82	70.39	71.55	62.71	78.29	70.06	67.68
临洮县	35	27	3	3	69.89	66.65	69.74	73.29	73.57	63.34	76.74	69.57	67.47
岷　县	53	44	5	4	69.30	64.02	67.42	74.22	70.42	63.39	77.26	68.14	70.20
通渭县	50	50	4	5	69.06	63.94	68.87	70.38	71.82	63.50	76.01	69.72	69.86
渭源县	60	65	6	6	68.36	63.89	67.44	71.65	73.34	63.18	74.91	66.41	67.53
漳　县	70	70	7	7	68.09	62.98	68.37	72.34	71.70	61.29	71.75	72.60	65.33
均　值					69.24	65.33	68.83	71.94	72.13	63.17	75.88	69.55	68.32

资料来源：根据《甘肃发展年鉴》（2018）和甘肃省统计局提供的数据整理而来。

分指标来看，2017 年定西市县域在生活环境上具有一般优势，在基础设施和社会保障上处于中势，在宏观经济、产业发展、社会结构和科学教育上处于一般劣势，在公共服务上处于绝对劣势；与 2016 年相比，定西市县域竞争力在宏观经济、产业发展、基础设施、社会保障、公共服务和科学教育方面有所提升，在生活环境和社会结构方面竞争力有所下降（见图 10）。

（二）各县（区）县域竞争力状况分析

2017 年陇西县县域竞争力综合得分为 70.05，处于中势，较 2016 年水平（得分 69.90）有所提升。县域竞争力综合得分在全省居第 22 位、在定西市居第 1 位；与 2016 年相比，全省排序上升 3 位，市内排序保持不变。分指标来看，2017 年陇西县在生活环境上具有一般优势，在基础设施、社会保障、社会结构和科学教育上处于中势，在宏观经济和产业发展上处于一般劣势，在公共服务上处于绝对劣势；与 2016 年相比，陇西县在宏观经济、

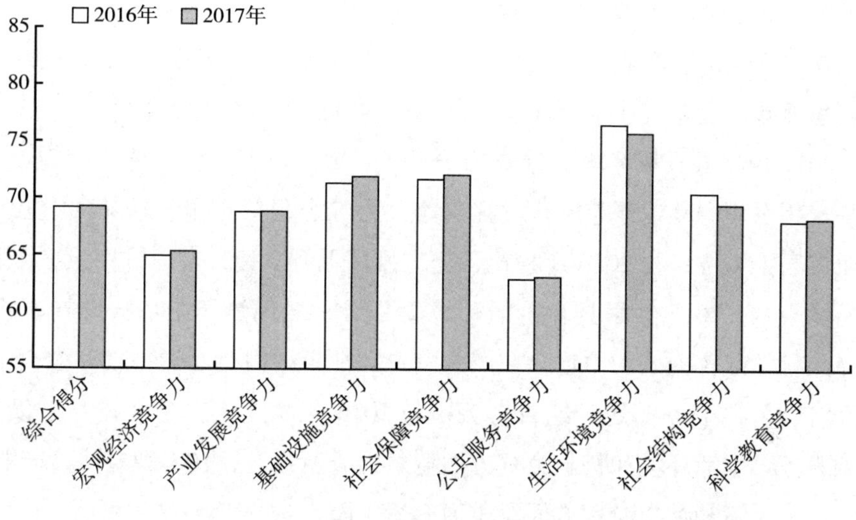

图 10　2016 年与 2017 年定西市县域竞争力各分项指标得分比较

资料来源：根据《甘肃发展年鉴》（2018）和甘肃省统计局提供的数据整理而来。

产业发展、社会保障、公共服务和科学教育方面竞争力有所提升，在基础设施、生活环境和社会结构方面竞争力有所下降。

2017 年安定区县域竞争力综合得分为 69.90，处于一般劣势，较 2016 年水平（得分 69.86）略有提升。县域竞争力综合得分在全省居第 26 位、在定西市居第 2 位；与 2016 年相比，全省排序上升 1 位，市内排序保持不变。分指标来看，2017 年安定区在生活环境上具有一般优势，在产业发展、基础设施、社会保障和社会结构上处于中势，在宏观经济和科学教育上处于一般劣势，在公共服务上处于绝对劣势；与 2016 年相比，安定区在宏观经济、产业发展、基础设施和社会保障方面竞争力有所提升，在公共服务、生活环境、社会结构和科学教育方面竞争力有所下降。

2017 年临洮县县域竞争力综合得分为 69.89，处于一般劣势，较 2016 年水平（得分 69.63）有所提升。县域竞争力综合得分在全省居第 27 位、在定西市居第 3 位；与 2016 年相比，全省排序上升 8 位，市内排序保持不变。分指标来看，2017 年临洮县在生活环境上具有一般优势，在基础设施和社会保障和社会结构上处于中势，在宏观经济、产业发展、社会结构和科学教育上处于一般劣势，在公共服务上处于绝对劣势；与2016年相比，安定区在宏观经济、产业发展、基础设施、社会保障、公共服务和科学教育方面竞争力有所提升，在生活环境和社会结构方面竞争力有所下降。

2017年岷县县域竞争力综合得分为69.30，处于一般劣势，较2016年水平（得分69.00）有所提升。县域竞争力综合得分在全省居第44位、在定西市居第4位；与2016年相比，全省排序上升9位，市内排序上升1位。分指标来看，2017年岷县在生活环境上具有一般优势，在基础设施、社会保障和科学教育上处于中势，在产业发展和社会结构上处于一般劣势，在宏观经济和公共服务上处于绝对劣势；与2016年相比，安定区在基础设施、公共服务、生活环境和科学教育方面竞争力有所提升，在宏观经济、产业发展、社会保障和社会结构方面竞争力有所下降。

2017年通渭县县域竞争力综合得分为69.06，处于一般劣势，较2016年水平（得分69.08）略有下降。县域竞争力综合得分在全省居第50位、在定西市居第5位；与2016年相比，全省排序保持不变，市内排序下降1位。分指标来看，2017年通渭县在生活环境上具有一般优势，在基础设施和社会保障上处于中势，在产业发展、社会结构和科学教育上处于一般劣势，在宏观经济和公共服务上处于绝对劣势；与2016年相比，通渭县在宏观经济、基础设施、社会保障和生活环境方面竞争力有所提升，在产业发展、社会结构和科学教育方面竞争力有所下降，在公共服务方面竞争力保持不变。

2017年渭源县县域竞争力综合得分为68.36，处于一般劣势，较2016年水平（得分68.56）略有下降。县域竞争力综合得分在全省居第65位、在定西市居第6位；与2016年相比，全省排序下降5位，市内排序保持不变。分指标来看，2017年渭源县无得分在一般优势及以上水平指标，在基础设施、社会保障和生活环境上处于中势，在产业发展、社会结构和科学教育上处于一般劣势，在宏观经济和公共服务上处于绝对劣势；与2016年相比，渭源县在宏观经济、基础设施、社会保障和公共服务方面竞争力有所提升，在产业发展、生活环境、社会结构和科学教育方面竞争力有所下降。

2017 年漳县县域竞争力综合得分为 68.09，处于一般劣势，较 2016 年水平（得分 68.12）略有下降。县域竞争力综合得分在全省居第 70 位、在定西市居第 7 位；与 2016 年相比，全省排序保持不变，市内排序保持不变。分指标来看，2017 年漳县无得分在一般优势及以上水平指标，在基础设施、社会保障、生活环境和社会结构上处于中势，在产业发展和科学教育上处于一般劣势，在宏观经济和公共服务上处于绝对劣势；与 2016 年相比，漳县在基础设施、社会保障、公共服务和科学教育方面竞争力有所提升，在宏观经济、产业发展、生活环境和社会结构方面竞争力有所下降。

十一　2017 年陇南市县域竞争力评价分析

（一）县域竞争力总体状况分析

陇南市下辖武都区、宕昌县、成县、康县、文县、西和县、礼县、两当县、徽县。2017 年，陇南市县域竞争力综合得分均值为 69.18，处于一般劣势，较 2016 年水平（得分 69.01）有所提升（见表 11）。

表 11　2017 年陇南市县域竞争力一级指标得分及排名情况

县市区	全省综合排序		市（州）综合排序		综合得分	宏观经济得分	产业发展得分	基础设施得分	社会保障得分	公共服务得分	生活环境得分	社会结构得分	科学教育得分
	2016 年	2017 年	2016 年	2017 年									
武都区	29	12	3	1	70.73	68.97	70.52	72.43	72.64	62.83	78.18	75.99	66.51
徽　县	24	20	1	2	70.07	65.41	69.00	72.98	74.74	62.26	78.74	72.03	67.91
成　县	26	24	2	3	70.00	65.82	70.36	74.57	72.20	63.88	77.45	70.76	66.39
文　县	49	37	5	4	69.45	64.35	68.35	72.37	71.76	60.93	79.71	69.29	70.17
康　县	56	38	6	5	69.43	63.66	67.64	72.84	74.22	64.16	80.19	67.00	68.35
两当县	30	56	4	6	68.79	62.73	66.96	73.27	74.69	61.80	77.91	68.94	66.76
西和县	72	62	8	7	68.51	64.73	68.22	71.92	68.11	61.04	78.40	69.67	67.07
礼　县	64	71	7	8	67.96	64.44	67.22	67.06	72.42	61.33	73.21	70.51	69.39
宕昌县	73	73	9	9	67.65	63.52	67.50	69.95	72.49	61.98	75.19	68.39	64.68
均　值					69.18	64.85	68.42	71.93	72.59	62.25	77.66	70.28	67.47

资料来源：根据《甘肃发展年鉴》（2018）和甘肃省统计局提供的数据整理而来。

分指标来看，2017 年陇南市县域在生活环境上具有一般优势，在基础设施、社会保障和社会结构上处于中势，在产业发展和科学教育上处于一般劣势，在宏观经济和公共服务上处于绝对劣势；与 2016 年相比，陇南市县域在宏观经济、基础设施、社会保障、生活环境方面竞争力有所提升，在产业发展、公共服务、社会结构和科学教育方面竞争力有所下降（见图 11）。

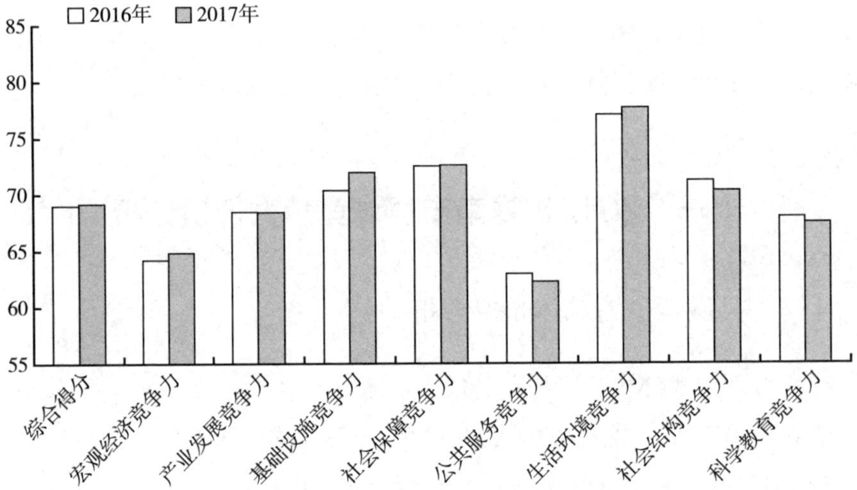

图 11　2016 年与 2017 年陇南市县域竞争力各分项指标得分比较

资料来源：根据《甘肃发展年鉴》（2018）和甘肃省统计局提供的数据整理而来。

（二）各县县域竞争力状况分析

2017 年武都区县域竞争力综合得分为 70.73，处于中势，较 2016 年水平（得分 69.83）有所提升。县域竞争力综合得分在全省居第 12 位、在陇南市居第 1 位；与 2016 年相比，全省排序大幅上升 17 位，市内排序上升 2 位。分指标来看，2017 年武都区在生活环境和社会结构上具有一般优势，在产业发展、基础设施和社会保障上处于中势，在宏观经济和科学教育上处于一般劣势，在公共服务上处于绝对劣势；与 2016 年相比，武都区除社会结构竞争力有所下降外，其余 7 项指标竞争力均有所提升。

2017 年徽县县域竞争力综合得分为 70.07，处于中势，较 2016 年水平（得分 70.03）略有提升。县域竞争力综合得分在全省居第 20 位、在陇南市居第 2 位；与 2016 年相比，全省排序上升 4 位，市内排序下降 1 位。分指标来看，2017 年徽县在生活环境上具有一般优势，在基础设施、社会保障和社会结构上处于中势，在宏观经济、产业发展和科学教育上处于一般劣势，在公共服务上处于绝对劣势；与 2016 年相比，徽县在宏观经济、产业发展、基础设施、社会保障和科学教育方面竞争力有所提升，在公共服务、生活环境和社会结构方面竞争力有所下降。

2017 年成县县域竞争力综合得分为 70.00，处于中势，较 2016 年水平（得分 69.87）有所提升。县域竞争力综合得分在全省居第 24 位、在陇南市居第 3 位；与 2016 年相比，全省排序上升 2 位，市内排序下降 1 位。分指标来看，2017 年成县在生活环境上具有一般优势，在产业发展、基础设施、社会保障和社会结构上处于中势，在宏观经济和科学教育上处于一般劣势，在公共服务上处于绝对劣势；与 2016 年相比，成县在宏观经济、产业发展、基础设施和生活环境方面竞争力有所提升，在社会保障、公共服务、社会结构和科学教育方面竞争力有所下降。

2017 年文县县域竞争力综合得分为 69.45，处于一般劣势，较 2016 年水平（得分 69.10）有所提升。县域竞争力综合得分在全省居第 37 位、在陇南市居第 4 位；与 2016 年相比，全省排序上升 12 位，市内排序上升 1 位。分指标来看，2017 年文县在生活环境上具有一般优势，在基础设施、社会保障和科学教育上处于中势，在产业发展和社会结构上处于一般劣势，在公共服务上处于绝对劣势；与 2016 年相比，文县在宏观经济、基础设施、社会保障、公共服务和生活环境方面竞争力有所提升，在产业发展、社会结构和科学教育方面竞争力有所下降。

2017 年康县县域竞争力综合得分为 69.43，处于一般劣势，较 2016 年水平（得分 68.83）有所提升。县域竞争力综合得分在全省居第 38 位、在陇南市居第 5 位；与 2016 年相比，全省排序大幅上升 18 位，市内排序上升 1 位。分指标来看，2017 年康县在生活环境上具有绝对优势，在基础设施和社会保障上处于中势，在产业发展、社会结构和科学教育上处于一般劣势，在宏观经济和公共服务上处于绝对劣势，无得分具有一般优势水平指标；与 2016 年相比，康县在宏观经济、基础设施、社会保障、生活环境和科学教育方面竞争力有所提升，在产业发展、公共服务和社会结构方面竞争力有所下降。

2017 年两当县县域竞争力综合得分为 68.79，处于一般劣势，较 2016 年水平（得分 69.80）有所下降。县域竞争力综合得分在全省居第 56 位、在陇南市居第 6 位；与 2016 年相比，全省排序下降 26 位，市内排序下降 2 位。分指标来看，2017 年两当县在生活环境上具有一般优势，在基础设施和社会保障上处于中势，在产业发展、社会结构和科学教育上处于一般劣势，在宏观经济和公共服务上处于绝对劣势；与 2016 年相比，两当县在宏观经济和生活环境方面竞争力有所提升，在产业发展、基础设施、社会保障、公共服务、社会结构和科学教育方面竞争力有所下降。

2017 年西和县县域竞争力综合得分为 68.51，处于一般劣势，较 2016 年水平（得分 67.76）有所提升。县域竞争力综合得分在全省居第 62 位、在陇南市居第 7 位；与 2016 年相比，全省排序上升 10 位，市内排序上升 1 位。分指标来看，2017 年西和县在生活环境上具有一般优势，在基础设施上处于中势，在产业发展、社会保障、社会结构和科学教育上处于一般劣势，在宏观经济和公共服务上处于绝对劣势；与 2016 年相比，西和县在宏观经济、产业发展、基础设施、生活环境和科学教育方面竞争力有所提升，在社会保障、公共服务和社会结构方面竞争力有所下降。

2017 年礼县县域竞争力综合得分为 67.98，处于一般劣势，较 2016 年水平（得分 68.40）有所下降。县域竞争力综合得分在全省居第 71 位、在陇南市居第 8 位；与 2016 年相比，全省排序下降 7 位，市内排序保持不变。分指标来看，2017 年礼县无得分在一般优势及以上水平指标，在社会保障、生活环境和科学教育上处于中势，在产业发展、基础设施和科学教育上处于一般劣势，在宏观经济和公共服务上处于绝对劣势；与 2016 年相比，礼县在宏观经济和基础设施方面竞争力有所提升，在产业发展、社会保障、公共服务、生活环境、社会结构和科学教育方面竞争力有所下降。

2017 年宕昌县县域竞争力综合得分为 67.65，处于一般劣势，较 2016 年水平（得分 67.76）有所下降。县域竞争力综合得分在全省居第 73 位、在陇南市居第 9 位；与 2016 年相比，全省排序保持不变，市内排序保持不变。分指标来看，2017 年宕昌县在生活环境上具有一般优势，在社会保障上处于中势，在产业发展、基础设施和社会结构上处于一般劣势，在宏观经济、公共服务和科学教育上处于绝对劣势；与 2016 年相比，礼县在宏观经济、基础设施、社会保障和生活环境方面竞争力有所提升，在产业发展、公共服务、社会结构和科学教育方面竞争力有所下降。

十二　2017 年临夏州县域竞争力评价分析

（一）县域竞争力总体状况分析

临夏回族自治州（简称临夏州）下辖临夏市、临夏县、康乐县、永靖县、广河县、和政县、东乡县、积石山县。2017 年，临夏州县域竞争力综合得分均值为 68.90，处于一般劣势，较 2016 年水平（得分 68.53）有所提升（见表 12）。

表 12　2017 年临夏州所辖各县县域竞争力一级指标得分及排名情况

县市区	全省综合排序		市（州）综合排序		综合得分	宏观经济得分	产业发展得分	基础设施得分	社会保障得分	公共服务得分	生活环境得分	社会结构得分	科学教育得分
	2016 年	2017 年	2016 年	2017 年									
临夏市	10	4	1	1	72.45	68.51	71.51	78.95	75.40	65.01	76.27	79.02	66.90
临夏县	39	39	2	2	69.43	63.33	69.80	74.13	70.23	62.41	77.17	74.02	66.39
康乐县	62	40	5	3	69.42	63.02	68.92	73.49	71.78	62.43	77.01	67.18	71.75
永靖县	51	49	3	4	69.09	64.22	69.02	72.19	72.03	65.15	75.07	69.64	67.22
和政县	59	64	4	5	68.40	62.55	70.16	70.88	66.36	60.55	76.22	75.30	66.75
广河县	71	66	6	6	68.32	63.07	68.80	75.49	69.39	61.01	75.28	68.76	65.14
积石山	74	74	7	7	67.41	62.39	68.47	70.51	63.87	61.93	73.60	68.42	69.51
东乡县	76	76	8	8	66.73	62.11	69.27	68.54	64.91	60.49	71.05	68.42	68.36
均　值					68.90	63.65	69.49	73.02	69.24	62.37	75.21	71.35	67.75

资料来源：根据《甘肃发展年鉴》（2018）和甘肃省统计局提供的数据整理而来。

分指标来看，2017 年临夏州县域在生活环境上具有一般优势，在基础设施和社会结构上处于中势，在产业发展、社会保障和科学教育上处于一般劣势，在宏观经济和公共服务上处于绝对劣势；与 2016 年相比，临夏州县域在宏观经济、基础设施、社会保障、公共服务、生活环境和科学教育方面竞争力有所提升，在产业发展和社会结构方面竞争力有所下降（见图 12）。

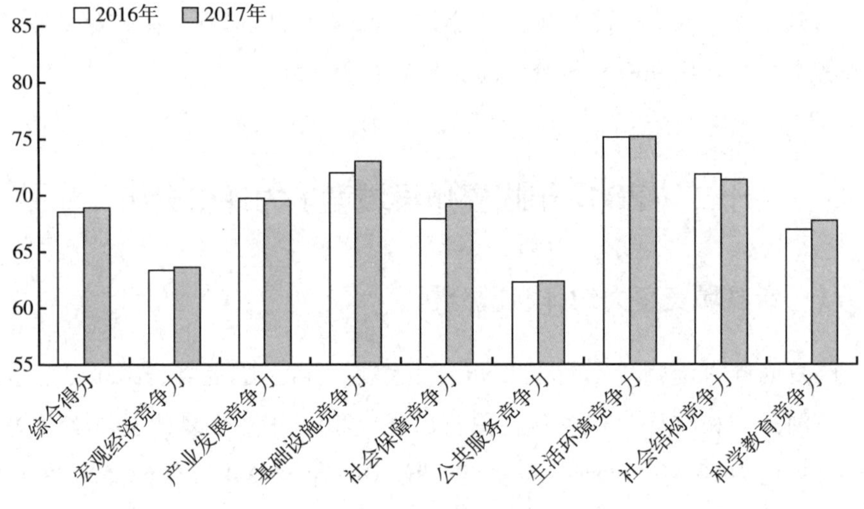

图 12　2016 年与 2017 年临夏州县域竞争力各分项指标得分比较

资料来源：根据《甘肃发展年鉴》（2018）和甘肃省统计局提供的数据整理而来。

（二）各县（市）县域竞争力状况分析

2017 年临夏市县域竞争力综合得分为 72.45，处于中势，较 2016 年水平（得分 71.06）有明显提升。县域竞争力综合得分在全省居第 4 位、在临夏州居第 1 位；与 2016 年相比，全省排序上升 6 位，市内排序保持不变。分指标来看，2017 年临夏市在基础设施、社会保障、生活环境和社会结构上具有一般优势，在产业发展上处于中势，在宏观经济、公共服务和科学教育上处于一般劣势，无得分处于绝对劣势水平指标；与 2016 年相比，临夏市在宏观经济、产业发展、基础设施、社会保障、公共服务和科学教育方面竞争力有所提升，在生活环境和社会结构方面竞争力有所下降。

2017 年临夏县县域竞争力综合得分为 69.43，处于一般劣势，较 2016 年水平（得分 69.41）略有提升。县域竞争力综合得分在全省居第 39 位、在临夏州居第 2 位；与 2016 年相比，全省排序保持不变，市内排序保持不变。分指标来看，2017 年临夏县在生活环境上具有一般优势，在基础设施、社会保障和社会结构上处于中势，在产业发展和科学教育上处于一般劣势，在宏观经济和公共服务上处于绝对劣势；与 2016 年相比，临夏县在宏观经济、基础设施、社会保障、公共服务和生活环境方面竞争力有所提升，在产业发展、社会结构和科学教育方面竞争力有所下降。

2017 年康乐县县域竞争力综合得分为 69.42，处于一般劣势，较 2016 年水平（得分 68.41）有所提升。县域竞争力综合得分在全省居第 40 位、在临夏州居第 3 位；与 2016 年相比，全省排序大幅上升 22 位，市内排序上升 2 位。分指标来看，2017 年康乐县在生活环境上具有一般优势，在基础设施、社会保障和科学教育上处于中势，在产业发展和社会结构上处于一般劣势，在宏观经济和公共服务上处于绝对劣势；与 2016 年相比，康乐县在宏观经济、基础设施、社会保障、公共服务和科学教育方面竞争力有所提升，在产业发展、生活环境和社会结构方面竞争力有所下降。

2017 年永靖县县域竞争力综合得分为 69.09，处于一般劣势，较 2016 年水平（得分 69.05）略有提升。县域竞争力综合得分在全省居第 49 位、在临夏州居第 4 位；与 2016 年相比，全省排序上升 2 位，市内排序下降 1 位。分指标来看，2017 年永靖县在生活环境上具有一般优势，在基础设施和社会保障上处于中势，在产业发展、公共服务、社会结构和科学教育上处于一般劣势，在宏观经济上处于绝对劣势；与 2016 年相比，永靖县在宏观经济、基础设施、社会保障和公共服务方面竞争力有所提升，在产业发展、生活环境、社会结构和科学教育方面竞争力有所下降。

2017 年和政县县域竞争力综合得分为 68.40，处于一般劣势，较 2016 年水平（得分 68.57）有所下降。县域竞争力综合得分在全省居第 64 位、在临夏州居第 5 位；与 2016 年相比，全省排序下降 5 位，市内排序下降 1

位。分指标来看，2017 年和政县在生活环境和社会结构上具有一般优势，在产业发展和基础设施上处于中势，在社会保障和科学教育上处于一般劣势，在宏观经济和公共服务上处于绝对劣势；与 2016 年相比，和政县在社会结构和科学教育方面竞争力有所提升，在宏观经济、产业发展、基础设施、社会保障、公共服务和生活环境方面竞争力有所下降。

2017 年广河县县域竞争力综合得分为 68.32，处于一般劣势，较 2016 年水平（得分 68.01）有所提升。县域竞争力综合得分在全省居第 66 位、在临夏州居第 6 位；与 2016 年相比，全省排序下降 5 位，市内排序保持不变。分指标来看，2017 年广河县在基础设施和生活环境上具有一般优势，无得分处于中势水平指标，在产业发展、社会保障、社会结构和科学教育上处于一般劣势，在宏观经济和公共服务上处于绝对劣势；与 2016 年相比，广河县在宏观经济、基础设施、社会保障和科学教育方面竞争力有所提升，在产业发展、公共服务和社会结构方面竞争力有所下降，在生活环境方面竞争力保持不变。

2017 年积石山县县域竞争力综合得分为 67.41，处于一般劣势，较 2016 年水平（得分 67.03）有所提升。县域竞争力综合得分在全省居第 74 位、在临夏州居第 7 位；与 2016 年相比，全省排序保持不变，市内排序保持不变。分指标来看，2017 年积石山县无得分在一般优势及以上水平指标，在基础设施和生活环境上处于中势，在产业发展、社会结构和科学教育上处于一般劣势，在宏观经济和公共服务上处于绝对劣势；与 2016 年相比，积石山县在宏观经济、基础设施、社会保障、公共服务、生活环境和科学教育方面竞争力有所提升，在产业发展和社会结构方面竞争力有所下降。

2017 年东乡县县域竞争力综合得分为 66.73，处于一般劣势，较 2016 年水平（得分 66.70）略有提升。县域竞争力综合得分在全省居第 76 位、在临夏州居第 8 位；与 2016 年相比，全省排序保持不变，市内排序保持不变。分指标来看，2017 年东乡县无得分在一般优势及以上水平指标，在生活环境上处于中势，在产业发展、基础设施、社会结构和科学教育上处于一般劣势，在宏观经济、社会保障和公共服务上处于绝对劣势；与 2016

年相比，东乡县在宏观经济、基础设施和科学教育方面竞争力有所提升，在产业发展、社会保障、公共服务、生活环境和社会结构方面竞争力有所下降。

十三　2017年甘南州县域竞争力评价分析

（一）县域竞争力总体状况分析

甘南藏族自治州（简称甘南州）下辖合作市、临潭县、卓尼县、舟曲县、迭部县、玛曲县、碌曲县、夏河县。2017 年，甘南州县域竞争力综合得分均值为68.03，处于一般劣势，较2016 年水平（得分68.04）略有下降（见表13）。

表 13　2017 年甘南州县域竞争力一级指标得分及排名情况

县市区	全省综合排序		市(州)综合排序		综合得分	宏观经济得分	产业发展得分	基础设施得分	社会保障得分	公共服务得分	生活环境得分	社会结构得分	科学教育得分
	2016 年	2017 年	2016 年	2017 年									
迭部县	37	54	1	1	68.87	63.44	66.39	73.47	69.40	65.06	79.07	67.13	68.76
舟曲县	68	59	2	2	68.71	63.00	65.42	70.48	72.15	65.97	79.43	71.14	66.69
合作市	65	60	3	3	68.69	66.17	69.17	71.36	72.22	61.97	77.03	66.63	66.03
卓尼县	67	67	4	4	68.30	63.68	65.93	70.61	72.28	64.59	78.67	63.71	68.98
碌曲县	61	68	5	5	68.12	63.19	64.66	69.80	71.90	69.26	78.47	61.77	68.88
临潭县	69	72	6	6	67.95	63.18	66.06	71.75	71.46	61.17	76.33	67.34	67.79
玛曲县	75	75	7	7	66.91	63.64	63.49	67.94	73.28	64.39	79.76	61.50	65.05
夏河县	77	77	8	8	66.70	63.65	63.79	67.97	71.52	61.95	77.12	65.15	65.42
均　值					68.03	63.74	65.61	70.42	71.78	64.30	78.23	65.55	67.20

资料来源：根据《甘肃发展年鉴》（2018）和甘肃省统计局提供的数据整理而来。

分指标来看，2017 年甘南州县域在生活环境上具有一般优势，在基础设施和社会保障上处于中势，在产业发展、社会结构和科学教育上处于一般劣势，在宏观经济和公共服务上处于绝对劣势；与 2016 年相比，甘南州县域在宏观经济、社会保障和生活环境方面竞争力有所提升，在产业发展、基础设施、公共服务、社会结构和科学教育方面竞争力有所下降（见图13）。

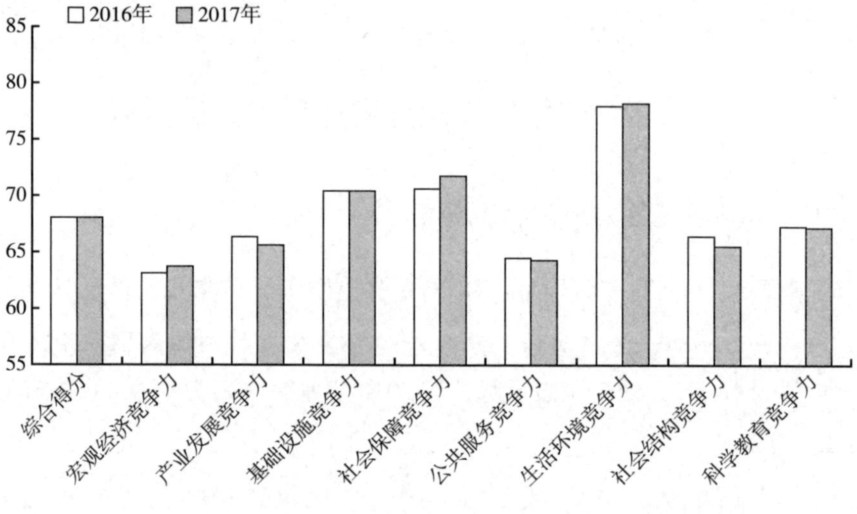

图13　2016年与2017年甘南州县域竞争力各分项指标得分比较

资料来源：根据《甘肃发展年鉴》（2018）和甘肃省统计局提供的数据整理而来。

（二）各县（市）县域竞争力状况分析

2017年迭部县县域竞争力综合得分为68.87，处于一般劣势，较2016年水平（得分69.44）所有下降。县域竞争力综合得分在全省居第54位、在甘南州居第1位；与2016年相比，全省排序下降17位，市内排序保持不变。分指标来看，2017年迭部县在生活环境上具有一般优势，在基础设施上处于中势，在产业发展、社会保障、公共服务、社会结构和科学教育上处于一般劣势，在宏观经济上处于绝对劣势；与2016年相比，迭部县在宏观经济和生活环境方面竞争力有所提升，在产业发展、基础设施、社会保障、公共服务、社会结构和科学教育方面竞争力有所下降。

2017年舟曲县县域竞争力综合得分为68.71，处于一般劣势，较2016年水平（得分68.22）所有提升。县域竞争力综合得分在全省居第59位、在甘南州居第2位；与2016年相比，全省排序上升9位，市内排序上升3位。分指标来看，2017年舟曲县在生活环境上具有一般优势，在基础设施、社会保障和社会结构上处于中势，在产业发展、公共服务和科学教育上处于一般劣势，在宏观经济上处于绝对劣势；与2016年相比，舟曲县在宏观经济、基础设施、社会保障、公共服务、生活环境和科学教育方面竞争力有所提升，在产业发展和社会结构方面竞争力有所下降。

2017年合作市县域竞争力综合得分为68.69，处于一般劣势，较2016年水平（得分68.33）所有提升。县域竞争力综合得分在全省居第60位、在甘南州居第3位；与2016年相比，全省排序上升5位，市内排序保持不变。分指标来看，2017年合作市在生活环境上具有一般优势，在基础设施和社会保障上处于中势，在宏观经济、产业发展、社会结构和科学教育上处于一般劣势，在公共服务上处于绝对劣势；与2016年相比，合作市在宏观经济、产业发展、社会保障、生活环境和科学教育方面竞争力有所提升，在基础设施、公共服务和社会结构方面竞争力有所下降。

2017年卓尼县县域竞争力综合得分为68.30，处于一般劣势，较2016年水平（得分68.23）所有提升。县域竞争力综合得分在全省居第67位、在甘南州居第4位；与2016年相比，全省排序保持不变，市内排序保持不变。分指标来看，2017年卓尼县在生活环境上具有一般优势，在基础设施和社会保障上处于中势，在产业发展和科学教育上处于一般劣势，在宏观经济、公共服务和社会结构上处于绝对劣势；与2016年相比，合作市在宏观经济、社会保障、公共服务和生活环境方面竞争力有所提升，在产业发展、基础设施、社会结构和科学教育方面竞争力有所下降。

2017年碌曲县县域竞争力综合得分为68.12，处于一般劣势，较2016年水平（得分68.47）所有下降。县域竞争力综合得分在全省居第68位、在甘南州居第5位；与2016年相比，全省排序下降7位，市内排序下降3位。分指标来看，2017年碌曲县在生活环境上具有一般优势，在社会保障上处于中势，在基础设施、公共服务和科学教育上处于一般劣势，在宏观经济、产业发展和社会结构上处于绝对劣势；与2016年相比，碌曲县在宏观经济、基础设施、公共服务和科学教育方面竞争力有所提升，在产业发展、社会保障、生活环境和社会结构方面竞争力有所下降。

2017 年临潭县县域竞争力综合得分为 67.95，处于一般劣势，较 2016 年水平（得分 68.21）所有下降。县域竞争力综合得分在全省居第 72 位、在甘南州居第 6 位；与 2016 年相比，全省排序下降 3 位，市内排序保持不变。分指标来看，2017 年临潭县在生活环境上具有一般优势，在基础设施和社会保障上处于中势，在产业发展、社会结构和科学教育上处于一般劣势，在宏观经济和公共服务上处于绝对劣势；与 2016 年相比，临潭县在宏观经济、基础设施和社会保障方面竞争力有所提升，在产业发展、公共服务、生活环境、社会结构和科学教育方面竞争力有所下降。

2017 年玛曲县县域竞争力综合得分为 66.91，处于一般劣势，较 2016 年水平（得分 66.74）所有上升。县域竞争力综合得分在全省居第 75 位、在甘南州居第 7 位；与 2016 年相比，全省排序保持不变，市内排序保持不变。分指标来看，2017 年玛曲县在生活环境上具有一般优势，在社会保障上处于中势，在基础设施和科学教育上处于一般劣势，在宏观经济、产业发展、公共服务和社会结构上处于绝对劣势；与 2016 年相比，玛曲县在宏观经济、社会保障、生活环境和科学教育方面竞争力有所提升，在产业发展、基础设施、公共服务和社会结构方面竞争力有所下降。

2017 年夏河县县域竞争力综合得分为 66.70，处于一般劣势，较 2016 年水平（得分 66.67）所有提升。县域竞争力综合得分在全省居第 77 位、在甘南州居第 8 位；与 2016 年相比，全省排序保持不变，市内排序保持不变。分指标来看，2017 年夏河县在生活环境上具有一般优势，在社会保障上处于中势，在基础设施、社会结构和科学教育上处于一般劣势，在宏观经济、产业发展和公共服务上处于绝对劣势；与 2016 年相比，夏河县在宏观经济、基础设施、社会保障和生活环境方面竞争力有所提升，在产业发展、公共服务、社会结构和科学教育方面竞争力有所下降。

专 题 篇

Feature Articles

B.4
甘肃省绿色农业发展研究

何 剑*

摘 要： 本报告按照分析现状、发现问题、提出对策的思路，总结探讨了甘肃绿色农业发展的资源条件、发展现状及目前取得的成效，之后总结甘肃发展现代农业存在的问题及面临的制约因素，最后从加强农田生态保护、建立健全农业自然资源保障体系、调整优化农业结构、推动信息化与农业融合发展以及强化科技支撑能力等5个方面，提出促进甘肃绿色农业发展的对策建议。

关键词： 三品一标 旱作农业 农产品质量 提质增效

* 何剑，硕士，甘肃省社会科学院农村发展研究所助理研究员，主要研究方向为农业和农村经济。

一　甘肃省绿色农业发展的基础条件

（一）自然资源条件

1. 气候及地理条件

甘肃省东南、西北两端直线距离1655千米，地理上跨越16个经度、10个纬度，处于青藏高原高寒区、东部季风区和西北干旱区三大气候区的交汇、过渡地带，分属黄河、长江、内陆河三大河流流域；气候类型多样，由东南到西北依次分布着亚热带季风湿润区、暖温带及温带半湿润区、高寒湿润偏旱区、温带半干旱区、半荒漠及荒漠干旱区。甘肃地貌环境复杂多样，以高原和山地为主，平原、河谷、丘陵、盆地、荒漠、湿地、冰川兼而有之，交错分布。按地貌特征全省可分为六大区域：陇南山地、陇中黄土高原、甘南高原、祁连山区、河西走廊和北山山地。复杂的地貌环境和多样化的气候条件为甘肃发展多种特色农业提供了独特优势。

甘肃省大部分地区日照充足，光热条件好，昼夜温差大，有利于农作物光合作用和干物质积累。全省年均太阳辐射量5016～8400兆焦/平方米，年均日照2200～3300小时，在全国范围内属于高热量区。尤其是河西走廊区域年日照2600～3000小时，太阳辐射量高于同纬度的东北、华北地区，加之祁连山冰雪融水黑河、疏勒河、石羊河三大内陆河水系自然灌溉，发展纯天然、绿色生态农产品的条件十分优越。

2. 土地资源条件

甘肃省地域辽阔，土地资源丰富。全省土地总面积42.58万平方千米，居全国第7位。截至2016年末，全省耕地面积537.52万公顷，在31个省（区、市）中列第10位；人均耕地面积3.12亩，在31个省（区、市）中列第5位，比全国总体水平多1.77亩。天然草地面积1709.42万公顷，仅次于新疆、内蒙古、青海、西藏和四川，居全国第6位，其中可利用天然草地1607.16万公顷。甘肃省土地资源总体质量不高。全省耕地中大部分为中低产田，大部分分布在中东部雨养农业区。据估算，如果这些中低产田耕地地力提升 1 个等级，就相当于增加了 10% 的耕地面积，因此有很大的地力提升潜力。此外，甘肃目前尚有未利用土地面积达 1912.09 万公顷，占全省总土地面积的 44.91%，其中冰川、沙漠、戈壁、盐碱地、裸岩、沼泽等难以利用土地 1698.36 万公顷，占全省总土地面积的 39.89%，除此以外，约 213.73 万公顷未利用土地可在适当条件下转化为农业用地。在不影响自然生态系统平衡前提下，若能对这些土地进行合理整理、复垦和开发，则可为农业规模化经营和绿色农业发展提供数量较为可观的土地资源。

3. 生物资源条件

甘肃境内野生动植物资源非常丰富。全省有野生动物 650 多种，野生植物 1200 多种，野生药材 951 种，主要用材林 300 多种，丰富的动植物资源为甘肃农业综合开发提供了便利条件。甘肃自然条件多样，农业栽培历史悠久，农作物品种资源十分丰富。粮食作物主要有小麦、玉米、马铃薯、豆类、谷子、糜子、荞麦、高粱等 30 多种；经济作物主要有油料、棉花、甜菜、中药材、水果、蔬菜、瓜类、烟叶等。甘肃中药材品种达 1527 种，其中植物药材 1270 种、动物药材 214 种、矿物药材 43 种，有 276 种药材被列入全国重点品种，占全国总量的 76%。全省共有各类畜禽品种 65 个，其中包括天祝白牦牛、靖远滩羊、河西白绒山羊、山丹马等著名品种，高山细毛羊、华特瘦肉型猪、早胜肉牛、藏羊、牦牛等地方品种是甘肃畜牧业生产的主导品种。

（二）社会经济条件

1. 居民生活水平提高，消费需求升级

近年来，甘肃城乡居民生活水平不断提高，对农产品的消费需求层次也随之升级。以往人民群众对食品的需求仅满足于温饱，现在则更加注重健康、营养、环保、无公害，频繁出现的一些食品安全案例也促使消费者更加注重农产品质量安全。同时，随着收入水平的提高，居民食物构成也由过去单一的以粮食为主转向肉蛋奶、新鲜果蔬等多样化组合，对食品口味、成分也更为挑剔。食品消费需求逐渐呈现高层次、多元化、个性化的特征，为高效、优质、能形成良好品牌效应的绿色农产品提供了广阔的市场空间。

2. 比较收益降低，倒逼传统农业走绿色转型之路

当前甘肃农业仍以家庭小规模经营为主导，机械化、规模化、组织化程度偏低，面对自然灾害和市场波动双重风险时，农民时常处于被动无力境地。一方面，单个农民单打独斗面对市场，不可避免地会出现一哄而上、盲目生产现象，造成市场上满足消费者需求的优质农产品供给不足，而低端、重复、大众化农产品供给过剩，农产品价格低位徘徊；另一方面，近年来农资和劳动力成本持续攀升，不断挤压农业的收益空间。以甘肃苹果产业为例，2006～2016 年甘肃苹果生产净利润逐年波动且波动幅度较大，并在 2016 年首次降为负值，收益不稳导致产量亦随之波动，进而影响了苹果产业的健康发展，如图 1 所示。破解这一困境的途径在于走农业绿色转型之路，转变拼资源拼消耗的高投入、低效益生产方式，优化品种结构，减少不适应市场需求、污染严重的农产品生产，增强农产品供给体系的适应性和灵活性。

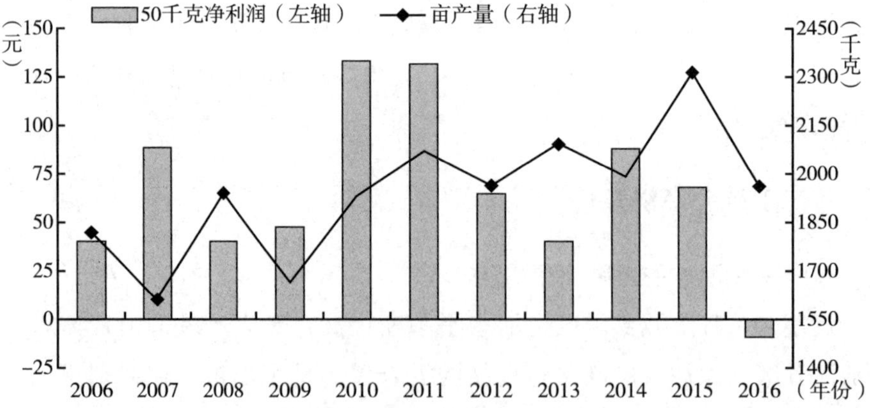

图 1　2006～2016 年甘肃苹果产业净利润与亩产量

资料来源：《全国农产品成本收益资料汇编（2007～2017）》。

3. 产业化程度不断加深，为农业绿色发展奠定基础

发展绿色农业，离不开高度产业化作为基础和支撑。近年来，甘肃积极推进农业供给侧结构性改革，按照“强龙头、带基地、兴加工、促流通”的发展思路，突出特色建基地，依托资源办企业，瞄准市场促转化，全省农业产业化经营水平有了新的提升。2017 年全省农业产业化经营组织 8515 个，其中，龙头企业带动型 2227 个，合作组织带动型 5595 个，专业市场带动型（年交易额 2000 万元以上）195 个，其他形式（协会、联盟等）带动型 498 个。全省农业产业化经营组织中，从事种植业的 4527 个，占比 53.2%；从事畜牧业的 3055 个，占比 35.9%；从事林业的 310 个，占比 3.6%；从事水产业的 75 个，占比 0.9%；从事其他产业的 548 个，占比 6.4%。

2017 年全省龙头企业 2227 家，其中，国家重点龙头企业 27 家，省重点龙头企业 421 家。全省龙头企业提供的农产品及加工制品占市场供应量的 1/3，占主要城市“菜篮子”产品供应量的 2/3 以上。建有专门质检机构的省级以上龙头企业 227 家，通过 ISO9000、HACCP、CAP、GMP 等质量体系认证的 246 家，获得省以上名牌产品或著名（驰名）商标的 180 家，获得“三品一标”认证的 132 家，分别占省级以上龙头企业的 50.7%、54.9%、40.2% 和 29.5%。龙头企业已成为引领甘肃农业供给侧结构性改革、实施乡村振兴战略、加快推进农业农村现代化的重要力量。

2017 年全省“一村一品”专业村镇发展到 800 个，其中专业乡镇 70 个，占全省乡镇总数 5.6%；专业村 730 个，占全省行政村总数 4.6%。全省“一村一品”专业村农民人均纯收入 9129 元，专业乡镇农民人均纯收入 9057 元，分别较全省平均水平的 8053 元高 13.4% 和 12.5%。

二　甘肃省绿色农业发展现状及成效

近年来，甘肃省围绕推进农业供给侧结构性改革，立足自身资源优势，坚持以绿色发展为导向，以农业增效和农民增收为目标，通过强化科技支撑

和机制创新，大力实施农业标准化工程，大力推进高产高效、资源节约、生态环保的生产模式，农业绿色发展取得显著成效。全省农业经济正在从偏重规模和数量的“吃饭农业”发展阶段，向更加注重数量、质量、绿色生态并重的“品牌农业”发展阶段转变。

（一）农产品质量安全稳中向好

农产品质量监管体系日趋完善。截至2017年底，全省100%的市州、90%以上的县区和乡镇建立了农产品检测、监管机构，省、市、县三级质检体系项目覆盖面达到85%以上，已基本形成省、市、县三级农产品质量安全追溯体系；有6个县区被命名和认定为国家农产品质量安全创建县，有25个县区和2个市被命名和认定为省级农产品质量安全创建县和创建市。

农产品质量安全监测力度不断加大。全年农产品质量安全专项整治行动扎实开展，年抽检样品数达64.3万份，主要农产品质量安全抽检平均合格率均达到98%，高于96%的全国平均水平。积极开展农资打假、禁限用农药、兽用抗菌药、“瘦肉精”、生鲜乳等专项整治行动，近5年来没有发生重大农产品质量安全事件，为全省农业和农村经济持续稳定健康发展做出了积极贡献。

（二）“三品一标”及标准化建设成效显著

农产品“三品一标”认证取得突破性进展。2017年，全省认证无公害农产品223个、绿色食品105个、有机食品20个、地理标志农产品9个；2018年前8个月，新认证绿色食品194个、有机食品22个、地理标志农产品10个。目前，全省“三品一标”农产品达到1985个，获得全国驰名商标认证的农产品达到72个，“三品一标”产品总数在全国处于中等偏上水平，其中，无公害产品排第21位，绿色食品排14位，有机食品排名第9位，地理标志产品排第9位。

农业生产标准化水平不断提升。2017年，全省创建省级以上各类农业标准化生产示范基地12个，累计创建国家级农业标准化示范县16个，省级农业标准化示范基地近90个；建设国家级设施蔬菜标准化小区33个，省级高原夏菜标准园、设施蔬菜标准化小区和集约化种苗繁育基地约200多个；建设省级苹果标准化示范园37个；扶持建设道地中药材标准化生产示范基地7.5万亩；扩（改、新）建标准化养殖场303个；新（改、扩）建畜禽标准化规模养殖场708个。

（三）旱作农业节水技术取得新突破

旱作农业主要集中在降水量300～600毫米的半干旱及干旱区，涵盖全省70%的耕地面积和80%的人口，是甘肃农业的主要生产方式。为了突破“靠天吃饭、十年九旱”的发展瓶颈，21世纪以来，甘肃省积极研究和推广以全膜双垄沟播为代表的一批旱作农业节水技术。近年来，国家累计投资20多亿元，保证每年的全膜双垄沟播技术推广面积均稳定在1500万亩以上，为甘肃粮食总产量跨上1000万吨台阶提供了主要支撑。2017年，全省共完成全膜双垄沟播推广面积1614.4万亩，完成绿色高产高效创建面积332万亩，集成推广绿色高产高效技术模式15套，示范带动面积500万亩，平均节水10%、节药8%、节肥8%，资源节约利用取得显著成效。据统计，“十二五”期间甘肃省累计推广全膜双垄沟（侧）播技术面积达到6742.3万亩，累计生产粮食3837万吨；“十二五”末年均推广全膜双垄沟（侧）播技术面积达到1500万亩以上，年均生产粮食800万吨以上，覆盖了全省中东部旱作农业区的10个市（州）52个县（区）814个乡镇9165个行政村（49833个自然村），受益农户达172.77万户。目前，甘肃已累计发展高效节水灌溉面积640万亩，占全省有效灌溉面积的27%，农田灌溉水有效利用系数由2010年底的0.51提高到了2017年的0.55，年新增节水能力达到5亿立方米；已累计推广各类水肥一体化技术27万亩，亩均节本增效698元。甘肃农田亩均灌溉用水量由2004年的579立方米减少到2016年的487立方米（见图1），旱作农业节水技术可谓功不可没。

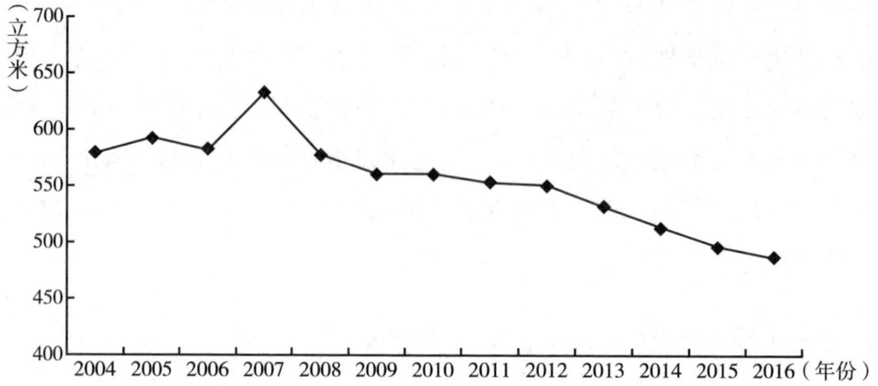

图2　2004～2016年甘肃农田灌溉亩均用水量

资料来源：《甘肃水资源公报（2004～2016）》。

（四）资源环境保护力度不断加大

实施耕地质量提升与化肥、农药减量增效行动。2017年，全省减少农药投入172.2吨，减少化肥投入23.05万吨，农药利用率达到37%，化肥利用率达到37.8%。在此基础上，2018年农牧厅在全省范围内实施了主要为玉米、麦类、果枝秸秆粉碎还田腐熟，畜禽粪便堆沤腐熟，种植绿肥，增施有机肥，施用高效新型肥料，土壤综合改良培肥及新增耕地快速培肥等工作，耕地质量得到进一步提升；开展化肥减量增效行动，结合耕地质量提升、测土配方施肥、水肥一体化、轮作休耕试点等项目，使化肥施用总量增幅降低到0.4%以下，确保到2020年化肥用量实现零增长。

建立健全地膜回收利用体系。省财政通过“财政贴息、以奖代补”等方式，扶持建设了一批地膜加工企业和回收网点，全省废旧地膜回收利用水平不断提升。2017年，全省从事废旧地膜回收利用的各类企业达224家，已设立乡、村回收网点2352个，基本形成了覆盖捡拾、回收、资源化利用等环节的废旧地膜回收利用网络体系。2017年甘肃各类农作物覆膜面积2933.8万亩，地膜使用总量17万吨，回收废旧地膜13.6万吨，回收利用率达80.1%。

农田废弃物处理利用水平稳步提升。2017 年，甘肃秸秆综合利用率达 82%，其中饲料化利用 1600 万吨、肥料化利用 159 万吨，燃料化利用 141 万吨。在沼气化处理方面，全省建成各类沼气工程 523 处，年开发利用沼气近 2 亿立方米，相当于利用天然气 1.4 亿立方米。通过支持规模化沼气工程、有机肥生产加工等建设，2017 年甘肃畜禽养殖废弃物资源化利用率达到 68%，年沼气化处理畜禽养殖废弃物 1352 万吨。

加大绿色防控技术推广应用力度。2017 年，实现农作物病虫害绿色防控 932.25 万亩次，农作物病虫害专业化统防统治 165.7 万亩次。

（五）农作物全程机械化稳步推进

近年来，甘肃省规范实施农机购置补贴政策，大力扶持发展农机合作社，扎实有效组织重要农时机械化生产和农机化新技术推广，农业全程机械化进程稳步推进。2017 年，甘肃省全面推行“自主购机、定额补贴、县级结算、直补到卡”的补贴方式，共落实中央资金 5.9 亿元、省级资金 4500 万元，补贴购置各类农机 12.3 万台，受益农户 9.2 万户，拉动农民投资 13 亿元。全省新增大中型拖拉机 1.49 万台，新增各类联合收割机 1449 台，粮食生产薄弱环节装备发展加快。2017 年，全省农机总动力达到 2832.27 万千瓦，拖拉机达到 80.42 万台，主要农作物耕种收综合机械化率达到 51.18%。同时，积极引导农业机械开展跨区作业，农机作业水平进一步提高。2017 年，全省机耕面积达到 4144.5 万亩、机播面积达到 2542.2 万亩、机收面积达到 1850 万亩，其中，小麦、玉米、马铃薯机械化率分别达到 82.2%、50.5% 和 38.3%。

（六）绿色农产品产业体系日趋形成

近年来，甘肃省以推进农业供给侧结构性改革为主线，坚持“绿色兴农、品牌强农”导向，大力推进地方特色农产品品牌建设工作，形成了草食畜、优质林果、蔬菜、马铃薯、中药材和现代制种六大特色优势产业及小杂粮、花椒、油橄榄等特色优势产品，培育出高原夏菜、兰州百合、定西马铃薯、静宁苹果、道地中药材等一大批绿色优质农产品品牌，其中静宁苹果、兰州百合、武都花椒、秦安花椒入选中国品牌价值排行榜，有10个农产品入选全国名特优新农产品目录，为全省农业转型升级和持续健康发展提供了有力支撑。获得中国驰名商标的农产品有15个、国家地理标志保护产品32个，创建知名品牌（农产品）示范区6个。目前，全省80%以上的苹果和中药材、50%以上的马铃薯、40%以上的蔬菜均销往省外。

三 甘肃省绿色农业发展存在的问题及制约因素

（一）土地资源质量较低，制约了农业生产率的提高

受自然地理条件制约，甘肃耕地质量总体不高。根据全省第二次土地调查结果，目前全省耕地中，高产田（亩产500公斤以上）面积仅占15%，中产田（亩产300~500公斤）面积占27%，而低产田（亩产300公斤以下）面积所占比重近60%；耕地亩均水资源占有量378立方米，仅为全国平均水平的1/4；土地荒漠化、盐碱化比重大，水土流失现象严重；土壤肥力水平整体偏低。土壤有机质平均含量为10.0g/kg，有机质含量低于20.0g/kg的面积占比达82.5%。耕地质量不高制约了土地生产率的提高。2006~2016年，甘肃谷类作物单产由3237千克/公顷增加到4490千克/公顷，而同期陕西、宁夏、新疆和全国则分别从3606千克/公顷、4703千克/公顷、6130千克/公顷和5310千克/公顷增加到4371千克/公顷、5721千克/公顷、6420千克/公顷和5990千克/公顷。近年来，甘肃单位面积耕地谷物产量略高于陕西，明显低于宁夏、新疆和全国水平，如图3所示。

（二）水资源短缺，生态环境约束趋紧

甘肃省深居西北内陆，生态环境脆弱，水资源匮乏，全省多年平均年降水量不足1258.3亿元立方米；人均水资源占有量约1113立方米，仅相当于全国总体水平的1/2；有效灌溉面积1130.6×10^3公顷，占耕地面积的

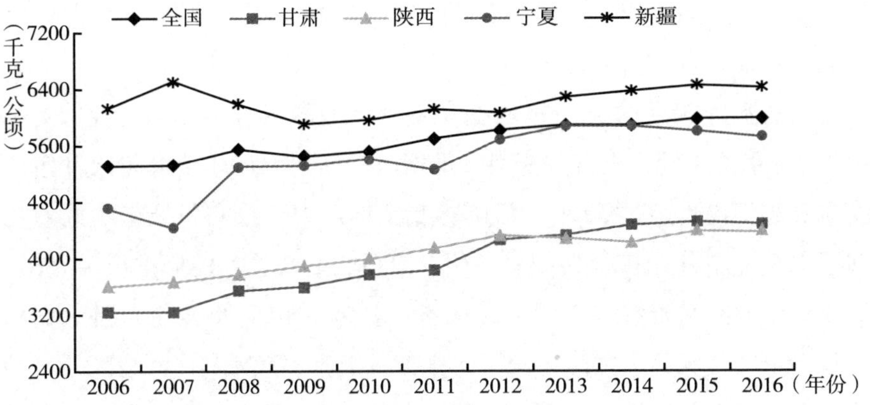

图3　2006～2016年西部4省份与全国单位面积耕地谷物产量

资料来源：《中国农村年鉴（2007～2017）》。

32%，比全国水平低近20个百分点；农田灌溉亩均用水量487立方米，比全国水平高107立方米；农业用水占总用水量的比例在80%左右（见图4），比全国水平高近20个百分点。每年甘肃省供需水之间的缺口都在10亿立方米左右。

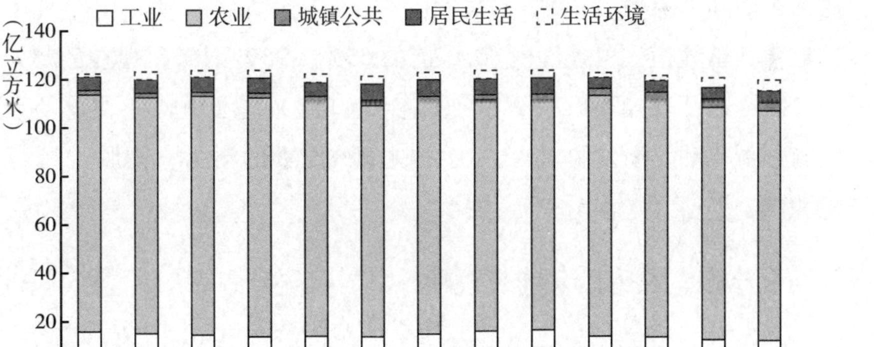

图4　2004～2016年甘肃水资源利用结构

资料来源：《甘肃水资源公报（2004～2016）》。

甘肃省降水量年内分配不均，降水集中期与作物生长期存在错位现象。全年降水的70%集中于7～9月，且多以强降雨的形式出现，易形成洪涝灾害，植物难以有效利用。而在小麦等作物生长的需水关键期4～6月，降水则严重不足，时有“春旱”发生，导致作物产量低而不稳。

甘肃省水资源空间分布不均衡，各地区水资源量悬殊。全省14个市（州）中，水资源最为丰富的甘南、陇南两市（州）的水资源量之和占全省水资源总量的比重超过50%，而其余市（州）中，只有张掖市的此项比重超过了10%，有4个市（白银、兰州、金昌、嘉峪关）的比重低于1%。此外，耕地资源和水资源在空间上匹配不佳。14个市（州）中，耕地面积居前6位的依次是定西、陇南、庆阳、张掖、天水、武威，6个地区的耕地面积之和占全省总耕地面积的68.98%，但其水资源量之和仅占全省水资源总量的37.76%。水资源短缺且时间、空间分布不均的状况是甘肃农业发展的一大制约因素。

长期以来粗放式的发展方式造成甘肃省农业发展资源吃紧、环境逐渐恶化，一些地区的水土资源生态承载力已达极限。近年来土地沙化、盐渍化、荒漠化问题日益突出，土壤肥力不断下降，严重影响了农业的可持续发展。目前全省荒漠化面积达19.5万平方公里，占全省土地面积的45.8%。石羊河、党河等内陆河流域已出现严重沙化。全省天然草地的90%已出现不同程度的退化，草地植被覆盖度由40年前的65%～95%下降到现在的25%～65%。突破资源环境瓶颈，提高农业综合生产能力，必须转变农业发展方式，实施创新驱动，激发科技、人力、制度等要素的活力，摆脱“资源诅咒”的束缚。

（四）化肥、农药投入增长过快

2016年，甘肃化肥使用量（折纯量）为93.4万吨，化肥使用强度为182.14千克/公顷；同期全国化肥使用量（折纯量）为5984万吨，化肥使用强度为446.12千克/公顷。2004～2016年，甘肃化肥使用量年均增长率为2.1%；同期全国化肥使用量年均增长率为2.1%，图5为2004～2016年甘肃与全国化肥使用量增加率。甘肃化肥使用强度远低于全国水平，而年均增长率则与全国水平持平。同时，2016年甘肃省化肥使用量出现了较大幅度下降，可以看出，2016 年之前甘肃化肥使用量年均增长率高于全国水平（2004～2015 年甘肃化肥使用量年均增长率为 2.8%，高于同期 2.4% 的全国水平）。同时，与全国化肥使用量大致呈逐年稳定下降的趋势不同，甘肃 2004～2016 年化肥使用量波动较大，且在 2011 年之后居高不下，直到 2015 年随着农业部“2020 年化肥零增长行动”的落实，化肥使用量才出现较大幅度下降。

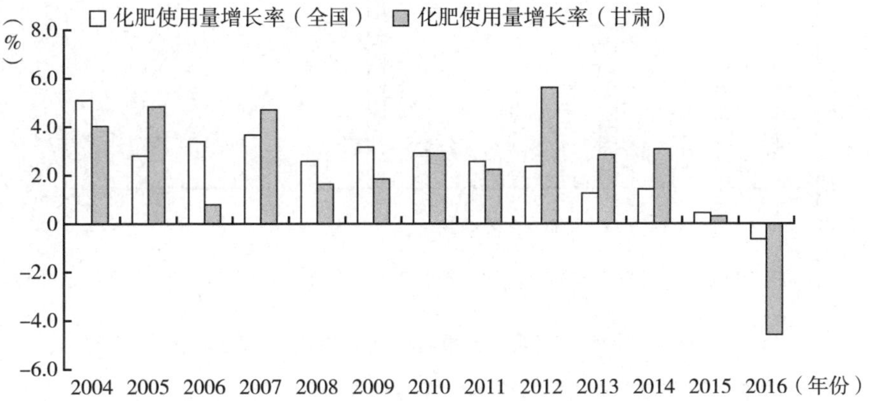

图 5　2004～2016 年甘肃与全国化肥使用量增长率

资料来源：《全国农产品成本收益资料汇编（2005～2017）》。

化肥使用量增长过快，侧面反映出甘肃农业生产条件较差、土壤保肥能力不足，为了实现增产，只能使用大量化肥。过量使用化肥易造成土壤板结，导致土壤中有机质含量降低，产品质量下降。加之目前甘肃农村化肥使用多以传统粗放方式为主，缺乏精细化管理，化肥利用效率尚不足 40%，大量化肥没被植物吸收而随水流失，造成土壤和地下水污染，引发生态环境问题。

2016 年，甘肃省农药使用量 69915 吨，农药使用强度为 14.67 千克/公顷；同期全国农药使用量为 174059 吨，农药使用强度为 13.21 千克/公顷。2004～2016 年，甘肃农药使用量年均增长率为 15.7%；同期全国化肥使用量年均增长率为 2.4%。甘肃农药使用强度略高于全国水平，而农药使用量年均增长率则远高于全国水平（见图6）。农药的过快、过量使用，或使用不科学，一方面会影响农作物的生长发育，降低农产品品质，另一方面会造成残留农药进入水体、土壤，污染环境，一些不易分解的农药还会通过食物链进入人体，造成食品安全隐患。

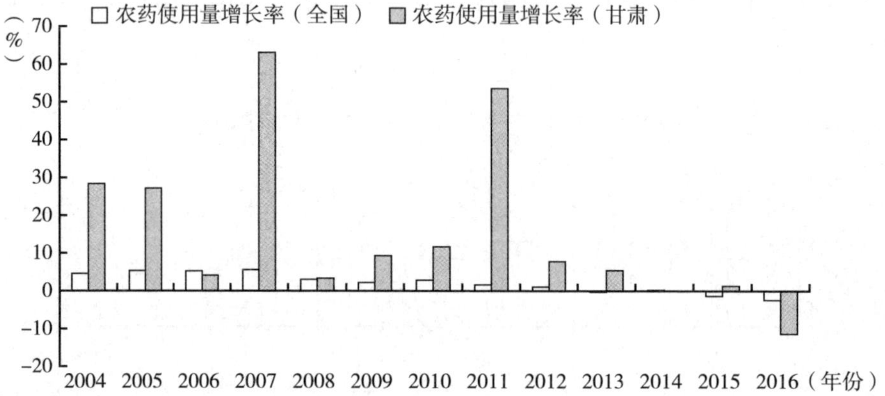

图6　2004～2016年甘肃与全国农药使用量增长率

资料来源：《全国农产品成本收益资料汇编（2005～2017）》。

（五）农村劳动力素质偏低，发展绿色农业人力资本不足

绿色农业最终要依靠先进的科学技术和经营管理手段才能实现。目前甘肃省农业从业人口的科学文化素质普遍不高，尤其缺乏掌握先进生产、经营、管理技术的新型职业农民，人力资源难以满足农业转型发展的需要。2017年，甘肃省农村劳动力中具有高中及以上文化程度的占比为17%，略高于全国平均水平；具有初中文化程度的占比为45.6%，比全国平均水平低7.4个百分点；小学以下文化程度的占比为37.5%，比全国平均水平高6.1个百分点。全省9%的农村劳动力还处于文盲和半文盲状态。

目前，甘肃省农村空心化和农民兼业化现象日益严峻。甘肃省农村青壮年大部分外出务工或转移到二、三产业和城镇就业，造成农村的荒芜和农业劳动力的季节性、结构性短缺，老人、妇女成为农业生产劳动的主要力量。

农村劳动力素质呈现结构性下降趋势，导致传统农业粗放经营的恶性循环，更加大了农村教育和农业科技知识普及的难度，培养新型农民、发展绿色农业任务更加艰巨。2017 年，甘肃农村留守劳动力中具有高中文化程度的仅占 8.04%，具有初中文化程度的占 30.18%，小学及以下文化程度的占比达 61.78%。

四　促进甘肃省绿色农业发展的对策建议

（一）大力发展节水农业，推动农业绿色转型

以提高水资源利用效率为目标，应用现代科技引导甘肃农业节水向“规模化、标准化、科学化”方向发展，坚持工程、农艺、管理和生物节水措施并举，创新现代节水农业理念、理论和技术，探讨水资源在生态、经济系统间和水资源在经济系统内部的合理配置问题，科学合理确定不同区域农业节水灌溉模式，实现高效用水与保障社会经济可持续发展的目标。一是建立新型节水农作制度。探索调整作物种植结构节水的基本原理，探讨不同区域节水型种植结构的形成机制，建立区域适宜的各类农业节水技术集成模式。二是推进农业节水示范平台建设。建立国家级和区域级农业节水综合示范平台，不断加强节水农业的野外定位试验研究和基础数据积累，促进全国范围内农业节水学科联合攻关和重点科学问题研究。三是推进农业水权制度创新。以提高用水效率为核心，明晰水使用权，建立水权交易规则，通过水资源市场配置和适度政府干预，促进节约用水。同时深化水利体制改革，形成水利多元投资机制，增加水资源有效供给。四是创新现代流域管理制度。发展以流域统一管理为主、地方行政管理为辅的水资源管理制度，建立跨部门、跨地区的水资源统一协调、高效管理机制。搭建多样的、现代化的信息综合平台，实现流域数据共享，促进流域水资源研究与管理的规范化、科学化。五是加强节水农业前沿技术研究。挖掘与利用作物抗旱种质资源，通过基因工程改良培育抗旱节水型的优异育种新材料。加强基于 3S 的精准灌溉控制技术和基于水肥一体化的精确微灌技术等研究。

（二）建立健全农业自然资源保障体系

一是优化农业资源保障的制度环境。实行最严格的耕地保护制度，建立农业用水资源保障制度，进一步完善对草原、水域、滩涂、生物等资源保护的法律体系。提高农业资源非农征用、占用的补偿标准，将农业资源的保育成本纳入补偿范围。二是完善农业资源保障的投入机制。设立农业资源保障专项基金，重点向中低产田改造、水利设施建设、农田林网与道路的建设维护、盐碱化及沙化土地的改良、污染农田修复、农业面源污染的防控与治理等领域投入。建立财政贴息、投资参股、以物带资、以奖代补等激励机制，引导信贷资金、民间资本投入农业资源保护建设。三是建立农业资源综合预警系统。建立覆盖水利、农林、国土等多个部门的农业资源信息系统，提升农业资源信息的采集、共享、加工和利用水平。适时跟踪监测农业资源动态，及时评估农业资源保障水平，为其利用和保护决策的制定提供信息支撑。

（三）以市场为导向调整优化农业结构

要树立大食物观，在保障粮食等重要农产品有效供给的前提下，减少低端无效农产品生产，增加销路好、品质高、市场缺的优质农产品的生产。当前要以粮改饲为重点，推进种植业结构调整。要扩大作物轮作试点，增加杂粮杂豆、优质饲草料等品种种植。要利用好甘肃天然草场广阔的自然优势，以调生猪、提奶业为重点推进畜牧业结构调整。以退出不合理产能、改善养殖生态环境为重点推进渔业结构调整。

（四）推动信息化与农业融合发展

推进“互联网+现代农业”发展，运用现代信息技术手段改造提升传统农业。构建农业农村数据资源体系，加强数据采集、整合、传输、共享，强化农业大数据应用。全面实施信息进村入户工程，新增若干县（区）开展示范，实施智慧农业工程，推动建设天空地数字农业管理系统推进农业物联网试验示范。

（五）强化科技支撑能力

增加绿色供给要靠科技。以往农业科技成果更多服务于产量提升目标，在农业绿色发展方面的科技创新和推广相对不足。以轮作休耕试点为例，其不单单是种植作物的变化，还涉及污染耕地修复治理、地下水超采压减、耕地质量保护提升等，因此面对绿色发展的新要求，农业科技进步的潜力还很大。要鼓励省内外科研单位、高校、企业等协同开展科技攻关。在农业投入品减量高效利用、有害生物绿色防控、废弃物资源化利用等领域尽快取得突破性科研成果。完善农业绿色科技创新成果评价和转化机制，加快已经成熟绿色技术、绿色品种的示范、推广和应用，推动绿色生产方式落地生根。

B.5
甘肃省非公经济现状及对策*

安 辉　张 巍**

摘　要： 近年来，甘肃省非公有制经济不断发展壮大，为甘肃省经济社会发展做出重要贡献。但是，同全国或西部平均水平相比，甘肃省非公经济主体少、规模小、层次低、发展慢的问题十分突出，仍处在较低发展水平。为此，全面了解和掌握甘肃非公经济发展状况，提出问题、剖析原因、寻求对策，合理引导非公经济产业发展，加快提升非公经济在经济中的比重，调整和完善经济结构，有效推动甘肃省经济转型、跨越发展显得极为必要。本报告利用 2014～2016 年甘肃省基本单位名录库相关资料，对全省非公经济发展状况、存在的问题进行深入剖析，并提出对策建议，以期为党政领导决策提供参考。

关键词： 甘肃省　非公有制经济　现状与对策

在国家和省委、省政府的政策支持下，近年来甘肃省非公有制经济（以下简称非公经济）不断发展壮大，为甘肃省经济社会发展做出重要贡献。2016 年甘肃省下发了《关于坚持问题导向落实政策措施进一步促进非公经济健康发展的意见》，为促进甘肃非公经济发展，减轻企业负担亮出了

* 本报告所用2016年数据均为统计快报数据，与正式年鉴数据存在出入，仅用于本报告分析使用。

** 安辉，甘肃省统计局普查中心经济师；张巍，兰州大学工商管理硕士研究生。

重要的一“招”。

本文利用2014~2016年甘肃省基本单位名录库相关资料，对全省非公经济发展状况、存在的问题进行深入剖析，并提出对策建议，以期为党政领导决策提供参考。

一 甘肃省非公经济发展现状及特征

非公经济是经济社会发展的重要力量，近年来甘肃省非公经济不断发展壮大，促进社会就业，在推进结构性改革和维护社会总体稳定方面发挥了重要作用。

（一）非公经济持续增长，贡献逐年增强

截至2016年底，甘肃实体经济达112.89万户，非公经济达98.82万户，占87.54%，是实体经济的绝对主体。非公经济实体2016年比2014年增加6.88万户，年均增长率达到3.67%。

2016年全省非公经济实现增加值占全省经济总体的比重达47.6%，比2014年提高了1.9个百分点，有效地促进了经济结构优化升级。

（二）非公经济税收大幅增长，就业规模不断扩大，成为解决就业的主渠道

2016年全省非公经济上缴国地两税421.23亿元，占当年税收的36.31%。伴随社会主义市场经济的深入发展，国有企业和城镇集体单位就业空间明显缩小，甘肃省非公经济从业人数持续增长，已成为吸纳就业人员的重要渠道，成为就业空间拓展的主要方向。至2016年末，全省非公经济从业人员为397.63万人，成为吸纳就业的主体，促进了城乡居民收入的增加和社会的稳定。

非公企业的快速发展创造了大量的就业机会，对于缓解甘肃省就业压力起着举足重轻的作用。2016年全省非公企业从业人员103.35万人，比2014

年增长16.96%，占非公经济全部从业人员的25.99%；个体户从业人数为294.28万人。对非公企业从业人员按不同注册类型分组，非公企业中私营企业吸纳就业人员最多，2016年达100.16万人，占全部企业法人单位从业人数的32.11%，私营企业已成为减轻社会就业压力的主力军。对非公企业从业人员按行业分类进行分析，2016年非公企业从业人员居前五位的分别是制造业27.86万人、批发和零售业19.88万人、建筑业15.07万人、租赁和商务服务业6.71万人、住宿和餐饮业5.23万人，这五个行业从业人员占全省非公企业从业人员的72.33%。

甘肃省非公企业发展态势强劲，容纳剩余劳动力和社会新增劳动力，缓解就业和再就业压力，有效地支持了公有制企业用人制度改革和国有企业转型，为维护社会稳定与和谐社会建设做出重大贡献。非公经济的持续发展，强化了自身承担社会责任的能力，社会贡献进一步增大。

（三）非公企业和个体经营户增加，促进市场经济的发育和扩张

截至2016年底，全省个体工商户达91.82万户，比2014年增加4.69万户。全省共有单位21.07万户，非公企业达6.91万户，占全省单位的32.8%，比2014年高出5.14个百分点。其中，私营企业6.89万户，外商投资企业0.01万户，港澳台商投资企业0.01万户。非公经济成为全省经济增长的重要推手，经济增长的重要性日益显著（见表1）。

表1 2014～2016年甘肃省分经济类型结构对比

单位：万户，%

项目	2014年		2015年		2016年	
	户数	比重	户数	比重	户数	比重
公有经济	12.58	12.04	13.57	11.55	14.16	12.54
个体工商户	87.13	83.36	97.89	83.30	91.82	81.34
私营	4.78	4.57	6.02	5.12	6.89	6.10
港澳台商投资	0.01	0.01	0.01	0.01	0.01	0.01
外商投资	0.02	0.02	0.02	0.02	0.01	0.01
合计	104.52	100	117.51	100	112.89	100

（四）非公企业行业门类齐全，涉及领域集中

2016 年全省非公企业法人达 6.91 万户。从三次产业划分来看，全省非公企业的分布呈“三、二、一”的格局。从行业角度看，全省非公企业法人涉及行业齐全，但其集中趋势很明显，主要分布在制造业和批发零售业，其中批发零售业 2.44 万个，占非公企业总数的 35.31%；制造业 1.03 万个，占非公有制企业总数的 14.91%，两者合计占 50.22%。居第三位至第五位的分别是：租赁和商务服务业 0.63 万户，占非公企业总数的 9.12%；农、林、牧、渔业 0.6 万户，占非公企业总数的 8.68%；建筑业 0.33 万户，占非公企业总数的 4.78%。前五个行业占据了全省非公企业数的 72.80%。

二　甘肃非公经济发展存在的主要问题

非公经济发展为推动甘肃经济增长做出较大贡献，但在发展中还存在不少问题，突出表现在以下几个方面。

（一）非公经济规模小，市场竞争力弱

2016 年，全省共有非公企业法人 6.91 万户。其中就业人数在 7 人及以下的微型企业 4.39 万户，占全省非公企业法人单位的 63.53%；就业人数在 8 ~ 99 人的小型企业 2.4 万户，占全省非公企业法人单位的 34.73%；就业人数在 100 ~ 499 人的中型企业 0.11 万户，占全省非公企业法人单位的 1.59%；就业人数在 500 人及以上的大型企业 0.01 万户，占全省非公企业法人单位的 0.15%。全省非公企业法人单位中，小微企业高达 6.79 万户，占全省非公企业法人单位的 98.26%。

全省非公企业基本是小型和微型企业，缺乏市场竞争力。加之，非公企业在产业布局上，仍以小规模生产、分散化经营为主，绝大多数企业分布在科技含量低的劳动密集型产业中，且大都是立足于本地资源发展起来的，企业采用先进技术和高新技术少，技术装备水平低，初级产品加工比重大，缺

乏高、精、尖产品，深加工、精加工的行业比较少。非公企业这种分散、小规模的经营模式很难适应现代市场经济的激烈竞争环境，在规模经济方面明显处于劣势，不利于提高市场竞争力。

（二）非公经济以个体、私营经济为主，港澳台商及外商投资经济所占份额过小

近三年来全省非公经济中个体、私营经济占据主导地位，港澳台商和外商投资经济所占比重过小（见表2）。

表2　2014～2016年非公有制经济内部构成

单位：万户，%

项目	2014年		2015年		2016年	
	户数	比重	户数	比重	户数	比重
个体经济	87.13	94.77	97.89	94.18	91.82	93.00
私营经济	4.78	5.20	6.02	5.79	6.89	6.98
港澳台商投资经济	0.01	0.01	0.01	0.01	0.01	0.01
外商投资经济	0.02	0.02	0.02	0.02	0.01	0.01
合计	91.94	100	103.94	100	98.73	100

（三）非公经济产业结构极不合理，集约化程度低

非公经济主要集中在第三产业。第三产业企业法人4.72万个，占全部非公企业法人的68.31%。从第三产业内部结构看，主要集中在劳动密集型、技术含量低的批发零售业、租赁和商务服务业、房地产业、住宿餐饮业等一般性竞争行业。而装备制造、电子信息等高科技领域的非公企业较少，产业结构层次低。从所属行业来看，资源消耗型、劳动密集型产业居多，还有相当部分增长方式粗放、经济效益不佳的高耗能、高污染企业将面临逐步淘汰的风险。

甘肃省非公企业法人单位主要分布在经济基础较好、人口集中的省会城市和市（州）的中心城市，而地理位置不好、自然环境条件差、经济发展

水平低的市（州）所拥有的非公企业相对较少。甘肃省非公企业法人单位拥有量居前五位的市（州）是兰州市（2.45 万户）、白银市（0.81 万户）、庆阳市（0.68 万户）、张掖市（0.66 万户）、平凉（0.35 万户），金昌市、甘南州的非公企业所占比重较小。

甘肃省非公经济在产业和地区间存在明显的分布不均，产业关联度小，分工协作程度较低，造成了甘肃省非公经济集约化程度低、发展缓慢、地区间发展不平衡的现状。

（四）发展资金短缺，融资成本高

非公企业在前期发展过程中资金需要相对较小，靠自身积累基本能满足需要，但随着科技的发展和企业发展壮大，需要不断加强技术研发、优化内部管理等，就需要更多的外部资金投入。非公企业尤其是个体和私营企业因其私有产权性质，在目前现有的融资方式和融资渠道下，很难从国家财政获得资金支持，同时也很难通过银行信贷获得资金。由于很难满足现行企业上市融资和发行债券的条件，非公企业也很难以债权和股权进行直接融资。造成非公企业融资难的主要原因有：第一，金融服务滞后；第二，信用担保体系建设滞后，非公企业信用评价体系、诚信体系建设不健全，为非公企业提供贷款担保的机构少；第三，企业自身条件欠缺，可供抵（质）押的资产少，不少非公企业财务管理比较混乱、信誉度低，部分企业规模小、产品科技含量低，缺乏融资的基本条件。融资难、融资贵，是长期制约非公经济发展的一大障碍。

虽然近年来甘肃采取了多种措施加大对非公企业的扶持力度，但是融资困难一直制约着非公企业尤其是中小企业的发展，自筹资金仍然是个体和私营企业主要的资金来源。有的企业即使有市场潜力大的项目，但往往因为资金短缺，缺乏担保实力，很难得到银行贷款。

（五）现代企业制度建设滞后，管理方式落后

当前，部分非公企业，产权结构单一，法人治理结构不健全，现代企业

制度建设滞后，管理粗放，企业文化缺位。非公企业多数属于家族制企业，家族制管理模式集资产所有者与经营者于一身，实行集权化领导、专制式决策，易受企业家本人局限性、随意性影响，缺乏科学、民主、健全的“纠偏”机制，难以规避决策风险和市场风险，也很难拓展经营视野，形成长远发展战略，持续增强核心竞争力。随着企业规模的逐渐扩大，技术逐渐升级，市场竞争更加激烈，家族制管理对非公经济发展的阻碍越来越明显，特别是亲情大于制度的管理模式与建立现代企业制度的要求差距甚大。有些企业管理者法制观念淡薄，企业财务管理不规范、不健全，信息不透明，决策管理水平还不高。

三　加快甘肃省非公经济发展的对策建议

综上分析，紧抓“一带一路”建设的大好机会，大力发展甘肃省非公经济，促进其做大做强，全力推进非公经济跨越发展具有重大的战略意义。

（一）进一步完善政策，优化发展环境

非公经济的快速发展，在很大程度上取决于政策落实和法律执行的力度。近年来，省委、省政府制定了一系列促进非公经济发展的优惠政策和措施，但许多政策还停留在宏观层面上，缺乏具体的制度安排。当前的关键是建立新型政商关系，确立服务发展的理念，在企业遇到困难和问题时，帮助其解决实际困难。加大法律宣传和监管力度，将非公经济政策落实情况纳入政府督查工作，形成一种制度，定期督促检查，及时了解新情况、解决新问题。营造公平公正的法制环境，坚持依法行政，依法保护非公企业的合法财产及权益，依法保护非公企业的生产经营活动。强化各级政府机关的服务意识，切实减轻企业负担，坚决消除各种乱罚款、乱摊派和乱收费行为，提高办事效率，对侵害非公企业合法权益的行政复议等，必须及时受理、公平对待、限时答复。建立违规执法责任追究制度和非公经济主体对有关部门执法

行为的评议制度，对相关部门的“缺位”“越位”等行为，综合运用经济、法制和行政手段查处。

（二）破解融资难题，降低运营成本

针对非公企业融资难、融资贵的问题，亟须创新融资方式。发挥商业银行主渠道作用，建立适应中小企业贷款业务特点的信用评级、业务流程、风险控制体系。探索引入第三方信用等级评价体系，以市场为导向，推出适应中小企业需求的个人创业贷款、授信贷款、循环额度贷款、票据融资、应收账款质押贷款、知识产权质押权贷款和小微企业联保贷款等信贷产品。规范非公企业融资过程的各个环节和行为，禁止各金融机构在发放贷款时违规搭售保险、基金和理财等产品，切实解决断贷、抽贷和惜贷等问题。

（三）加大支持力度，培育壮大龙头企业

以区域优势资源为依托，打破行政区划界限，培育一批具有地方特色的产业化龙头企业。充分挖掘甘肃省马铃薯、中药材、清真食品、民族特色产品等优势资源，培育主导产业，加强品牌建设，不断提高竞争力。在产业发展上，支持骨干非公企业进入公共社会事业、基础设施、金融服务、资源开发及新能源、新材料、新技术领域发展，形成一批有辐射带动能力的骨干企业。

（四）建立人才激励机制，提升企业核心竞争力

建立激励机制，支持非公企业广泛吸纳各类专业技术人才和高技能人才，促进优秀人才在非公经济发展中施展才华，落实技术要素参与股权和收益分配政策，推进非公企业产学研深度融合，提高科技成果产业化水平，提升企业核心竞争力，对具备条件的非公企业给予资金补助。依托各类院校、培训机构和企业，积极开展面向非公企业的人才培训，采取委培、代培、定单式培养等方式，开展培训服务。加快非公企业经营管理人

才职业化和市场化进程，建立职业经理人社会化专业测评与市场化中介推荐制度。

（五）公平配置资源，加大财税支持力度

在资源配置方面，各级政府及行业主管部门对非公经济和其他所有制经济要实行平等待遇。省财政每年安排一定的非公经济奖励资金，采取以奖代补的方式，重点奖励科技创新先进非公企业、品牌建设先进非公企业、纳税先进非公企业。各级财政安排预算专项资金建立小企业融资保证金。政府有关部门安排的政府性资金要对符合规定、通过审核的非公经济项目与其他投资主体同等对待。

（六）放宽市场准入条件，进一步扩大非公经济投资领域

放宽市场准入条件，鼓励和引导民间资本进入基础设施领域，鼓励民间资本以参股、控股、独资等方式投资建设水运、公路、铁路等交通项目，吸引民间资本投资水资源综合利用、农田水利建设和水土保持等水利项目，参与土地整治；鼓励民间资本进入市政公用事业和政策性住房建设领域，引导民间资本参与教育、医疗、文化、体育、旅游、社会福利等社会事业。放宽个体工商户申请人范围、名称核准条件、经营场所限制，实行限时办结制度。

（七）助推企业成长，加快转型升级

制定甘肃省小微企业、中小企业进入规模企业、企业集团发展计划，分层次、有重点配套扶持措施，促进非公企业成长壮大。支持个体工商户转型升级，扶持经营能力强、资产规模大的个体工商户向组织程度高的私营企业转型。加对大小微企业在贷款担保、人才培训、市场开拓、技术创新、管理咨询、专项资金等方面的支持力度，每年培育一批小微企业进入规模企业。引导私营企业加强管理，扩大规模，鼓励有条件的企业开辟新的投资领域，走出去开拓国际国内市场，积极参与国际竞争。支持民营企业在研发、生

产、营销等方面开展国际化经营，开发战略资源，建立国际销售网络。支持民营企业利用自有品牌、自主知识产权，自主营销，开拓国际市场，加快培育跨国企业和国际知名品牌。支持民营企业之间、民营企业与国有企业组成联合体，发挥各自优势，共同开展多种形式的境外投资。

B.6
甘肃省乡村振兴战略研究

赵前前*

摘　要： 乡村振兴战略，是党的十九大提出的七大战略之一，是新时代以习近平同志为核心的党中央高瞻远瞩、放眼全国，着眼党和国家事业全局，着眼“两个百年”奋斗目标，把握新时代现代化“三农”建设规律和城乡融合发展新变化特征而做出的战略部署，是新时代开展“三农”工作的理论依据和实践遵循。本报告以乡村振兴战略为视阈，在其的科学内涵和目标任务，实施乡村振兴战略的困境和成因、目标和动力以及路径和对策等方面为甘肃实施乡村振兴战略提供一些思路。

关键词： 乡村振兴战略　三农　实施

乡村振兴战略，是党的十九大提出的七大战略之一，是新时代以习近平同志为核心的党中央高瞻远瞩、放眼全国，着眼党和国家事业全局，着眼“两个百年”奋斗目标，把握新时代现代化“三农”建设规律和城乡融合发展新变化特征而做出的战略部署，是新时代开展“三农”工作的理论依据和实践遵循。

近年来甘肃省“三农”工作取得长足的进步，农业农村发展迈上新台

---

* 赵前前，经济学博士，中共甘肃省委党校经济社会发展研究所副所长、教授，主要研究方向为区域经济和行政管理。

阶。农业综合生产能力稳步提升，特色优势产业不断壮大，农村农民收入持续增加，农村面貌持续改善，群众获得感持续增强。农业农村的良好发展态势为甘肃省经济社会的平稳健康发展提供了强有力的基础支撑。但是，甘肃省经济发展相对薄弱，缺乏“三农”发展相应的经济条件；自然气候相对恶劣，缺乏“三农”发展的自然条件；地理区位相对偏僻，缺乏“三农”发展的区位条件；基础设施相对薄弱，缺乏“三农”发展的基础条件；历史文化相对保守，缺乏“三农”发展的创新条件。立足甘肃，面对“三农”发展，要坚持乡村振兴战略，一方面打好精准脱贫攻坚战，筑牢乡村振兴的基础条件，努力与全国一道进入全面小康社会；另一方面奋力开启乡村振兴规划和实施。全省上下要充分认识到实施乡村振兴的重要性以及紧迫性，切实树立责任感和使命感，坚决把思想和行动统一到党中央关于实施乡村振兴战略的决策部署中来，聚全省之力，用更大的决心、更明确的目标、更有用的举措，加快乡村振兴战略步伐。

一　甘肃省实施乡村振兴战略的目标和动力

甘肃在实施乡镇振兴战略的时候，既要按照国家统一部署开展工作，又要因地制宜结合本地实际情况安排工作。2018 年 2 月 14 日，中共甘肃省委、甘肃省人民政府出台了关于实施乡村振兴战略的若干意见，明确了甘肃省实施乡村振兴战略的总体要求和目标任务，这给甘肃省实施乡村振兴战略提供了基本遵循和重要指导。

（一）目标任务

甘肃实施乡村振兴战略要围绕党和国家提出的乡村振兴战略“产业兴旺、生态宜居、乡风文明、治理有效、生活富裕”二十字总要求做好文章。乡村振兴，重点是产业兴旺，关键是生态宜居，保障是乡风文明，基础是治理有效，根本是生活富裕。党的十九大提出了“决胜全面建成小康社会、开启社会主义现代化国家建设新征程”的战略安排，按照这一安排，甘肃实施乡村振兴战略的目标任务也分为三个层面：一是到2020年，把核心任务放在打好精准脱贫攻坚战上，实现现行标准下农村贫困人口脱贫、贫困村贫困县全部摘帽，从而解决区域性整体贫困问题，同全国一道全面建成小康社会，且乡村振兴取得重要进展，制度框架和政策体系基本形成；二是到2035年，乡村振兴取得决定性进展，农业农村现代化基本实现，农业结构得到改善，农村治理得到加强，农民生活质量得到提升，生态环境得到根本好转，美丽宜居乡村基本实现；三是到2050年，甘肃广大乡村全面得到振兴，实现“农业强、农村美、农民富”。

（二）动力机制

制定乡村振兴战略，促进农业、农村和农民发展，需要符合新时代发展要求的动力机制。进入中国特色社会主义新时代以来，新时代经济、政治、文化、社会和生态文明都有其发展特征。进入新时代后，我国经济呈现新特征，已经由高速增长阶段转向高质量发展阶段，正处于转变发展方式、优化经济结构、转换增长动力的攻关期，所以贯彻新发展理念、建设现代化经济体系是我国跨越关口的必然要求。具体到甘肃，既要遵循国家发展规律来做事，又要因地制宜谋求发展，难度和压力自然可想而知。面对现状，我们更加要迎接新形势的转变，努力从三个方面打造实施乡村振兴的动力机制。一是转变发展方式，促进资源集约发展。长期以来，为了实现经济的高速增长，不断地通过用资源换产出的形式来实现目标。这不仅在工业领域特别突出，在农业方面也存在粗放型发展的行为。所以，实施乡村振兴战略的动力机制之一，即要切实转变发展方式，促进形成农业领域的集约式发展道路。二是优化经济结构，促进产业融合发展。在甘肃实施乡村振兴战略，需要优化三大结构，即所有制结构，让个人、集体和国有资本都能进入“三农”领域；收入分配结构，让农业户和非农业户得到相同的劳动报酬；产业结构，积极改进农业产品结构，延伸农业产业链，促进一、二、三产业融合发展。三是转换增长动力，促进内生动力创新。

二 甘肃省实施乡村振兴战略的困境和成因

影响区域经济社会发展的因素很多，可以分为区位优势和劣势。比较区位就是比较该地区区位的综合资源，也就是该地区在发展经济社会方面客观存在的条件和地位。这些综合资源主要包括自然资源、地理位置，还有经济、政治、社会、科技、管理、文化、教育以及旅游卫生等。区位是一个综合性概念，单项往往难以形成区位优势或者区位劣势。一个地区的区位条件主要由当地的自然资源、地理位置、交通条件、基础设施、人力资源、工业聚集以及科技条件等决定。甘肃在实施乡镇振兴战略的时候，将会面临这些要素的制约。

甘肃地处西北，地域东西狭长，座中联六，承东启西，所以自古以来就是维护国家统一的战略要地，是军事和生态安全的重要屏障，是民族团结的桥梁纽带，是中西交流的陆路通道。随着国家“一带一路”倡议的不断推进，甘肃在丝绸之路经济带建设中的地位日益凸显，成为丝绸之路经济带甘肃黄金段。国家的机遇又一次降临甘肃，地理优势迎来制度红利，甘肃迎来了新时代最好的发展机会。但是，由于长期受经济发展条件薄弱、自然气候相对恶劣、地理区位相对偏僻、基础设施相对薄弱、历史文化相对保守、制度设计相对滞后等一系列因素的交织影响，在实施乡村振兴战略上存在诸多困难。

（一）地理气候相对恶劣，缺乏乡村振兴的自然条件

甘肃地处黄土高原、青藏高原和内蒙古高原三大高原的交汇地带。这里山地、高原、平川、河谷、沙漠、戈壁、草原、湿地等类型齐全，土地资源主要是“三分山、三分草、两分沙、一分林以及一分田”，独特的地理位置形成了独特的自然环境和人文环境。甘肃地理条件有优势的一面，这里自然资源丰富，太阳能资源和风能储备居全国前列，生物种类多样，农产品特色鲜明。但是，这里地理位置和自然环境也有明显的劣势，影响着甘肃经济社会的整体发展。

1. 地理位置条件不占优势

地理位置条件是一个地区客观存在的，也是人为无法改变的事实。从地理位置上看，甘肃处于我国地理几何中心，并不属于太偏僻的地域。华夏上下五千年文明发展历程中，甘肃起着很重要的作用。随着时代的变迁，我国经济和文化发展重心逐渐东移，到现在重心固化到东部沿海。从现有的经济区域格局来讲，甘肃是偏离我国经济区域地理中心的，属于西部不发达板块。区域经济之间的流动也主要集中在中东部地区，资源的流动很少经过甘肃。经济发展重心东移使甘肃这个全国地理几何中心事实上已经远远偏离国家经济中心。20 世纪 90 年代中后期，随着国家西部大开发的实施，甘肃也迎来了发展机遇。但是西部地区广阔，甘肃所能享受的优惠政策都是普惠性的，至于那些带有竞争性的项目资本并不能获得太多，所以甘肃一直不温不火地发展着。

2. 自然气候环境相对恶劣

甘肃各地气候差异大，自然气候和生态环境复杂多样，这极大地制约着甘肃特别是甘肃农村的发展。甘肃地处西北内陆，海洋温湿气流不易到达，属于大陆性很强的温带季风气候，成雨机会少，大部分地区气候干燥；这里冬季寒冷漫长，春夏界限不分明，夏季较短促、气温较高，秋季降温快；年平均气温在 0～16℃，因海拔差异大，各地气温差别较大，日照充足，日温差大；在这种较恶劣的地理和自然气候条件下，原本脆弱的低水平的水资源供需平衡关系因年降水量的变化以及季节分配不均很容易遭到破坏，从而导致旱灾频繁发生。这些因素的交织造成了甘肃在农业选择上的局限性，主要表现在两点：一是农业品种有限，特色农产品和经济作物易保存，所以没有季节和竞争优势；二是农业特别是特色农产品受干旱、降雨等自然灾害影响较大，农业的风险较高。

（二）经济发展相对薄弱，缺乏乡村振兴的物化条件

1. 经济比重较低

甘肃和全国的 GDP 以及人均 GDP 对比就很能说明问题。如表 1 所示，

从 GDP 来看，甘肃的地区生产总值占全国的比重一直在下降，从 2000 年的 1.05%降到了 2017 年的 0.93%。虽然从甘肃历年发展来看，GDP 一直在上升，从 2000 年的 1053 亿元增加到 2017 年的 7677 亿元，但是从全国范围来看，甘肃所占比重不断下降，意味着甘肃发展势头弱于其他省份；从人均 GDP 来看，甘肃人均 GDP 一直处于国家人均 GDP 的中等水平（52%左右），这几年该比例有所下降，特别是 2017 年，人均 GDP 连国家水平的一半都没有达到，形势不容乐观。

表 1　2000～2017 年全国和甘肃 GDP 及人均 GDP 的绝对值、同比和占比

年份	全国 GDP		甘肃 GDP		占比	全国人均 GDP	甘肃人均 GDP	占比
	绝对值（亿元）	同比增长（%）	绝对值（亿元）	同比增长（%）	%	绝对值（元）	绝对值（元）	%
2017	827122	6.9	7677	3.6	0.93	62506.0	29326	0.47
2016	744127	6.7	7200	7.6	0.97	53980.0	27643	0.51
2015	689052	6.9	6790	8.1	0.99	50251.0	26165.3	0.52
2010	413030	10.6	4121	11.8	1.00	30876.0	16113.0	0.52
2005	187319	11.4	1934	11.8	1.03	14368.0	7476.5	0.52
2000	100280	8.5	1053	9.7	1.05	7942.0	4129.4	0.52

资料来源：根据《中国统计年鉴》《甘肃年鉴》数据整理得出。

2. 收入水平较低

从甘肃收入水平来看，不管是整体状态还是农村纯收入和城镇居民可支配收入都普遍较低。如表 2 和下图 1 所示，从整体收入来看，甘肃居民可支配收入这几年一直为全国居民可支配收入的 62%左右；从农村农民纯收入来看，2005 年甘肃和全国比例为 60.8%，2017 年为 60.1%；从城镇居民可支配收入来看，2005 年甘肃和全国比例为 77.1%，2017 年为 76.3%；从城镇居民可支配收入和农民纯收入之比来看，2005 年全国层面两者比为 3.22，2017 年为 2.71，2005 年甘肃层面两者比为 4.08，2017 为年 3.44。从以上三方面的比较来看，不管是横向对比、纵向对比，还是城乡对比，甘肃收入水平都较低，这些年改善不大，另外就是城乡差距比全国水平更大。

表 2　2005～2017 年全国和甘肃居民可支配收入

单位：元

年份	全国居民可支配收入			甘肃居民可支配收入		
	整体	农村	城镇	整体	农村	城镇
2017	25974	13432	36396	16011	8076	27763
2016	23820	12363	33616	14670	7457	25693
2015	21966	11421	31194	13466	6936	23767
2010	—	5919	19109	—	3424	13188
2005	—	3254	10493	—	1980	8086

资料来源：根据《中国统计年鉴》《甘肃年鉴》数据整理得出。

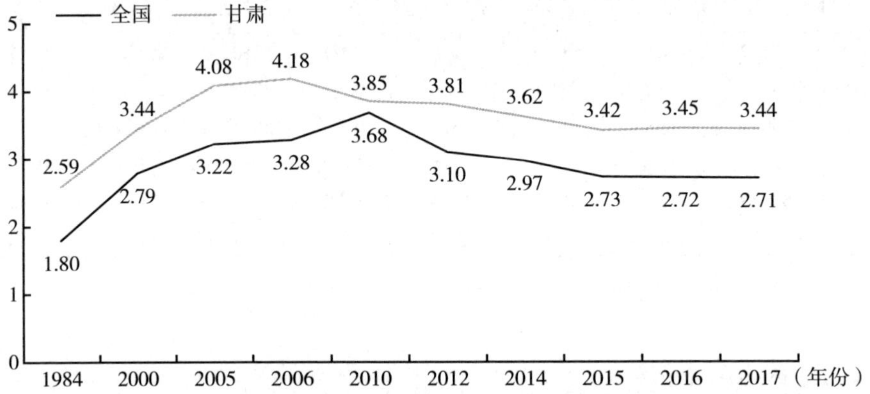

图 1　1984～2017 年全国和甘肃城乡居民收入比值

资料来源：根据《中国统计年鉴》《甘肃年鉴》数据整理得出。

3. 生活水平低

一般而言，甘肃收入水平较低，也就意味着生活不平较低，这可从恩格尔系数对比结果看出。由图 3 和表 2 可知：①不管是城镇恩格尔系数还是农村恩格尔系数，甘肃每年的系数均高于全国水平；②虽然甘肃城镇恩格尔系数和农村恩格尔系数越来越接近，但总体上农村恩格尔系数还是高于城镇，农村生活水平还是普遍低于城市。

表 3　2005～2017 年全国和甘肃的恩格尔系数

年份	恩格尔系数(全国)			恩格尔系数(甘肃)		
	整体	农村	城市	整体	农村	城市
2017	29.3	31.2	28.6	29.6	30.4	29.2
2016	30.1	32.2	29.3	—	31.29	29.6
2015	30.6	33.0	29.7	—	32.86	30.63
2010	39.76	41.1	35.7	—	44.71	37.41
2005	—	45.5	36.7	—	47.2	36.04

资料来源：根据《中国统计年鉴》《甘肃年鉴》数据整理得出。

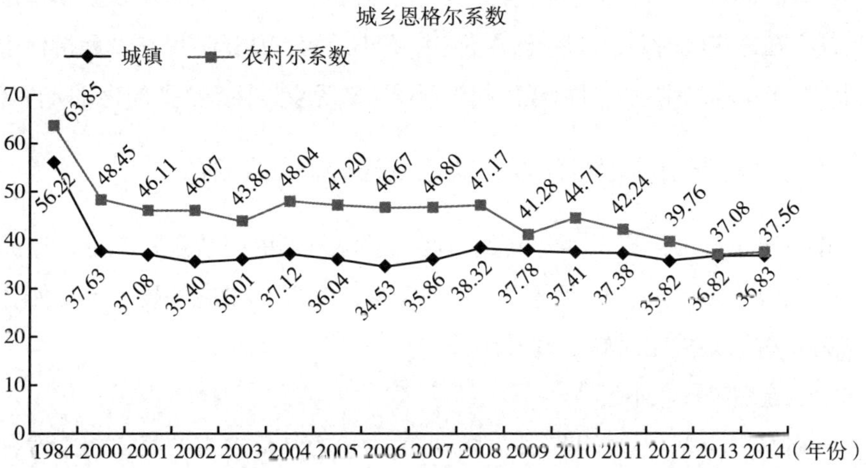

图 2　1984～2004 年全国城乡恩格尔系数

资料来源：根据《中国统计年鉴》《甘肃年鉴》数据整理得出。

4. 城镇化率低

城镇化率代表一个地方的城市化水平。从历年城镇化水平来看，甘肃这些年取得了不错的效果，城镇化率从 2005 年的 30.02% 上升到 2017 年的 46.39%。但是，和全国水平对比，甘肃一直落后 12 个百分点左右，2005 年相差 12.97 个百分点，到 2017 年相差 12.13 个百分点。总体来说，2017 年甘肃城镇化水平达到 46.39%，仍低于 50%，还有很大的提升空间。

表4　2005～2017年全国和甘肃城镇化率

单位：%

年份	全国	甘肃
2017	58.52	46.39
2016	57.35	44.69
2015	56.10	43.19
2010	49.95	37.15
2005	42.99	30.02

资料来源：根据《中国统计年鉴》《甘肃年鉴》数据整理得出。

此外，笔者对甘肃和全国的全面小康指数和贫困人口及贫困发生率都进行了比较，在这些数据上甘肃和全国还存在不小差距。从这些经济发展指标中我们得出一个基本的结论：甘肃经济相对薄弱，缺乏乡村振兴必要的物化条件。

（三）基础设施相对薄弱，缺乏乡村振兴的基础条件

相对于东部沿海以及西部其他地区，甘肃长期的财政投入不足，造成现有的基础设施跟不上，特别是广大农村地区。对基础设施的投入不足使甘肃在实施乡村振兴战略时缺乏基础条件。

1. 固定资产投入不足

甘肃是一个基础设施投入相对不足的省份。从固定资产投入额来看，甘肃从2000年的443.35亿元到2016年的9534.10亿元后，出现断崖式下降，2017年才5696.3亿元。从和农牧林等有关的第一产业投资额来看，甘肃投入增加较快，从2000年的19.97亿元增加到2016年的678.30亿元，但是

表5　2000～2017年甘肃固定资产、第一产业和农村固定资产投资额

单位：亿元

项目	2000年	2005年	2010年	2015年	2016年	2017年
固定资产投资额	443.35	874.53	3378.10	8626.60	9534.10	5696.3
第一产业投资额	19.97	24.02	82.56	534.89	678.30	382.0
农村固定资产投资额	30.50	84.31	349.78	—	—	—

资料来源：根据《甘肃年鉴》数据整理得出。

占固定资产投资额的比重始终不到8%。从农村固定资产投资额来看，从找到的资料来看，占比一直在10%左右。从以上的数据分析可知，在甘肃紧缺的固定资产投入中，对农业和农村的投入力度还有待加强。

2. 交通设施进展力度不大

甘肃交通设施建设相对滞后，进展较为缓慢。从固定资产投入额来看，总量从2000年的443.35亿元到2016年的9534.10亿元后出现断崖式下降，2017年才5696.3亿元。从交通运输、仓储和邮政业投资数据来看，甘肃从2010的187.35亿元增加到2016年的1100.04亿元，虽然2017年有所下降，但也达到956.6亿元（见表6）。从甘肃历年发展来看，投入量有很大改善，但是相对于甘肃庞大的土地面积而言，在交通方面的投入还是很有限的，力度有待加强。

表6　2000～2017年甘肃固定资产额、交通运输、仓储和邮政业投资额和增加值

单位：亿元

项目	2000年	2005年	2010年	2015年	2016年	2017年
固定资产投资额	443.35	874.53	3378.10	8626.60	9534.10	5696.3
交通运输、仓储和邮政业投资	—	—	187.35	814.89	1100.04	956.6
（交通运输、仓储和邮政业投资）实现增加值	—	190.86	227.18	274.65	—	—

资料来源：根据《甘肃年鉴》数据整理得出。

3. 农田水利设施过于陈旧

农田灌溉设施陈旧，农村设施缺乏整修。现有农村农田水利灌溉等设施过于老化，设施主体都是在20世纪改革开放之前所修。随着改革开放的推进，工业化以及城镇化给农村社会带来了经济、社会、文化和思维上的冲击，部分村民选择进城务工，下一代农村儿童又通过考学进入城市，导致农村结构分化、乡风文明价值取向偏移，以集体和熟人社会为纽带维系的村规被以私人和财产为标志的社会关系所取代。所以，受上述因素的影响，贫困村村集体经济没有多余的财政收入来进行农田灌溉设施的补修，而村民又不愿意无偿参与设施的补修和翻新，造成了现在的这种状况。

4. 技术推广较为缓慢

技术设施推广较为缓慢，农业机械化程度有待提高。2000 年全省拥有农业机械总动力 1056. 91 万千瓦，农用拖拉机和小型拖拉机分别为 34. 08 万台、32. 86 万台，而到 2015 年全年农业机械总动力 2684. 95 万千瓦，15 年的时间翻了一番。2000 年化肥施用量（折纯）64. 54 万吨，农村用电量 29. 43 亿千瓦时，到 2015 年农用化肥施用量（折纯）97. 92 万吨，农村用电量 54. 04 亿千瓦时，15 年的时间增长不到 2 倍。

（四）历史文化相对保守，缺乏乡村振兴的创新条件

甘肃是中华民族和华夏文明的发祥地之一，有迹可循的大地湾遗址的发现把中华文明提前 8000 年。长期的地理条件、自然气候和历史演变形成了区域独特的文化习俗，这也直接、间接地影响了甘肃的经济社会发展。

1. 传统和守旧文化

中国社会主义进入新时代，经济从高速增长转向高质量发展，面临三个变革：发展方式的变革、经济结构的变革和增长动力的变革。变革需要创新，新发展理念提出的五大发展理念首先就是创新发展理念。甘肃地处黄土高原、青藏高原、内蒙古高原三大高原交汇地带，环境造就了这里的黄土文化和高原文化。这种文化使甘肃人民勤奋、质朴、忠厚和耐劳，但也形成封闭、保守、“等靠要”的思维以及开拓、进取、创新精神的缺乏。受这种文化的普遍影响，甘肃长期的政策制定和制度实施都滞后于其他省份，很多机会慢慢地错失了，很多制度和政策红利也错过了。其他政策如此，实施乡村振兴战略也会有所影响。

2. 干部缺乏创新精神

政策的制定和实施最终要靠各级干部。受传统和守旧文化的影响，各级干部普遍存在遵从思想而缺乏创新精神，所以遵守制度有余、创新制度不足。在政策制定过程中，国家出台一项指导性政策后，甘肃的干部首先是等，等沿海省份出台实施政策后再看他们的实施效果，等见到成效才着手去沿海省份学习，取经回来出台实施政策。这样甘肃很难制定超前的、走在各

省前列的政策从而抓住政策红利，结果就是一步慢步步慢。政策实施过程中亦如此，不愿意承担政策实施中可能带来的负面影响，往往过于看重国家政策中的限制性政策，而故意忽略积极的可供各省份弹性发挥的政策。

3. 农民缺乏内生动力

乡村振兴战略的实施，除了广大干部的努力之外，还需要发挥广大农民的积极作用。受黄土文化的影响，农民在这片土地上耕作，“面朝黄土背朝天”，对未来的生活有个稳定的预期。这种稳定的预期也造成农民们的保守思维，他们宁愿守着这片土地而不愿意去闯。另外，长期的帮扶，也逐渐使农民形成“等靠要”心理，遇到困难就等政府来帮助，没有自己想办法解决困难。政府“输血式”帮扶而非“造血式”帮扶逐渐让农民丧失内生动力，这影响了农民创新和创造力的发挥。

三　甘肃省实施乡村振兴战略的路径和对策

（一）打赢脱贫攻坚战役，筑牢振兴基础

从目前甘肃农村情况来看，首要解决的是认真打赢精准脱贫攻坚战，从而筑牢乡村振兴基础。甘肃目前仍有 189 万农村贫困人口，三年内每年要脱贫近 70 万人，任重道不远，脱贫任务极其严峻。一是要把能动员的有限资源聚焦到扶贫攻坚领域重点发力，决胜扶贫攻坚战。二是在基础设施建设、富民产业和社会事业上下功夫，为乡村振兴打好基础。三是要在重点领域和重点人群上下功夫。改善农村老年人养老和医疗条件，解决农村老年人的后顾之忧。加强培育农村特色产业，提升劳务输出产业品质，让农村年轻人“在家乡务农有奔头，出去打工有着落”，创造和增加农村年轻人收入来源。加强乡村教育和医疗条件，提升农村下一代的身体和心理素质，增大未来代际流动的空间。四是激发帮扶干部和农村人口的特别是贫困人口的内生动力。化“输血式”扶贫为“造血式”扶贫，引导走出“等靠要”思维，变“我要等帮扶”为“我自己要努力脱贫”。五是全面提升帮扶成效。认真执

行“六个精准”，使帮扶切实得到瞄准。认真执行“七个一批”，对不同致贫群众因人施策。认真执行脱贫攻坚责任和考核问责制度，做到正激励和负激励并重，既要加大对表现突出帮扶干部的提拔，又要加大对玩忽职守帮扶干部的处罚力度。

（二）构建现代产业体系，实现产业兴旺

实施乡村振兴战略，产业兴旺是重点。从甘肃现有的产业基础来看，特别需要深化农业供给侧结构性改革，打造甘肃本省优势的现代产业体系。一是实施质量兴农战略，省委、省政府从战略层面推进甘肃质量兴农，通过动力机制创新加快质量兴农的发展。二是推进农业现代化、提升农业生产能力。三是培养壮大新产业，促进农村一、二、三产业融合发展，延伸产业链和价值链。培育本土特色农业和优势产业，挖掘上下游相关产业，促进产业的融合发展，从而提升产业的价值含量。四是鼓励农村小农户通过合作社、互助社参与现代农业，实施农业“走出去”战略。

（三）构建绿色生态体系，实现生态宜居

实施乡村振兴战略，生态宜居是关键。甘肃气候条件较恶劣，生态环境较脆弱，生态自我修复能力较差，所以要更加注重践行绿色发展理念，统筹发展绿色产业。一是统筹山水林田等系统的治理工程，防止原本脆弱的生态系统进一步恶化。二是加速发展绿色循环经济和循环农业，利用现有条件，在不破坏原有生态的基础上开发建设。三是加强整治农村人居环境，通过环境卫生整治、全域无垃圾治理、植树造林等方式来改善农村生态和人居环境，建设山川秀美的美丽乡村。四是完善绿色生态建设制度，建立生态保护机制、生态修复机制、生态开发机制、生态补偿机制和生态补救机制，通过制度刚性合理利用生态系统。

（四）打造和谐乡村文化，实现乡风文明

实施乡村振兴战略，乡风文明是保障。文化变迁有其发展规律。在广大

乡村，以农业为代表的传统社会向以工业为代表的现代社会转变，旧的制度和文化体系逐渐被淘汰出局，新的制度和文化体系尚未形成。农村文化面临诸多的变数，一些传统的优秀文化没有得到继承，一些具有负能量的现代文化却不断冲击农村，农村正经历文化迷茫时期，需要灌入新思想、新理念繁荣发展农村文化，使农村焕发新乡风、新气象。一是要加强农村思想道德和政治文明建设，用社会主义核心价值体系指导农村村规民约和农村文化建设。二是要弘扬我国优秀的传统农耕文化，辩证地看待我国传统文化，摈弃落后的消极的传统文化，继承和发扬优秀的传统农耕文化。三是建设新时代社会主义乡村村规民约，构建积极向上、安定有序、文明和谐的村规民约，着力开展移风易俗行动，破除陋习，打造符合新时代要求的农村文化。

（五）构建多元共治体系，实现治理有效

实施乡村振兴战略，治理有效是基础。按照国家提出的全面深化改革的总目标“完善和发展中国特色社会主义制度、推进国家治理体系和治理能力现代化”的要求，在乡村振兴中构建多元共治体系、实现有效的乡村治理。一是彻底发挥党的坚强领导核心作用，在多元治理主体中发挥最本质的功能，引导其他治理主体共建乡村治理体系。二是充分发挥其他组织的共商共治功能，起到党委部门的辅助作用，一起构建有效的乡村治理体系。三是坚持自治、法治和德治相结合，村委会是自治组织，凡是有重大的党务和村务活动都要在党支部的领导下开展自治活动。不管是党的部门、行政部门还是社会其他组织，在乡村治理时要坚持德治和法治的结合，既要遵循正式制度（比如法律），又要遵循非正式制度（比如道德、习俗）等。

（六）切实增加农民收入，实现生活富裕

实施乡村振兴战略，生活富裕是根本。实施乡村振兴战略的落脚点和总要求之一是要实现生活富裕，也就是总书记所说的“农民富”。一是千方百计增加农民的收入。通过产业长级和农产品的改造来增加生产性收入，通过农村“三变”改革盘活农民资产来增加资产性收入，通过劳务技能培训提

升农民务工水平来增加工资性收入，通过加大财政转移支付力度来增加转移性收入。二是千方百计降低农民支出，开源节流。通过完善各种制度来做好基础设施建设以及提升农村教育、医疗、养老等保障水平，以此降低农民的生产生活成本。

（七）切实加强振兴投入，实现基本保障

实施乡村振兴战略，基本保障是动力。甘肃各方面要素很难说有优势，特别是在人力、物力、财力、制度和机制等基本保障方面更是面临天然劣势，所以在实施乡村振兴战略时要更加注重在这些方面的投入。一是注重人力资本的开发，强化人才支撑。从甘肃目前的人才结构来看，在乡村振兴战略实施过程中要特别抓好四类人才：专业技术人才、行政管理人才、农村致富带头人和有技能的工农民。二是拓宽资金的融资渠道，强化资本保障。扩大财政资金投入比例，每年按一定的增幅增加财政投入。拓宽涉农资金的来源，除了政府投入，还要引导民间资本、社会资本和行业资本投入。三是优化整合涉农制度，完善制度保障。在制度设计上及时跟进，在制度执行上做好文章。四是完善工作体制机制，强化机制设计。完善党对“三农”工作的领导机制，提升党领导“三农”工作的水平。加强“三农”队伍建设，着力建设一支“懂农业、爱农村、爱农民”的“三农”工作队伍。

（八）积极探索现有经验，创新振兴模式

实施乡村振兴战略，模式创新是捷径。实施乡村振兴战略，全面深化农村改革，增强乡村振兴活力，探索现有经验、创新振兴模式是获得成功的捷径。从甘肃出发，对各县区县域经济发展进行理论模式梳理和实践经验探索，从中寻找有利于各地优势发挥的经验模式来为乡村振兴战略提供模式遵循。一是开展理论模式的梳理和总结。主要从资源禀赋引领型、生产要素引领型、区位优势引领型、主导产业驱动型、所有制结构驱动式以及政策制度推动型等模式去研究探索。二是开展实践模式的探索和创新。比较有借鉴意义的实践模式如敦煌的文化旅游模式、玉门的能源产业引领模式、陇西的特

色产业引领模式、成县的“互联网＋”模式、康乐的养殖加工模式、静宁的特色农产品加工模式、金塔的重点项目驱动模式、康县的乡村旅游模式等。

参考文献

《中国共产党第十九次全国代表大会文件汇编》，人民出版社，2017 年 10 月。

新华社：《中共中央　国务院关于实施乡村振兴战略的意见》，2018 年 2 月 4 日。

《中共甘肃省委甘肃省人民政府关于实施乡村振兴战略的若干意见》，《甘肃日报》2018 年 4 月 20 日。

包东红、朱志文、王建兵：《甘肃蓝皮书 · 县域：甘肃县域和农村发展报告（2018）》，社会科学文献出版社，2018。

B.7
甘肃省农业经营方式的比较*

李振东　潘从银　贾　琼**

摘　要： 通过对2010～2017年甘肃省农业经营情况的数据统计分析，甘肃省农业经营有以下特点与问题：①农业生产趋向专业化，但小规模经营农户比重偏高；②村集体经济数量快速增长，但发展质量有待提升；③家庭农场示范作用增强，但农产品质量认证有待加强；④产加销合作社为主导力量，但牵头人的能力有待加强；⑤产业化经营组织带动成效显著，但平均带动能力逐年下降。基于以上问题本报告提出以下建议：①促就业强带动加速小农转化；②重质量提效益壮大集体经济；③注安全提质量创建放心农场；④引企业推保险建最强合作社；⑤强带动育职农构新农业体系。

关键词： 甘肃　农业　经营方式

---

* 本研究受国家社科基金项目“西部连片特困区农村土地承包经营权流转调查研究”（项目编号：14XJY011）支持。

** 李振东，博士，甘肃省社会科学院农村发展研究所副所长、副研究员，主要研究领域为生态经济；潘从银，区域经济学硕士，甘肃省社会科学院农村发展研究所助理研究员，主要从事农村经济发展研究；贾琼，甘肃省社会科学院农村发展研究所副研究员，主要从事农村经济研究。

2018 年 9 月，中共中央国务院印发《乡村振兴战略规划（2018 ~ 2022 年）》提出建立现代农业经营体系，构建家庭经营、集体经营、合作经营、企业经营等共同发展的新型农业经营体系，发展壮大农村集体经济，有效带动小农户发展。甘肃省农业在国民经济中占比较高，2016 年农业增加值占地区生产总值比重高达 13.61%，在全国 31 个省（区、市）中排名第七，2017 年略有上升，为 13.85%。因此，转变甘肃农业经营方式尤为重要。本报告将从村基本情况、农村集体经济、土地流转经营、家庭农场、专业合作社和农业产业化经营组织等方面讨论甘肃省农业经营方式的变化。

一　甘肃省农业发展现状

2017 年甘肃省第一产业增加值为 1063.6 亿元，比上年增长 5.4%，增长率高于生产总值、第二产业，但低于第三产业；占全省生产总值的 13.85%，占全国第一产业增加值的比重为 1.62%，均高于生产总值、第二产业和第三产业占全国的比重（见图 1）。

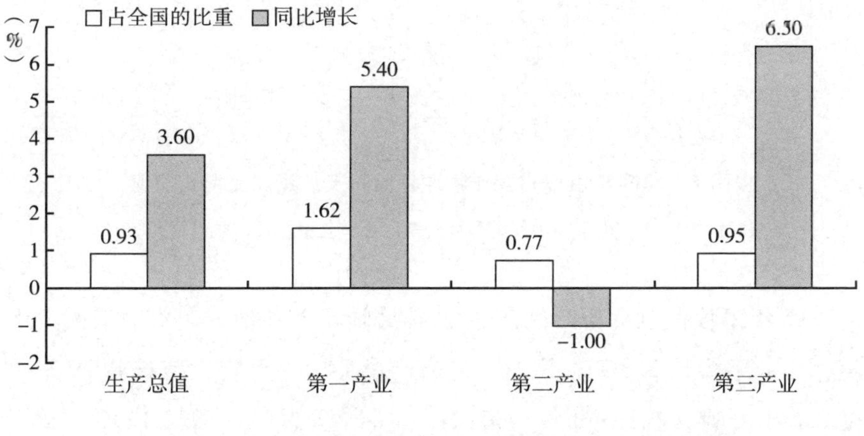

图 1　2017 年甘肃主要指标占全国的比重及同比增长情况

资料来源：2017 年甘肃省国民经济和社会发展统计公报，甘肃统计提要 2018。

第一产业中种植业和畜牧业结构与上年比也发生了明显变化。种植业粮食作物种植面积下降，经济作物种植面积上升。2017 年全省粮食和油料作物种植面积和果园面积分别减少了 3. 15 万公顷、1. 12 万公顷和 1. 22 万公顷，蔬菜和中药材种植面积分别增加 2. 28 万公顷和 1. 06 万公顷。全年粮食产量 1128. 31 万吨，比上年减产 1. 1%，与种植面积减少比例相当；油料产量 71. 6 万吨，比上年减产 5. 8%，比种植面积降幅高 2. 43 个百分点；果园面积减少 2. 58%，但水果产量 557. 02 万吨，比上年增产 10. 0%；蔬菜产量 2106. 47 万吨，比上年增产 7. 9%，比种植面积增幅高 3. 73 个百分点；中药材产量 123. 26 万吨，增产 6. 8%，比种植面积增幅高 3. 15 个百分点（见图 2）。

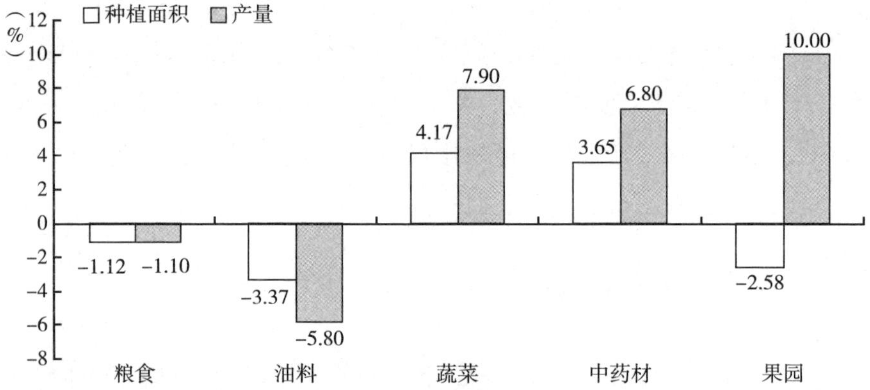

图 2　2017 年甘肃省农作物种植面积及产量同比增长情况

资料来源：2017 年甘肃省国民经济和社会发展统计公报，甘肃统计提要 2018。

2017 年畜牧业草食畜产品产量增幅明显高于其他，肉类总产量 105. 29 万吨，比上年增长 3. 3%。其中，羊肉产量 24. 51 万吨，增长 8. 1%；牛肉产量 22. 41 万吨，增长 4. 5%；猪肉产量 51. 77 万吨，增长 1. 8%；禽肉产量 4. 26 万吨，下降 8. 0%（见图 3）。

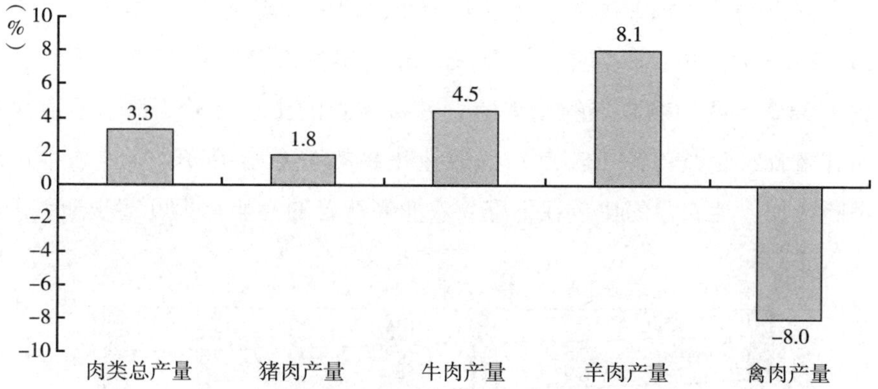

图3　2017年甘肃省畜产品产量同比增长情况

资料来源：2017年甘肃省国民经济和社会发展统计公报，甘肃统计提要2018。

二　甘肃省农业经营情况①

（一）甘肃省农村基本情况

2010～2017年农户总数从480.8万上升到510.9万，年平均增长率0.87%，纯农户、农业兼业户、非农业兼业户和非农户4种类型的农户年平均增长率分别为0.42%、1.40%、2.65%和8.71%。2011～2016年4种类型农户的年增长率中只有2014年纯农户和2015年农业兼业户为负增长，分别为-0.32%和-2.33%，其余均为正增长；2017年农户总数及纯农户、农业兼业户、非农业兼业户和非农户4类农户数量比2016年分别增长0.43%、0.47%、-0.33%、-1.78%和4.69%，农业兼业户和非农业兼业户两种兼业户均出现负增长，非农户仍保持较快增长。

从4类农户的比重看，2010～2017年纯农户的比重呈逐年下降趋势，从82.43%下降到79.90%，非农户比重则相反，呈逐年上升趋势，从2.33%上升到3.93%；农业兼业户比重变化不大，从2010年的11.42%缓

---

① 本部分数据由甘肃省农牧厅提供。

慢上升到2014年的12.04%，之后开始在波动中下降到2017年的11.84%；2010~2016年，非农业兼业户比重从3.83%缓慢上升到4.42%，2017年下降到4.33%；两种兼业户的比重随着其负增长的出现开始下降（见图4）。说明甘肃省农业经营者（农户）的兼业化趋势已开始下降，脱离农业的农户不断增加，纯农户的比重在下降，农业经营者的专业化程度逐步加强。

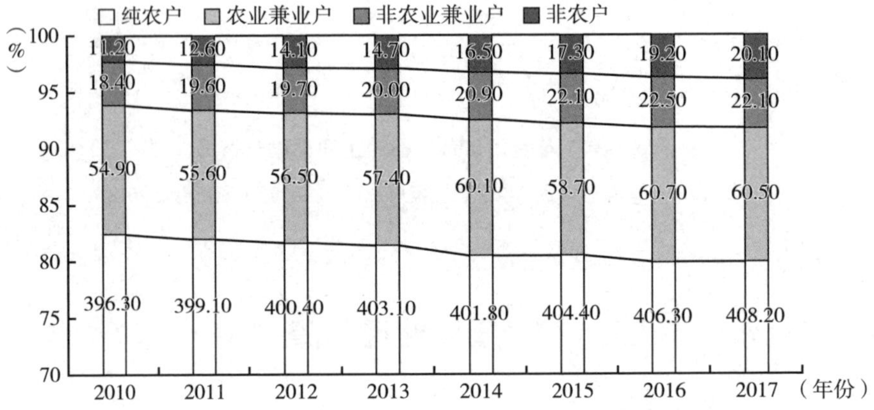

图4　2010~2017年甘肃省不同类型农户比重及数量变化

注：柱形图上数字单位为万户。

资料来源：甘肃省农业农村厅。

从农户的耕地经营规模看，2010~2017年经营耕地10亩以下的农户数量在波动中从323.6万户下降到320.3万户，年平均增速为-0.15%，经营耕地10~30亩、30~50亩、50~100亩、100~200亩和200亩以上的农户数量呈上升趋势，年平均增速分别为0.75%、7.05%、8.15%、5.96%和45.79%，未经营耕地的农户数量从2012年的8.1万户增加到2017年的12.5万户，年平均增速为9.06%。从规模经营农户结构变化看，经营耕地10亩以下的农户所占比重从2010年的67.30%下降到2017年的62.72%，下降了4.58个百分点；经营耕地10~30亩的农户所占比重从2010年的28.68%波动中下降到2017年的28.45%，下降了0.23个百分点；经营耕地30~50亩和50~100亩的农户所占比重逐年上升，分别从3.37%和0.54%上升到5.11%和0.88%，分别上升了1.74和0.34个百分点；经营耕地100~200亩和200亩以上的农户所占比重在波动中分别从0.08%和0.02%上升到0.12%和0.27%，分别上升了0.04和0.25个百分点；未经营耕地的农户所占比重从2012年的1.65%增加到2017年的2.45%，上升了0.8个百分点（见图5）。经营耕地10亩以下的农户数量出现负增长，比重明显下降，经营耕地10～30亩的农户数量增速缓慢，所占比重开始下降，未经营耕地的农户数量增速和所占比重均明显上升，说明农户小规模经营正在逐步向规模经营转化。在经营耕地50～100亩、100～200亩和200亩以上3种规模经营中，经营耕地在50～100亩和200亩以上的农户增长较快，经营耕地100～200亩的农户增长较慢。

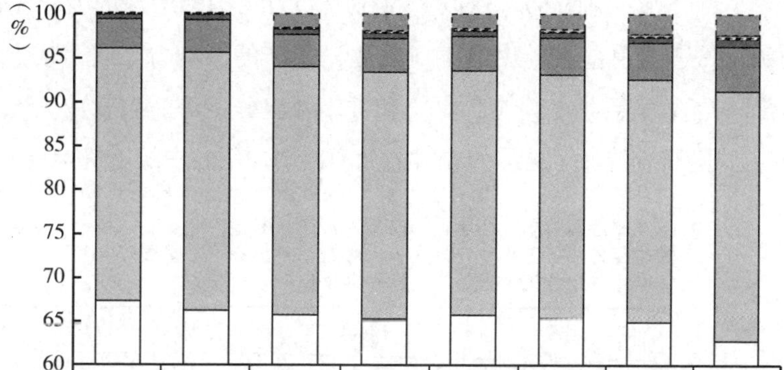

	2010年	2011年	2012年	2013年	2014年	2015年	2016年	2017年
未经营耕地			8.1	9.7	8.4	9.1	11.7	12.5
经营耕地200亩以上	0.1	0.1	0.1	1.0	1.2	1.3	1.5	1.4
经营耕地100~200亩	0.4	0.5	0.5	0.3	0.4	0.5	0.6	0.6
经营耕地50~100亩	2.6	2.8	3.0	3.2	3.0	3.2	3.2	4.5
经营耕地30~50亩	16.2	17.1	18.1	19.0	19.5	21.0	21.1	26.1
经营耕地10~30亩	137.9	135.8	138.6	139.1	139.0	139.0	140.6	145.3
经营耕地10亩以下	323.6	306.7	322.3	322.8	327.6	328.4	330.1	320.3

图5　2010～2017年甘肃省不同经营规模农户比重及数量变化

注：表格中数据单位为：万户。

资料来源：甘肃省农业农村厅。

2010～2017年，甘肃省农村劳动力从事家庭经营（第一产业）和短期外出务工的劳动力数量呈现逐年下降趋势，分别从576.5万人和125.4万人下降到

570.1万人和114.4万人，年均增长率分别为-0.16%和-1.30%；从事家庭经营（其他产业）和常年外出务工的劳动力数量呈现逐年上升趋势，分别从183.1万人和330.6万人上升到191.3万人和423.6万人，年均增长率分别为0.63%和3.60%。家庭经营（第一产业）劳动力所占比重从2010年的47.43%下降到2017年的43.87%，下降了3.56个百分点；短期外出务工劳动力所占比重从2010年的10.32%下降到2017年的8.80%，下降了1.52个百分点；家庭经营（其他产业）劳动力所占比重从2010年的15.06%波动中下降到2017年的14.72%；常年外出务工劳动力所占比重从2010年的27.20%上升到2017年的32.60%，上升了5.4个百分点（见图6）。从以上农村劳动力结构和增速的变化可以看出：从事家庭第一产业和短期外出务工（兼业）生产的劳动力在逐年减少，更多的劳动力转向了家庭经营（其他产业）和常年外出务工等非农就业。说明近年农业生产方式的转变释放了更多的农村劳动力，增加了农户的工资性收入。

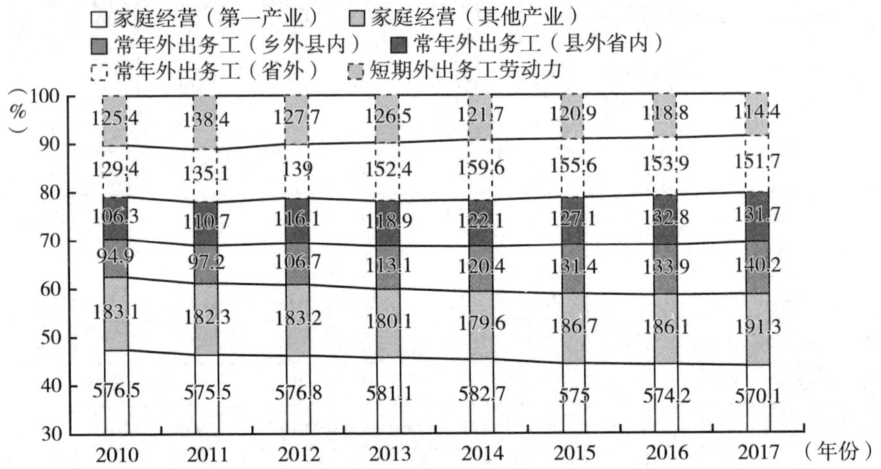

图6　2010~2017年甘肃省农村劳动力结构变化

注：柱形图上数字单位为万人。

资料来源：甘肃省农业农村厅。

（二）甘肃省农村家庭承包耕地流转情况

2010~2017年甘肃省农村家庭承包耕地流转总面积从198.68万亩增加

到1313.07万亩，年平均增长30.97%，流转面积占家庭承包耕地总面积的比重从4.15%增加到25.89%；转出耕地的农户数量从43.18万户增加到173.14万户，比重从9.40%上升到37.15%。2010～2017年家庭承包耕地流向农户、专业合作社、企业及其他主体的耕地面积的年均增速分别为23.31%、54.32%、31.76%和38.63%；但流向农户的耕地面积占流转总面积的比重从69.78%下降到45.77%，下降了24.01个百分点，流向专业合作社的耕地面积占流转总面积的比重从9.06%上升到28.59%，上升了19.53个百分点，流向企业的耕地面积占流转总面积的比重略有上升，流向其他主体的耕地面积占流转总面积的比重从7.99%上升到11.90%，上升了3.91个百分点（见图7）。说明有超过1/4的家庭承包耕地转变了传统的小农生产模式，实现了规模化生产；土地流向变化说明土地经营规模不断扩大，经营方式更加专业，农业生产与市场的联系更加紧密；超过1/3的农户通过土地流转释放了富余劳动力，增加了工资性收入。

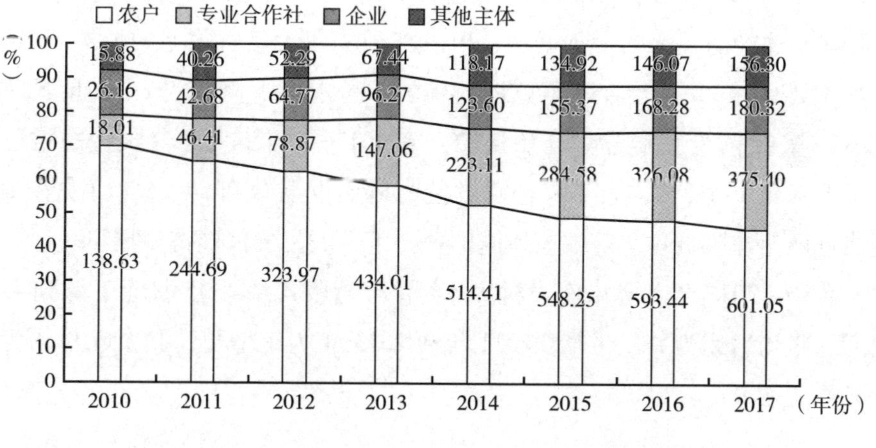

图7　2010～2017年甘肃省农村家庭承包耕地流转去向

资料来源：甘肃省农业农村厅。

（三）村集体经济组织

2010～2015年当年村集体经济无经营收益的村从9043个增加到10455

个，年均增速为2.94%，所占比重从58.53%上升到68.13%，2016年开始下降，2017年下降到7325个，所占比重下降到45.45%，2015~2017年年均增速-16.30%。2010~2015年当年村集体经济经营收益5万元以下的村从4966个下降到3493个，年平均下降6.80%，所占比重从32.14%下降到22.76%；2016年开始上升，2017年增长到6722个，所占比重上升到41.71%，2015~2017年平均增速为38.72%。2010~2014年当年村集体经济经营收益5万~10万元的村从975个增加到1075个，年均增速为2.47%，所占比重从6.31%上升到6.95%，2015年数量下降到949个，所占比重下降到6.18%，2016年开始上升，2017年增长到1203个，所占比重上升到7.47%，2015~2017年年均增速为12.59%。2010~2017年当年村集体经济经营收益10万~50万元、收益50万~100万元和100万元以上的村在波动中分别从412个、39个和15个上升到756个、79个和30个，年均增速分别为9.06%、10.61%和10.41%，所占比重分别从2.67%、0.25%和0.10%上升到4.69%、0.49%和0.19%（见图8）。从2011~2017年各村集体经济每年的增长率看，2015年前当年无经营收益的村持续增长，比重达到68.13%，当年有经营收益的村整体呈下降趋势，比重下降到31.87%；2016年发展趋势开始逆转，到2017年当年无经营收益的村所占比重下降到45.45%，当年有经营收益的村比重上升到54.55%（见图8）。说明近两年在脱贫攻坚等政策措施的扶持下，农村集体经济发展迅速。

2010~2017年，甘肃省农村集体经济经营收入从4.95亿元下降到4.41亿元，年均增速为-1.64%，2011年和2013年为正增长，其余年份均为负增长（见图9）。

（四）家庭农场

2013~2017年甘肃省家庭农场从2458家发展到8118家，年均增速为34.81%，其中示范性家庭农场从3家发展到1952家，年均增速为405.06%，所占比重从0.12%上升到24.05%（见图10）。拥有注册商标的家庭农场数从14家增加到136家，年均增速为76.54%，所占比重从

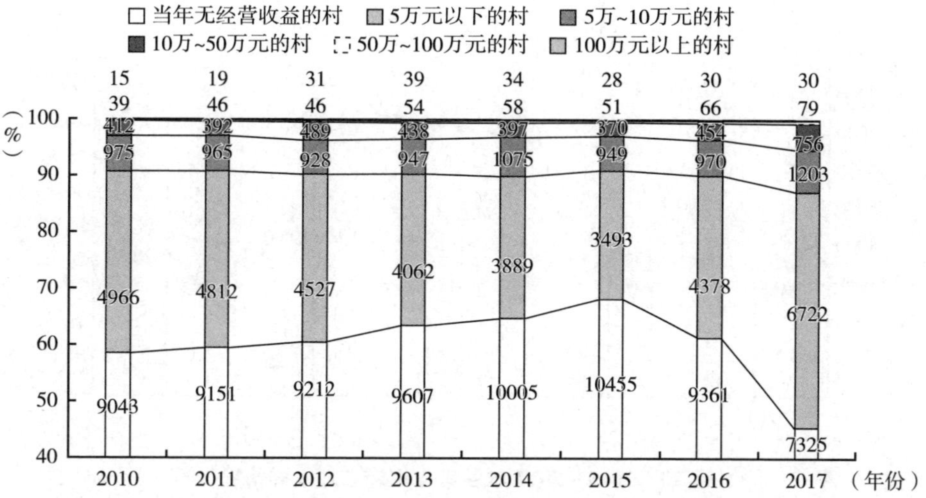

图 8　2010 ~ 2017 年甘肃省村集体经济收益分类

资料来源：甘肃省农业农村厅。

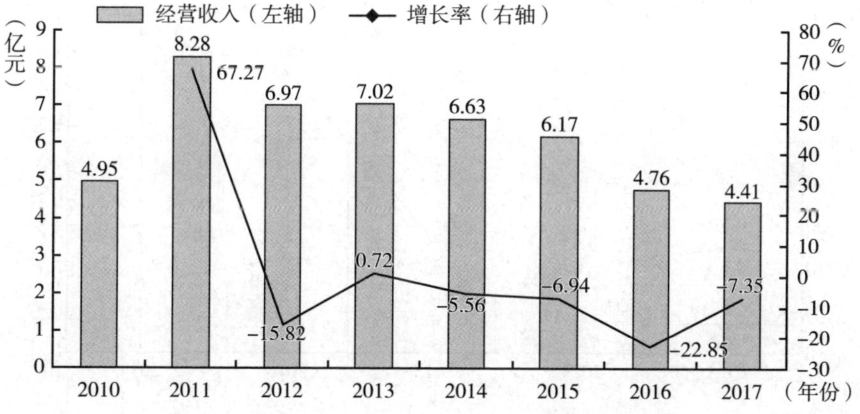

图 9　2010 ~ 2017 年甘肃省农村集体经济经营收入

资料来源：甘肃省农业农村厅。

0.57% 上升到 1.68%；通过农产品质量认证的家庭农场数从 2013 年的 14 家上升到 2016 年的 34 家，2017 年下降到 29 家，2013 ~ 2017 年年均增速为 19.97%，所占比重在波动中从 0.57% 下降到 0.36%（见图 11）。

从家庭农场所在行业变化来看，2013 ~ 2017 年从事种植业和种养结合

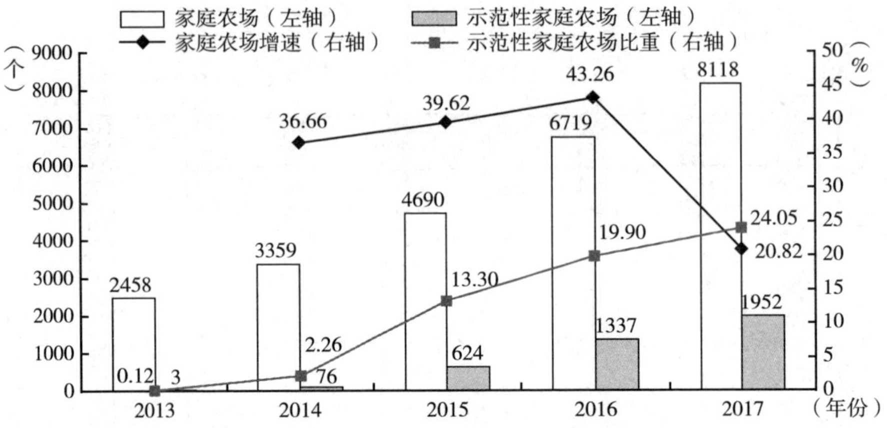

图 10　2013～2017 年甘肃省家庭农场发展情况

资料来源：甘肃省农业农村厅。

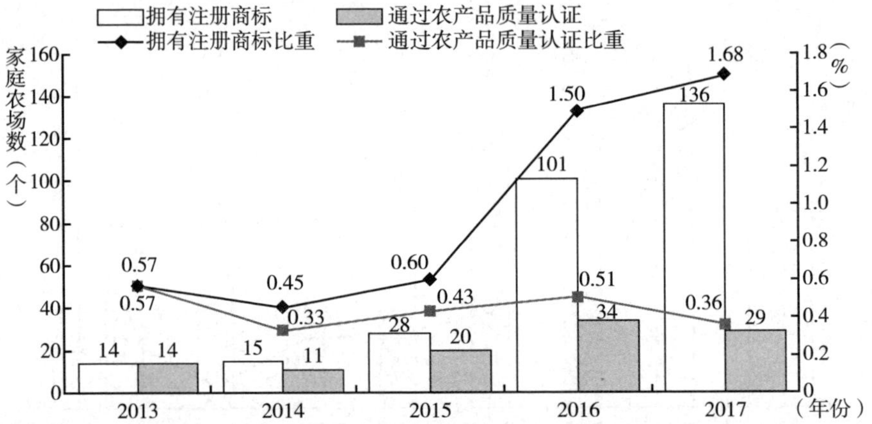

图 11　2013～2017 年甘肃省拥有注册商标和通过农产品质量认证的家庭农场发展

资料来源：甘肃省农业农村厅。

的家庭农场持续增多，分别从 1152 家和 258 家增加到 4177 家和 1774 家，年均增速分别为 37.99% 和 61.93%，比重分别从 46.87% 和 10.50% 上升到 51.45% 和 21.85%；从事畜牧业和渔业的家庭农场数在个别年份出现负增长（畜牧业 2015 年增长率为 -1.37%，渔业 2015 年和 2016 年增长率分别为－41.18%和－5.00%），总体呈增长趋势，分别从1009家和12家增加到2008家和35家，年均增速分别为18.77%和30.68%，但比重分别从41.05%和0.49%下降到24.74%和0.43%；从事其他行业的家庭农场数在2016年出现负增长（增长率为－20.42%），总体呈增长趋势，从27家增加到124家，年均增速为46.39%，比重从1.10%上升到1.53%（见图12）。以上变化可以看出：种养结合的家庭农场年均增速最高，比重上升最快。说明家庭农场经营方式正在发生变化，循环农业的优势正在吸引家庭农场。

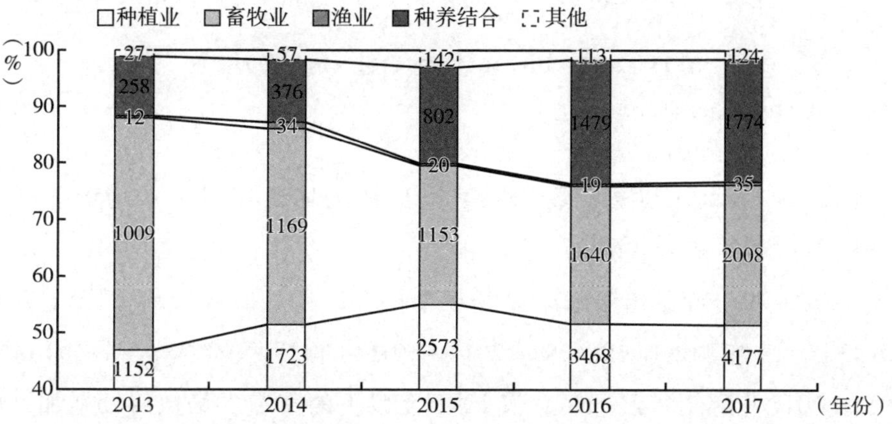

图12　2013～2017年甘肃省家庭农场的行业分布情况

资料来源：甘肃省农业农村厅。

2013～2017年甘肃省家庭劳动力数量随着农场数的增加不断增长，家庭成员和常年雇工人数分别从7065人和2229人增加到24068人和12590人，年均增速分别为35.85%和54.16%，2014～2016年常年雇工人数增速均高于家庭成员增速，2017年常年雇工增速低于家庭成员增速25.84个百分点，2014～2016年常年雇工比重持续增加从23.98%上升到39.68%，2017年下降到34.34%（见图13）。

2013～2017年场均劳动力从3.78人/场上升到4.52人/场，其中场均家庭成员从2.87人/场上升到2.96人/场，场均常年雇工从0.91人/场上升到

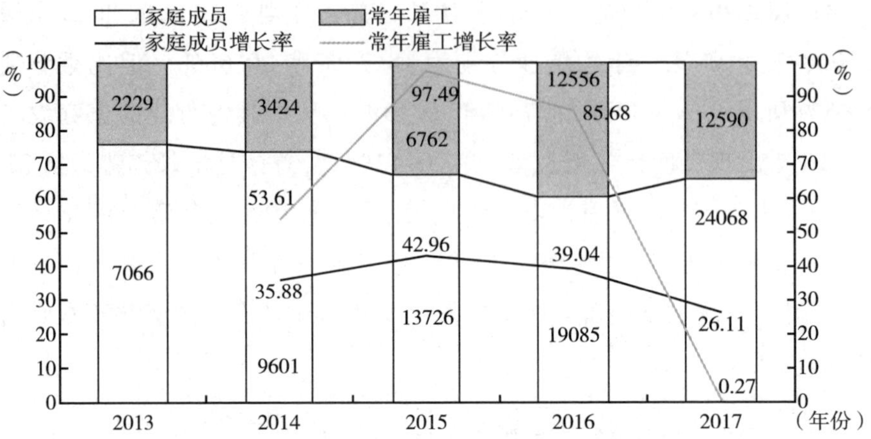

图 13　2013～2017 年甘肃省家庭农场劳动力情况

资料来源：甘肃省农业农村厅。

1.55 人/场，场均劳动力、场均家庭成员和场均常年雇工年均增速分别 4.54%、0.77%和 14.36%。

2013～2017 年甘肃省家庭农场年销售农产品总值从 7.54 亿元上升到 15.33 亿元，年均增速 19.42%，2014～2016 年保持两位数增长（见图 14）。2013～2017 年年销售农产品总值 10 万元以下的家庭农场数持续增加，从 537 家增加到 4681 家，年均增速为 71.83%，所占比重从 21.85%上升到 57.66%；年销售农产品总值 10 万～50 万元的家庭农场数从 1436 家增加到 2604 家，年均增速为 16.04%，2017 年出现负增长，增长率为 -2.94%，所占比重变化与增长率相反，比重从 58.42%下降到 32.08%；2013～2017 年年销售农产品总值 50 万～100 万元的家庭农场数从 354 家增加到 646 家，年均增速为 16.23%，但 2016 年和 2017 年为负增长，增长率分别为 -0.73%和 -5.56%，所占比重从 14.40%下降到 7.96%；年销售农产品总值 100 万元以上的家庭农场数从 131 家增加到 197 家，年均增速为 9.31%，但 2017 年为负增长，增长率为 -3.61%，所占比重变化与增长率相反，比重从 5.33%下降到 2.30%（见图 15）。

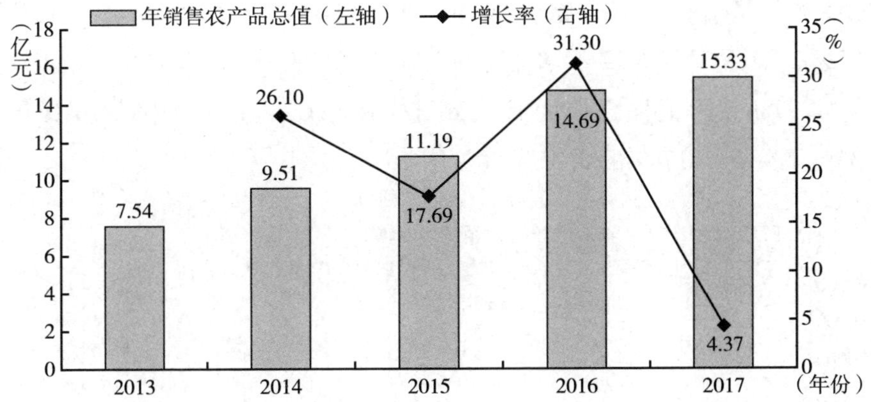

图 14　2013～2017 年甘肃省家庭农场年销售农产品情况

资料来源：甘肃省农业农村厅。

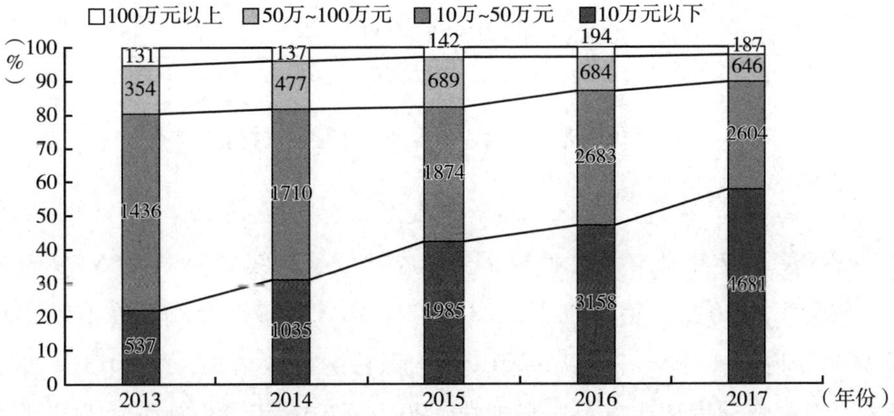

图 15　2013～2017 年甘肃省家庭农场年销售农产品规模

资料来源：甘肃省农业农村厅。

（五）合作社

2010～2017 年甘肃省农业专业合作数量持续增长，从 5499 家增长到 83913 家，2011～2013 年增速从 44.17% 增加到 95.27%，2014～2017 年增速逐渐下降到 15.19%，2010～2017 年年均增速为 47.60%；其中示范性合作社从622家增长到7003家，2011～2015年增速从52.09%波动上升到57.07%，2016年和2017年增速逐渐下降到17.88%，2010～2017年年均增速为41.32%，示范性合作社的比重与增速相反，在波动中从2010年的11.31%下降到2017年的8.35%（见图16）。

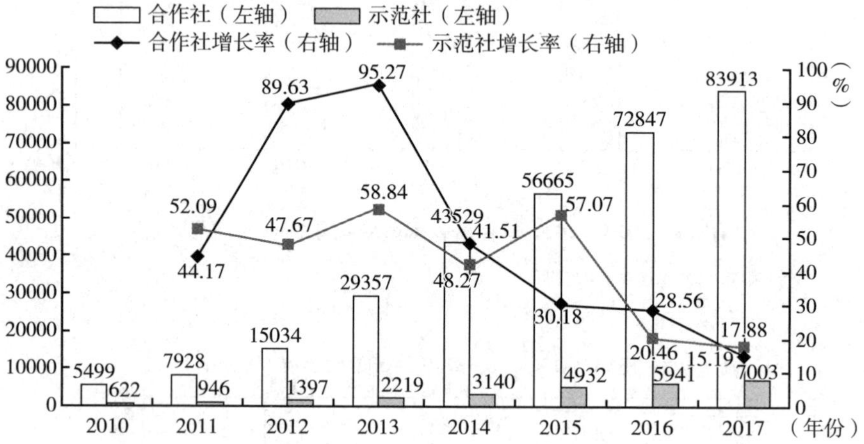

图16　2010～2017年甘肃省农业专业合作社及示范社发展情况

资料来源：甘肃省农业农村厅。

2010～2017年甘肃省农业专业合作成员数量持续增长，从35.29万户增长到155.94万户，年均增速为23.65%；2011～2017年增速在波动中从43.00%下降到4.88%，2011～2016年均保持两位数增长，除2013年外增速均高于合作社带动非成员农户增速。2010～2016年合作社带动非成员农户数量持续增长，从82.66万户增长到223.09万户，增速从21.31%波动下降到14.64%，2017年出现负增长，增长率为-4.59%，2010～2017年年均增速为14.47%（见图17）。2017年甘肃省农业专业合作成员和带动非成员农户总数达到368.77万户，占农户总数的比重为72.20%。

2010～2017年甘肃省农业专业合作社从所从事的行业看，从事种植业、畜牧业、林业、渔业和服务业的合作社数量持续增长，2011～2017年上述5个行业的合作社均保持两位数增长（2017年畜牧业除外，为6.37%），部

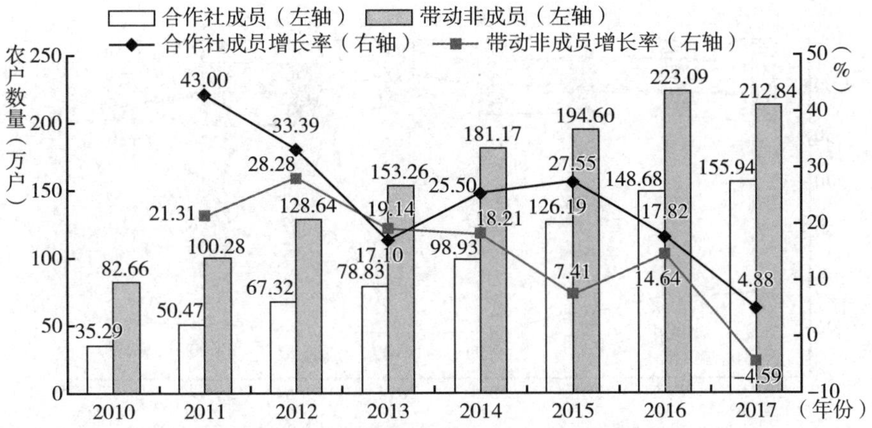

图 17　2010～2017 年甘肃省农业专业合作社成员及带动非成员情况

资料来源：甘肃省农业农村厅。

分还出现三位数增长，2010～2017 年年均增速分别为 44.77%、49.14%、52.41%、55.89%和 49.03%。2010～2017 年从事种植业合作社所占比重在波动中从 47.81%下降到 41.75%，下降了 6.06 个百分点；从事畜牧业、林业、渔业和服务业的合作社比重均在波动中逐渐上升，分别从 35.12%、5.55%、0.35%和 5.78%上升到 37.77%、6.94%、0.51%和 6.19%，分别上升了 2.65 个、1.39 个、0.16 个和 0.41 个百分点。从事其他行业的合作社数量持续增长（除 2014 年外），2011～2017 年增长率均保持在两位数以上（除 2011 年为 8.42%），年均增速为 52.66%；从事其他行业的合作社比重在波动中从 5.40%上升到 6.84%，上升了 1.44 个百分点（见图 18）。

2010～2017 年甘肃省农业专业合作社按经营服务内容看，提供产加销一体化服务、生产服务、购买服务、仓储服务、运销服务、加工服务和其他服务为主的合作社数量均持续增长，2011～2017 年以上 7 类合作社增长率均保持在两位数以上（以运销服务为主的合作社在 2011 年和 2017 年分别为 9.50%和 2.12%，其他服务为主的合作社 2017 年为 9.07%），2010～2017 年年均增速分别为 50.75%、49.56%、36.83%、43.77%、25.11%、54.87%和 46.40%（见图 19）。

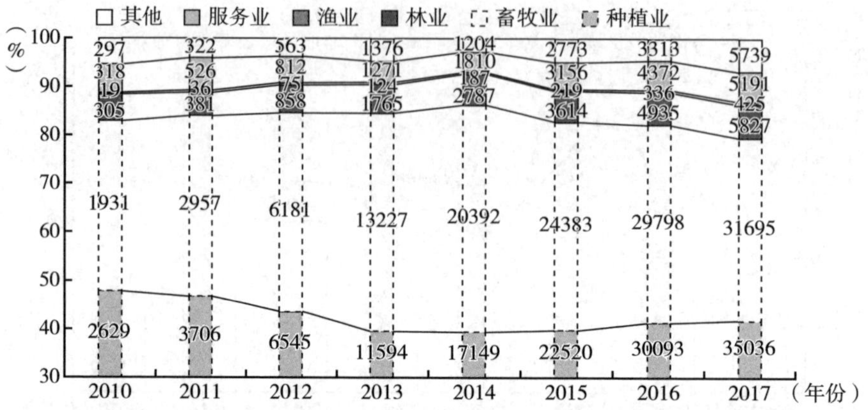

图 18　2010～2017 年按从事行业甘肃省农业专业合作社发展情况

资料来源：甘肃省农业农村厅。

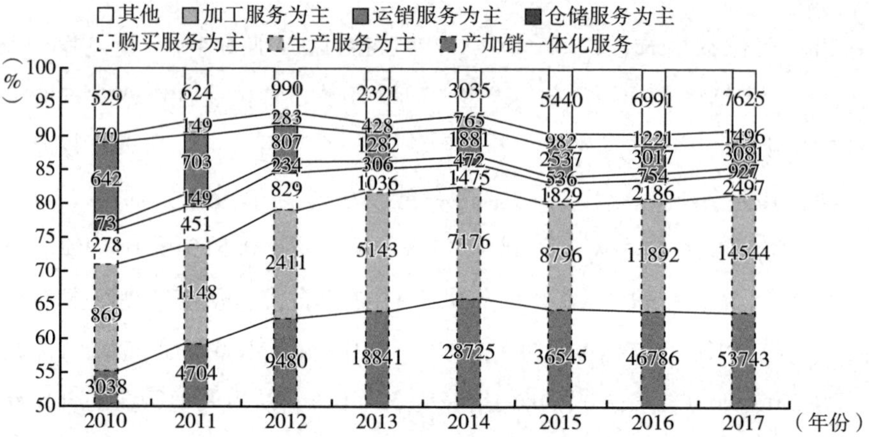

图 19　2010～2017 年按经营服务甘肃省农业专业合作社发展情况

资料来源：甘肃省农业农村厅。

2010～2017 年提供产加销一体化服务、生产服务和加工服务为主的合作社所占比重在波动中分别从 55.25%、15.80% 和 1.27% 上升到 64.05%、17.33% 和 1.78%，分别上升了 8.80 个、1.53 个和 0.51 个百分点；提供购买服务、仓储服务、运销服务和其他服务为主的合作社比重在波动中分别从 5.06%、1.33%、11.67% 和 9.62% 下降到 2.98%、1.10%、3.67% 和 9.09%，分别下降了2.08个、0.23个、8.00个和0.53个百分点（见图19）。

从增速和比重变化来看，提供产加销一体化服务的合作社发展最快、比重最大，其次是生产服务型合作社，其他类型的合作社中加工服务型合作社发展速度快，比重在上升但幅度较小。

从合作社牵头人看，2010～2017年甘肃省农业专业合作社牵头人为农民（含村组干部）的合作社比重均在94%以上（2017年除外，为93.96%），其中农民（不含村组干部）牵头的合作社比重在波动中从81.27%上升到86.19%，村组干部牵头的合作社比重在波动中从13.26%下降到7.77%；基层农技服务组织牵头的合作社比重也在波动中从1.07%下降到0.79%；企业和其他组织牵头的合作社比重在波动中分别从1.65%和2.75%上升到1.85%和3.40%。各类型牵头人的合作社2011～2017年的增长率均在两位数上（除基层农技服务组织牵头的合作社2013年和2017年增长率分别为8.67%和－12.02%外），部分还出现三位数增长。2010～2017年农民（不含村组干部）、村组干部、企业、基层农技服务组织和其他牵头的合作社年平均增速分别为48.84%、36.75%、49.99%、41.38%和52.15%（见图20）。

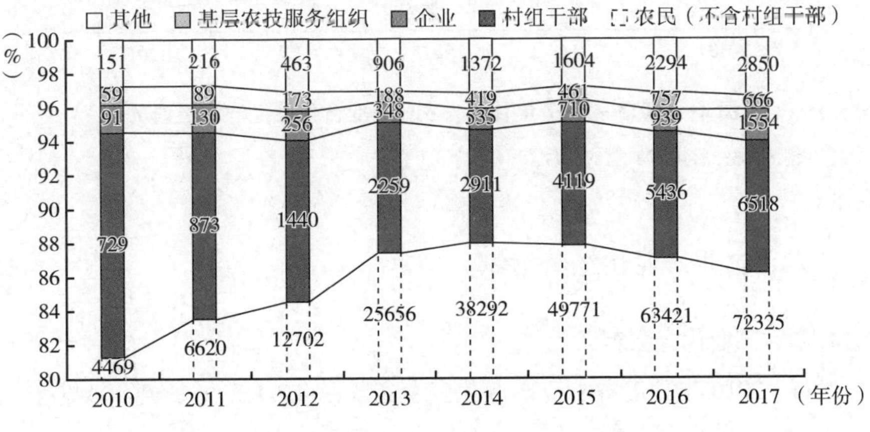

图20　2010～2017年按牵头人甘肃省农业专业合作社发展情况

资料来源：甘肃省农业农村厅。

从不同牵头人的合作社比重和发展速度变化可以看出，农民是牵头发展合作的绝对主力，企业和其他牵头人作为辅助力量正在逐步加强，村组干部和基层农技服务组织作为辅助力量已开始弱化。

2013 ~2017 年甘肃省农业专业合作社经营收入和盈余持续增长，分别从65.16 亿元和15.98 亿元增加到156.77 亿元和39.60 亿元，2014 ~2017 年合作社经营收入增长率从72.34%波动下降到8.05%，合作社盈余增长率逐年下降，从87.01%下降到6.43%。2013 ~2017 年合作社经营收入和盈余年均增速分别为24.54%和25.46%（见图21），同时期合作社发展的年均增速为30.03%。

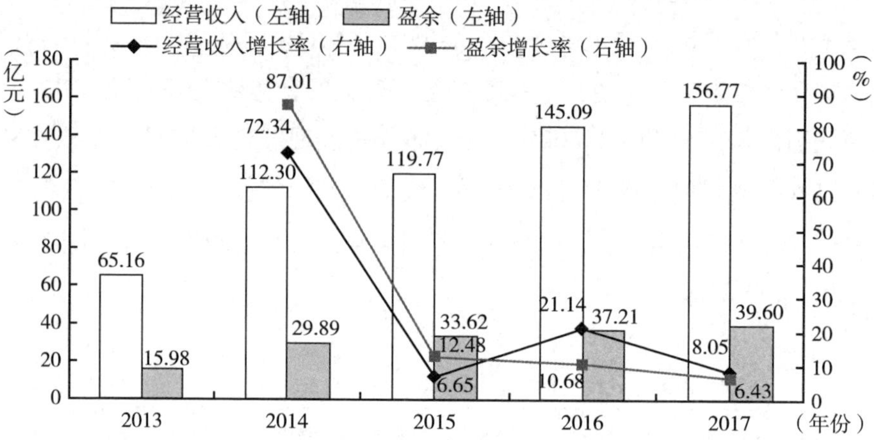

图21 2013 ~2017 年甘肃省农业专业合作社经营发展情况

资料来源：甘肃省农业农村厅。

（六）农业产业化经营组织[①]

1. 农业产业化经营组织

2011 ~2016 年甘肃省农业产业化经营组织从4194 个增长到10096 个，年

① 2017 年因农业部统计口径调整，全省龙头企业数量、固定资产、销售收入、从业人数等指标调低。因此，该部分分析以2016 年及以前的数据为主，2017 年数据不与其他数据比较。

平均增长率为19.21%，2012～2016年增速均保持两位数增长（见图22）。2017年甘肃省农业产业化经营组织中有合作组织带动型5595个，占65.71%；龙头企业带动型2227个，占26.15%，年交易额在2000万元以上专业市场带动型195个，占2.29%，协会、联盟等其他形式带动型498个，占5.85%。

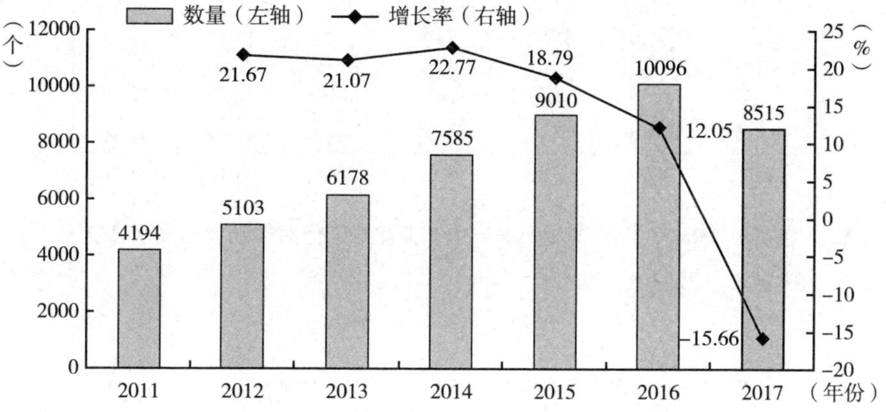

图22　2011～2017年甘肃省农业产业化经营组织发展情况

资料来源：甘肃省农业农村厅。

2011～2016年甘肃省农业产业化经营组织带动就业人数从39.0万人增长到57.3万人，年均增长率为8.00%，2012～2017年增速曲线呈“M”形变化，2012年和2017年出现负增长，2014年和2016年为个位数增长，2013年和2015年为两位数增长（见图23）。

2013～2016年甘肃省农业产业化经营组织带动农户增收总额从60.0亿元增长到87.0亿元，年均增长率为13.19%，2014～2016年增速逐年下降，2017年出现负增长，增速为－6.55%（见图24）。

2. 龙头企业发展情况

2013～2016年甘肃省农业龙头企业数量持续增加，从2377家增长到2869家，年均增速为6.47%，2014～2016年的增长率分别为6.60%、9.83%和3.09%，2017年龙头企业数量为2227家，出现负增长，增长率为－22.38%（见图25），其中国家重点龙头企业27家，占1.21%；省重点龙头企业421

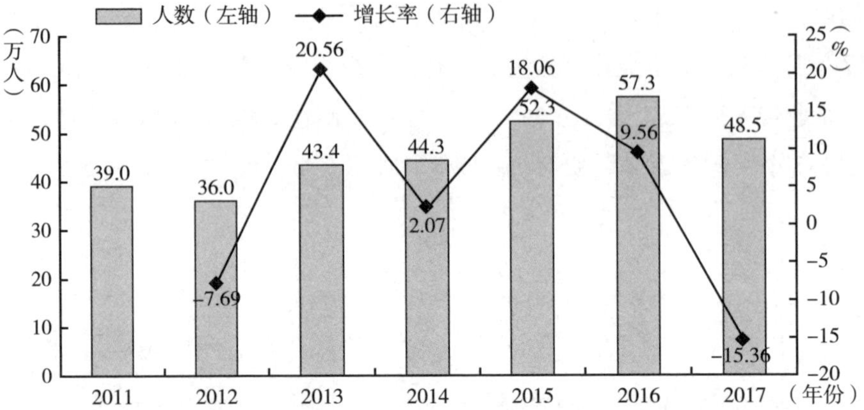

图 23　2011～2017 年甘肃省农业产业化经营组织带动就业发展情况

资料来源：甘肃省农业农村厅。

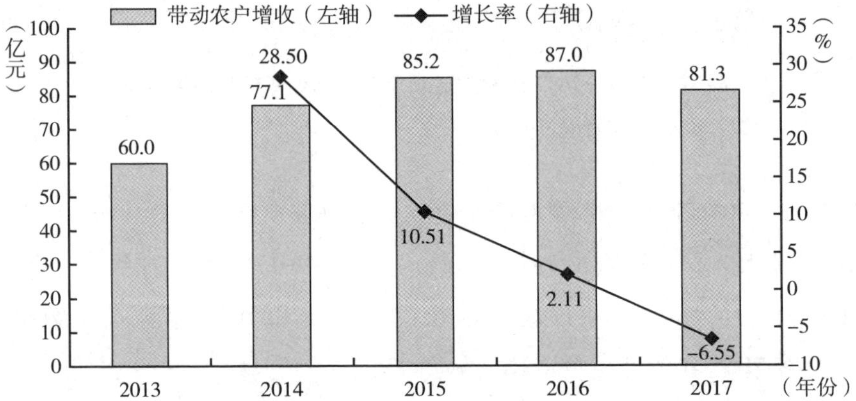

图 24　2013～2017 年甘肃省农业产业化经营组织带动农户增收发展情况

资料来源：甘肃省农业农村厅。

家，占 18.90%；市州重点龙头企业 1187 家，占 53.30%；县重点龙头企业 592 家，占 26.58%（见图 26）；从龙头企业行业分布看，有 1579 家从事种植业（种植及加工），占 70.90%，有 516 家从事畜牧业（养殖及加工），占 23.17%，从事水产类（养殖及加工）、林业（种植及加工）和其他行业的龙头企业分别有 18 家、49 家和 65 家，分别占 0.81%、2.20% 和 2.92%（见图 27）。

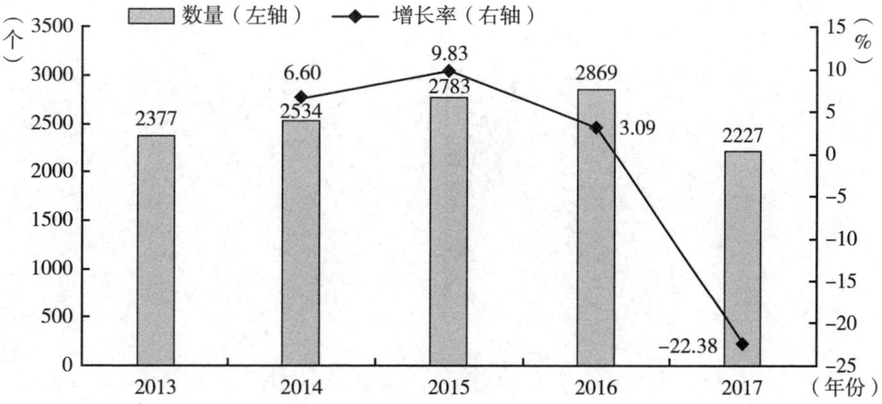

图 25　2013～2017 年甘肃省农业龙头企业发展情况

资料来源：甘肃省农业农村厅

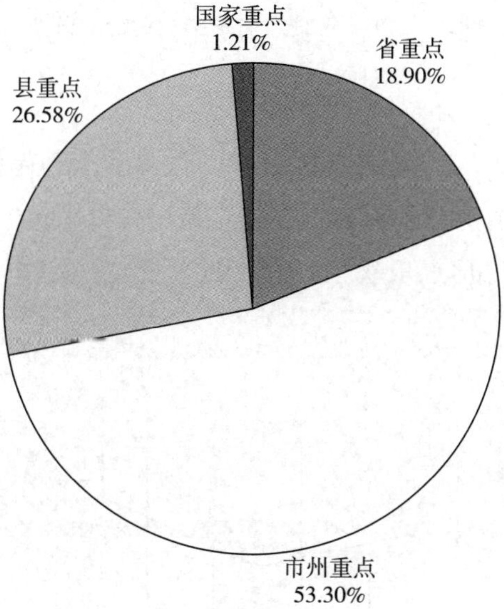

图 26　2017 年甘肃省龙头企业级别

资料来源：甘肃省农业农村厅。

2013～2016 年甘肃省农业龙头企业销售收入和固定资产持续增加，分别从 655. 6 亿元和 463. 6 亿元增加到 943. 0 亿元和 698. 5 亿元，年均增速分别为 12. 88% 和 14. 64%，2014～2016 年龙头企业销售收入和固定资产的增

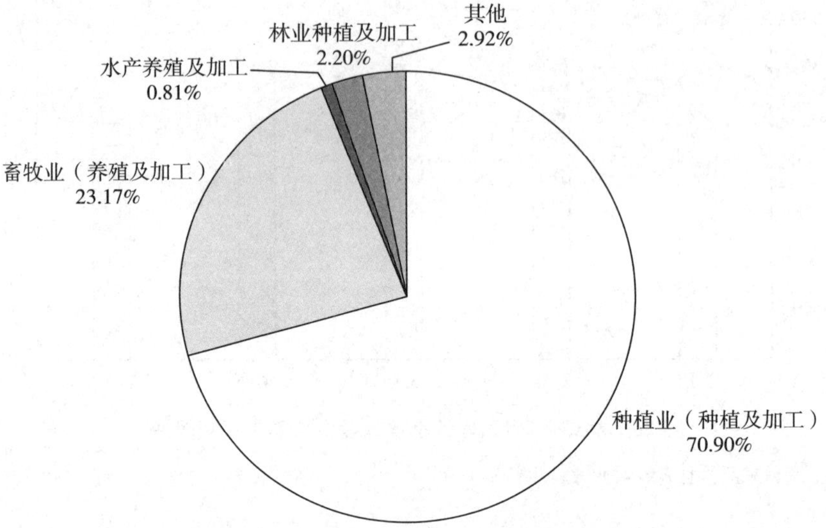

图27　2017年甘肃省龙头企业行业分布

资料来源：甘肃省农业农村厅。

长率变化趋势相同，均为先下降后上升，总体呈上升趋势；2017年龙头企业销售收入和固定资产分别为823.5亿元和655.9亿元，出现负增长，增长率分别为-12.67%和-6.10%（见图28）。

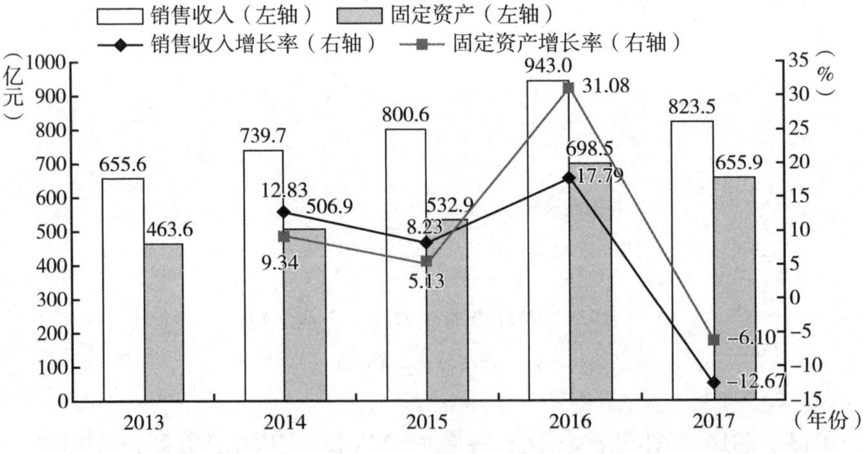

图28　2013~2017年甘肃省农业龙头企业销售收入和固定资产发展情况

资料来源：甘肃省农业农村厅。

三　甘肃省农业经营的特点与存在的问题

1. 农业生产趋向专业化，但小规模经营农户比重偏高

超过 1/3 的农户通过土地流转释放了富余的劳动力，流转出超过 1/4 的家庭承包耕地，从事家庭第一产业和短期外出务工（兼业）生产的劳动力在逐年减少，更多的劳动力转向了家庭经营（其他产业）和常年外出务工等非农就业。脱离农业的非农户不断增加，纯农户的比重在减少，经营耕地 10 亩以下的农户出现负增长，比重明显下降，小农经营逐步向规模经营转化，农业经营者的专业化程度逐步加强。2017 年经营耕地 10 亩以下农户所占比重为 62.71%，经营耕地 10～30 亩农户所占比重为 28.45%，两者之和已达到 91.16%，经营耕地 30 亩以上农户所占比重只有 6.38%，未经营耕地农户占 2.46%。在国家实施新型农业经营主体培育工程、鼓励通过多种形式开展适度规模经营的背景下，甘肃省小规模经营农户比重偏高。

2. 村集体经济数量快速增长，但发展质量有待提升

近年来，在各项脱贫攻坚政策措施的扶持下，2016 年农村集体经济发展趋势实现逆转，2016 年以前当年无经营收益的村持续增长，比重达到 68.13%，当年有经营收益的村整体呈下降趋势，比重下降到 31.87；2016 年，当年无经营收益的村数量开始下降，有经营收益的村数量开始上升，到 2017 年当年无经营收益的村比重下降到 45.45%，当年有经营收益的村比重上升到 54.55%。无经营收益村数量快速下降，距离《甘肃省人民政府办公厅关于全面消除贫困村村级集体经济“空壳村”的意见》提出的目标越来越近。但村集体经济以当年村集体经济经营收益 5 万元以下的为主，近两年数量快速增长，村集体经济经营收入却持续下降，村均集体经济经营收入也在不断下降，村集体经济经营能力亟待加强。

3. 家庭农场示范作用增强，但农产品质量认证有待加强

示范性家庭农场发展迅速，2013～2017 年平均增速为 405.06%，比重

从0.12%上升到24.05%，在示范带动下，家庭农场数量也在快速增加，以年销售农产品总值10万元以下的家庭农场为主，经营规模逐步扩大，场均常年雇工人数不断上升；与此同时，在循环农业的优势吸引下，家庭农场的类型不断优化，种养结合的家庭农场年均增速最高，比重上升最快。《乡村振兴战略规划（2018～2022年）》提出实施食品安全战略，完善农产品认证体系和农产品质量安全监管追溯系统，着力提高基层监管能力。随着人们生活水平的不断提高，当下农产品安全问题也是全社会关注的焦点之一，然而甘肃省通过农产品质量认证的家庭农场数从2013年的14家上升到2016年的34家，年均增加6.67家，2017年下降到29家，减少了5家，比重在波动中从0.57%下降到0.36%。

4. 产加销合作社为主导力量，但牵头人的能力有待加强

2010～2017年甘肃省农业专业合作社数量及其经营收入和盈余均持续增长，但增长率逐年下降。从增速和比重变化来看，提供产加销一体化服务的合作社发展最快、比重最大，其次是生产服务型合作社；农民是牵头发展合作社的绝对主力，企业和其他牵头人作为辅助力量正在逐步加强，村组干部和基层农技服务组织作为辅助力量已开始弱化。甘肃省农业专业合作社牵头人为农民（含村组干部）的合作社比重高达94%，企业牵头的合作社不足2%，企业是市场的主体，对市场有较强的把控能力，农民则是农业生产的主体，其对市场行情的研判能力远不及企业。

5. 产业化经营组织带动成效显著，但平均带动能力逐年下降

2017年甘肃省农业产业化经营组织带动48.5万人就业，带动农户276万户，增收总额达到81.3亿元。甘肃省农业产业化经营组织以合作组织带动型为主，其次是龙头企业带动型。龙头企业销售收入和固定资产增速高于企业数量的增长，2017年农业产业化龙头企业从业人数17.7万人，其中省级以上龙头企业从业人数5.5万人，带动基地农户132万户，增收总额37.3亿元。但是，2011年甘肃省每个农业产业化经营组织平均带动92.99人就业，2016年下降到每个农业产业化经营组织平均带动57.64人就业，2013年甘肃省每个农业产业化经营组织平均带动农户增收97.12万元，2016年

下降到每个农业产业化经营组织平均带动农户增收 87.52 万元，农业产业化经营组织平均带动就业和带动农户增收的能力逐年下降。

四　甘肃省农业经营方式发展的对策建议

（一）促就业、强带动，加速小农转化

通过拓宽农村劳动力转移就业渠道，结合《乡村振兴战略规划（2018～2022 年）》中建设生态宜居的美丽乡村，创造更多适合农村劳动力就地转移就业的机会，增加小规模农户劳动力务工的机会；培育壮大新型农业经营主体，鼓励通过多种形式开展适度规模经营，增强其带动小规模农户的能力，鼓励小规模农户参与多样化的联合与合作，与新型经营主体建立契约型、股权型利益联结机制，促进小规模农户生产和现代农业的发展有机衔接，发展适度规模生产，加速小规模农户的转化。

（二）重质量、提效益，壮大集体经济

充分利用国家实施乡村振兴战略和《甘肃省人民政府办公厅关于全面消除贫困村村级集体经济“空壳村”的意见》等扶贫攻坚政策叠加的有利时机，有效整合支农惠农资金，集中投向村集体经济项目，发展壮大集体经济。同时强化人才支撑，注重从致富能手、农民合作社负责人、返乡创业者等群体中选拔人才进入村级组织，抓好村干部和新型职业农民培训，提升经营管理水平，提高村集体经济经营效益。

（三）注安全、提质量，创建放心农场

加大农产品质量安全法律知识宣传教育力度，教育提高家庭农场主的质量安全意识、诚信守法意识和自我管理能力。通过正反面典型实例宣传，发挥典型榜样的带头作用和违法违规行为的警示作用，消除家庭农场主主观上违法违规的侥幸心理，促使家庭农场主注重农产品安全，倡导绿色化生产，

加强品牌建设，鼓励引导家庭农场开展农产品“三品一标”的创建和认证，提升农产品品质和市场竞争力，创建让消费者放心的农场。

（四）引企业推保险，建最强合作社

引导农民专业合作社与龙头企业签订农产品生产销售的有关协议，设立农产品保护价，并依托龙头企业履行“生产供销”的职能，在各个环节支持和扶持农民，提升合作社化解市场风险的能力。引导龙头企业为合作社提供技术培训、贷款担保、农业保险资助等服务，支持龙头企业通过“公司+合作社”“公司+基地”等方式，构建合作社和企业之间互利共赢的合作模式。完善农业保险政策体系，设计多层次、可选择、不同保障水平的保险产品，推动合作社经营农产品的保险覆盖面，在龙头企业和农业保险的双重保障下发展最强合作社。

（五）强带动、育职农，构新农业体系

优化乡村营商环境，通过奖励、补贴、税收优惠等政策工具，激励工商资本到农村投资适合产业化、规模化经营的农业项目，与当地农户形成互惠共赢的产业共同体，在扶持产业化经营组织发展壮大的同时引导其提升带动能力。继续加强新型职业农民的培育，通过与农民专业合作社、专业技术协会、龙头企业等主体联合培训，以田间课堂、网络教室等培训方式，培养新一代爱农业、懂技术、善经营的新型职业农民，为产业化经营组织提供更多可带动的人力资源。促进小农户生产和现代农业发展有机衔接，构建现代农业经营体系。

B.8

甘肃农村“三变”改革的重点与难点

刘伯霞*

摘　要： 本报告通过对甘肃农村“三变”改革现状的研究，发现甘肃农村“三变”改革试点中存在对“三变”改革认识不足，群众参与的积极性不高；主导产业带动力不足，农业技术服务体系缺乏；交易平台不完备，产权交易不规范；“三变”改革的配套政策跟不上；“三变”改革方面的法律法规不健全等问题，具有集体经营性资产难以折股量化，具体落实上存在困难；经营主体改制与发展有一定难度；改革中风险防控难度大，农民权益难以充分保障；村级集体资产少，改革投入资金少，资金整合难度大等难点。提出在全面推进甘肃“三变”改革中要重点解决好“为什么要变”“变什么”“谁来变”“靠什么来变”等问题。

关键词： 甘肃　三变改革　重点　难点

“三变”改革是解决“三农”问题的重要途径，是推进农业转型升级的重要手段，是打赢脱贫攻坚战、实施乡村振兴战略的重要抓手，是激活农村要素资源的重要举措，是推动农村社会治理的有效载体。2017 年中央一号

* 刘伯霞，甘肃省社会科学院农村发展研究所研究员，研究方向为区域经济、城市经济、农村经济。

文件明确提出，鼓励开展资源变资产、资金变股金、农民变股东等“三变”改革，增强集体经济发展活力和实力。甘肃省 2017 年 6 月启动农村“三变”改革，在全省 85 个县市区的 761 个乡镇 1742 个村分层展开试点。2018 年 8 月在全省范围内全面推开，目前形成了分类指导、分层推进、多点探索的良好局面。

一　甘肃省农村“三变”改革现状

1. 形成了一批各具特色、可复制推广的改革模式

甘肃省设立榆中县、临泽县等 6 个省级试点县区，经过一年多的探索与实践，嘉峪关市、永登县等 18 个市级试点县（市）形成了一批不同地域、不同类型的改革模式。这些模式不但解决了“三变”改革中“谁来带动”“钱从哪来”“农民怎样变”等问题，还在资源入股、项目资金投入、股权分配、利益联结、风险防控等方面探索出可复制、可推广的经验做法，为全省全面推开“三变”改革提供借鉴。

表 1　甘肃省农村“三变”改革模式

市州	改革模式
武威	“三变”+日光温室蔬菜种植、“三变”+乡村生态旅游、“三变”+肉羊养殖、“三变”+食用菌生产
兰州	“三变”+土地银行+特色种养业、“三变”+田园综合体”、“三变”+乡村旅游、“三变”+休闲农业+加工企业、“三变”+城市资源、“三变”+特色小镇+休闲农业
酒泉	联合社+合作社+电商+农户、合作社+龙头企业+基地+农户、供销社+合作社+基地+农户、脱贫帮扶+党建+金融+贫困户、村办企业+公司+合作社+农户+乡村民俗旅游
嘉峪关	“三变”+土地流转、“三变”+固定资产入股、“三变”+戈壁特色农业
张掖	“三变”+乡村旅游、“三变”+戈壁农业、“三变”+乡村旅游+特色产业、“三变”+特色产业
金昌	“三变”+土地银行、“三变”+龙头企业+基地、“三变”+订单农业
定西	一园变五金、公司+合作社+贫困户+基地、三社合一+“三变”、养殖+“三变”林业产业+“三变”、乡村旅游+“三变”

续表

市州	改革模式
庆阳	“三变”+集体经济、“三变”+产业扶贫、“三变”+乡村旅游、“三变”+龙头企业、“三变”+电商
平凉	“三变”+特色种植养殖、“三变”+乡村旅游、“三变”+三变
天水	“三变”+特色产业、“三变”+多元融资、“三变”+技术入股、“三变”+电商扶贫、“三变”+车间扶贫、“三变”+异地置业扶贫、“三变”+乡村旅游、“三变”+田园综合体、龙头企业+平台公司+村集体+合作社+贫困户
陇南	“三变”+特色产业、“三变”+乡村旅游、“三变”+电子商务
临夏	国有龙头企业+专业合作社+基地+农户、村集体+公司+农户、公司+村委会+合作社+农户、合作社+基地+农户、支部+合作社+基地十贫困户
甘南	公司+村集体十农牧户、村集体+合作社+农户、党支部+专业合作社+基地十农户、党支部+集体经济+农牧户、农户+党支部+合作社+企业

2. 确权步伐加快，承接主体快速增长

各地加快农村集体资产清产核资工作和确权登记颁证步伐，组织开展村集体资源、资产、资金核实工作，解决“基础支撑”问题。科学划分资源性资产、经营性资产、非经营性资产和流动性资产（资金）以及财政投入村的发展类项目资金，协商评估后建立投资入股存量资本台账。在此基础上，做好集体成员界定和村集体资产的折股量化，把集体资源资产折股量化到农民头上，使他们享受到集体资源资产的收益。截至2018年6月底，全省共清查核实村级资金20.57亿元，村级资产87.03亿元，村级资源0.41亿亩。

新型经营主体是承接农村“三变”改革的关键载体，“三变”改革又带动新型经营主体快速增长。各地围绕特色优势产业，按照“壮大一批、引进一批、新建一批”的思路，通过外引和自建，培育壮大了一批承接主体。通过政策扶持、招商引资，加快发展本地农业龙头企业、产业联合体、农民专业合作社、家庭农场等各类“三变”改革承接载体。目前，全省共有2121个新型经营主体、1115个村集体经济组织参与“三变”改革，其中新引进和成立龙头企业249个。平凉市通过建立“龙头企业+国有公司+合作社+农户”的基本组织形式和“国有公司+合作社+农户”“龙头企业+

农户”“大户＋农户”等具体组织形式，积极引导农户融入产业链，分享产业收益；通过政府注资、担保公司融资等方式，成立国有平台公司、融资平台公司，解决改革中“谁来推动”的难题。甘南、临夏以现有的县乡供销社为基础，组建“国有扶贫产业开发公司”承接“三变”改革。庆阳市引进9家上市企业到庆阳建立产业基地，采取企业化模式推动“三变”改革。陇南市徽县截至2018年2月中旬，培育形成100亩以上的规模经营主体176个，累计注册农民专业合作社983个，辐射带动农户3.09万户近10万人。

3. 主导产业稳步发展，一、二、三产融合发展

各地立足资源禀赋和现有产业基础，按照“一村一品”，精心筛选了“三变”改革特色优势主导产业，大力发展收益稳定可靠的特色种养、乡村旅游、农产品加工、农村电商等产业，创新经营方式，拓宽“三变”改革的实现途径。各地充分发挥其产业优势、资源优势、区位优势，将“三变”改革与甘肃草食畜、优质林果、高原夏菜、马铃薯、中药材、现代种业等六大主导产业培育发展结合起来，引导各类经营主体以参股、控股或独立经营等投资方式，创新“‘三变’改革＋”经营机制，推动多形式合作经营，大力发展特色优势产业、休闲观光农业、特色小镇、现代农业产业园、田园综合体等，促进一、二、三产业融合发展。兰州市将高原夏菜、中药材、玫瑰、百合、马铃薯、草食畜、猪禽渔、休闲农业八大特色产业作为“三变”改革的主导产业来发展。嘉峪关、酒泉、张掖等河西地区采取“‘三变’＋戈壁农业”模式，大力发展特色设施种植业。临夏州着力提升改造牛、羊、菜等八大特色农业产业，并围绕八大产业全力扶持100家农业龙头企业，推动“三变”改革稳步推进。金昌市聚焦产业优势，选择经营模式，构建起以股权为纽带的产业发展平台，形成了“‘三变’＋玉米压片深加工”“‘三变’＋乡村旅游”“‘三变’＋戈壁农业＋产业扶贫”等一批产业经营模式。白银市做大特色产业，引导各试点村大力发展牛、羊、驴、菜、果、薯、药、粮（小杂粮）八大特色产业，积极发展戈壁农业、乡村旅游、休闲观光农业、生态康养等新产业、新业态。

4. 股份化合作进展迅速，金融支撑逐步建立

各地以入股为核心，大胆探索股份化合作，在坚持不改变土地农业用途、不突破耕地保护红线、防止集体资产流失、不让农民利益受损等政策底线的前提下，制定规范合同样本、加快建立交易平台等，使农民群众规范入股、放心入股，全力打造“股份农民”。做到了合同书、股权证、分红单“三个到户”，形成了土地股、资金股、机械股、民俗文化股等多种股权形式。注重合理分配收益，完善利益分配机制，坚持保底分红与效益分红相结合，让入股农民获得了实实在在的收益。截至目前，全省村集体和农户的117.36万亩耕地、22.79万亩林地、7.94亿元资金、折价6.4亿元的房屋机械设备等固定资产量化入股到各类经营主体。白银以股改为核心，支持经营主体承接“三变”改革，鼓励农户以多种方式入股经营主体，已探索实施33类“三变”改革模式、25种股份合作与联合形式。截至目前，试点村参与“三变”改革的农户达1.37万户，其中贫困户5586户；村集体和农户以土地、劳动力、技术、自有资金等不同形式入股参与“三变”改革，入股耕地11.55万亩、林地7620亩，资金1174万元，劳动力4943人，房屋、机械设备等固定资产2582.56万元。已有18个试点村实现股权分红，村集体经济增长24.9万元，农户获得入股分红1326.2万元，其中贫困户获益492.3万元。合作市佐盖曼玛镇地瑞村将141户农牧户的150亩土地承包经营权作为资产股入股宏海公司，按照股权设置及股份比例实现收益，2017年底户均分红收益4000元；舟曲县东山镇谢家村整合各类资金336万元入股东盛养殖专业合作社，建立土鸡养殖基地，带动农户90户，户均分红1801元。

积极搭建融资平台，引导社会资本投入，通过“三变”改革把千家万户、各方资金汇集起来，推进“集体资源调动政府资源，政府资源调动社会资源”。全省各地投入“三变”改革的财政支农资金达11.14亿元，有效撬动信贷资金投入4.41亿元，社会资本投入19.55亿元。兰州市等地探索用财政资金为农户增资配股，按照1∶1或1∶2的比例，引导农户自有资金投入“三变”改革经营主体。白银市景泰县筹集资金7500万元支持“三

变”改革产业发展和风险补偿。庆阳市强化金融支持，加强风险防控。协调金融机构开发“三变”贷等信贷产品，加大金融支持力度，涉农贷款余额达到440亿元，其中“三变”承接主体贷款8227万元。新增担保基金3200万元，充分发挥了县域投融资平台、担保机构和担保基金的作用。

5. 农民收入逐步增加，集体经济不断壮大

农村“三变”改革启动一年来，全省14个市州38个县区的108个改革试点村已经实现分红，为12.9万户农户分红1.63亿元，户均分红1263元。其中，6.8万户贫困户户均分红1198元。嘉峪关市以土地“三权”分置改革为基础，以“三金”（股金、租金、薪金）提升为导向，组织2112名劳动力入股新型经营主体，获得入股分红225.9万元，村集体经济增加17.536万元。金昌市康盛村将60万元财政资金和村集体的1060亩耕地入股到金禹川公司，合作发展高原夏菜种植产业，村集体年保底收益4.8万元，农户每年获得保底收益64万元。天水市参与农村“三变”改革试点的4.07万户农户获得入股分红1899万元，其中7850户贫困户收益分红287万元，24个村集体经济增加622万元。平凉市1.03万户农户获得分红2572.2万元，其中贫困户获益1045.07万元，村集体经济增加251.5万元。陇南市徽县农民人均纯收入从2014年的5632元增加到2017年底的7756元，增幅达37.7%。定西市陇西县将部分财政扶贫专项资金投入村级集体经济，探索推行“资产经营型”“资源开发型”“产业带动型”“土地营运型”“服务创收型”和“项目支撑型”6种发展模式。

二　甘肃农村“三变”改革中存在的问题与难点分析

（一）甘肃农村“三变”改革中存在的问题

1. 对“三变”改革认识不足，群众参与的积极性不高

“三变”改革以来，虽然各地都进行过广泛宣传和集中培训，但对“三变”改革认识不足、思想不统一的问题在各地还不同程度地存在。一是

部分农民对农村“三变”改革内容和基本政策知晓不多，对其目的意义了解不充分，对土地所有有权、承包权、经营权和房地产抵押权理解不透，对“三变”改革持观望态度，参与“三变”改革的热情不高，甚至不配合“三变”改革的推进，有的外出务工人员不愿回村参加土地资源的确权工作。二是个别试点乡镇缺乏改革敏锐性，还存在积极性不高、思想不统一、认识不到位现象。三是部分乡村干部对“三变”改革的必要性、重要性认识不够，对参与“三变”改革有疑虑，一些地方特别是主要领导对“三变”改革的重大牵引和撬动作用认识不足，缺乏改革主动性，工作谋划部署和督促指导力度不大，进展比较缓慢。四是一些经营主体动力不足。由于部分群众对“三变”改革心存顾虑，担心自家土地林地资源入股得不到分红，担心资金入股后有去无回，致使部分贫困户参与改革的信心不足，还存在等待观望现象，特别是农民资金入股还不是太多，导致经营主体融资困难。

2. 主导产业带动力不足，农业技术服务体系缺乏

一些正处在培育阶段的主导产业，缺乏有实力的平台公司，农业产业化整体水平不高，没有大型农产品精深加工企业，农产品仍然以初级产品流入市场，产业链条延伸困难，产业规模效应不明显，农产品附加值低，优势品牌农产品不多，市场竞争力不强，带动农户增收的利益链条短。同时，由于农业实用技术人才匮乏，专业的良种、好苗木的提供，化肥、农药、除草剂的专业使用，病虫害防治等农业服务体系尚未建立，农业产业和经营主体缺乏必要的科学技术和专业化农业服务体系的支持，制约了主导产业的健康发展。

3. 交易平台不完备，产权交易不规范

目前，部分地区虽然建立了县乡村三级产权交易平台，但没有可供操作的产权资源价值评估标准，缺少交易规则，难以对入股资产、抵押贷款量化操作，部分农村集体资产无法建立合法有效的产权保护，不能通过产权交易平台流转。同时，受困于第三方评估机构收费过高，在资产评估、流转入股、价格确定等方面无法做到规范有序。

4. “三变”改革的配套政策跟不上

“三变”改革的配套政策不健全，在一定程度上影响了“三变”改革试点工作的实效和进度。农村“三变”改革是一次深度的探索性改革，自然会遇到诸多困难和问题，需要强有力的政策支持，要求多项改革同步进行，尤其是“三变”改革涉及的金融、股权交易、农业保险等政策必须健全配套。但当前这些配套政策缺乏。比如，“资金变股金”在实际操作中就缺乏相关制度支撑。因此，国家各级财政对农村众多且分散的各类扶持资金就难以整合到“资金变股金”改革中来。另外，金融和保险应该是农村“三变”改革的主战场，而现在农村正好是城市金融和保险服务难覆盖、政策不配套，自身金融和保险体系又不健全、不发达的地方，这些保障性的政策瓶颈若不能突破，即使“还权赋能”，也是“有权无能”，农民的财产依旧担保难、抵押难。政策制度层面的保障措施也不明确，特别是农村集体建设用地入市等政策尚未突破，阻碍了改革的深入推进。

（二）甘肃农村“三变”改革的难点

1. 集体经营性资产难以折股量化，具体落实上存在困难

一是集体经营性资产难以折股量化。比如，某地在清产核资过程中，清理的集体经营性资产共折股 14 万股。但在实际操作中，该股份只是固定资产，在折股量化到户的操作上无法变现为股份。二是业务水平经验不足，在具体落实上存在困难。“三变”改革试点村在改革过程中没有参照、对比，操作过程一直在摸索中推进，同时该工作具体操作的落脚点还是在村民委员会，其业务水平不高，经验不足，在一些政策和实务的理解及操作上存在一定的局限性。

2. 经营主体改制与发展有一定难度

在农村“三变”改革中，经营主体是十分重要的一方，经营的成功与否直接关系农户参与“三变”改革的权益能否得到持续保障。但是，目前部分经营主体内部体制机制呆板、不灵活，经营主体合作意识不强。一是在思想上有顾虑，总担心参与“三变”改革后，情况会变得复杂不好操作，

不愿意与农民进行深度合作。二是应用政策生搬硬套，总认为企业与合作社互不相关，不会按照优势互补、资源整合的原则建立股份制合作社来吸纳企业，或者其他合作社作为核心会员通过合作经营分户核算的方式联合组建经济共同体、壮大经济实力。三是经营主体缺乏现代企业经营理念，管理粗放。一些参与“三变”改革的企业，经营管理粗放，加之企业本身经营困难，很难带动入股农户脱贫致富。四是个别农业企业依赖政府的项目资金来维持经营，难以持续发展。一些龙头企业机制不健全，自我经济实力不强，融资难、贷款难，带动能力弱，企业与农民的利益连接点不明确，企业与农户之间的互相信任度不高。五是一些农民合作社组建运营不规范、实力不强、规模小，缺乏带动农民发展产业的能力。

3. “三变”改革中风险防控难度大，农民权益难以充分保障

“三变”改革涉及政策运用、规则建立、要素整合、利益分配，面临很多风险与挑战。企业与农民不能形成长期的合作关系，难以有效带动群众脱贫致富。一是村集体经济收入微薄，项目启动资金严重短缺。二是农户对改革的风险和收益都存在一定的疑虑。三是土地资源存在破坏风险。由于经营实体是以规模化的种养业为主，土地流转或入股后，合作社或企业为追求最大效益，势必充分甚至过度使用、不当使用生产资源，导致农业生产资源被破坏、土地四至不清等问题，即使将来农民退股，再恢复农业生产也存在一定困难。四是农村“三变”改革对经营中自然风险和市场风险防范措施不足。“三变”改革后，村集体、农民的有关资产权利、权益入股进入自负盈亏的农民专业合作社，农民特别是贫困户期盼在入股经济实体中“分红”的愿望强烈。但农业产业周期长、风险大，农业生产受不可抗拒的自然因素和不可预见的市场因素的双重影响，农民合作社经营主体抗风险压力较大。但在如何防范双重风险、解决合作社持续发展、保障农民股东利益等问题上，相关支持措施不足。同时，由于农民自身维权能力普遍较低，自身力量较弱，相关权益难以得到充分保障。在实际操作中，入股农民对合作社或企业的生产经营知情权、参与决策权难以保障，是盈余还是亏损，只能“老板”说了算，容易出现类似股市中“大户”套“散户”的现象。

4. 村集体资产少，改革投入资金少，资金整合难度大

一是多数村集体经济基础薄弱，参与“三变”改革的可变资产较少。普遍存在村无集体资产入股，无原始积累、完全靠政府投入。但由于量大面宽，财力有限，政府支持“三变”改革经费投入不多，特别是为农民增资配股的力度和范围还不够大，社会资本投入“三变”改革的动力不足，农民入股的资产单一，大多为土地、日光温室、养殖暖棚和劳动力，但农民并不愿意承担风险，既想保底分红，又想参与经营性分红，造成经营主体单方承担风险大，担忧较多。二是“资源变资产”中对可变资产的资源确权进展缓慢，农村的可量化入股资源匮乏。多数村集体无可变资源，土地、林地使用权确权工作尚未全面铺开，确权颁证工作还未完成，农民的可变资源主要是承包地和劳动力。因此，激活农村资源要素整合资金的难度较大。

三 甘肃农村“三变”改革要重点解决的问题及对策建议

自2018年8月开始，甘肃农村“三变”改革在全省范围内全面推开，大多数县区才初步接触“三变”改革，应在借鉴试点市县区成功经验的基础上，重点解决好以下问题。

（一）让干部群众真正明白“为什么要变”

从体制上来看，农村“三变”改革是要解决以家庭承包经营为基础、统分结合的双层经营体制“分”得充分、“统”得不够的矛盾。过去资源、资金、技术、经营、品牌、劳动力、主体和基础设施等八个方面统得不够，难以适应现代市场经济，大部分资源、资金、技术、人才等主要集中在城市，农村被边缘化，成为全面建成小康社会的“短板”。从改革的任务来看，农村“三变”改革是要解决发展中的难题。一是要解决产业发展慢的问题。二是要解决农村集体经济不强的问题。三是要解决农民收入低的问题。

（二）切实解决“变什么”的问题

1. 资源变资产

积极推动“农村土地、森林、草地、荒山、滩涂、水域等自然资源，集体房屋、建设用地（物）、基础设施等集体经营性资产使用权，个人的技术技艺、劳动力、知识产权”等三方面的资源，入股经营主体，按股分红。

2. 资金变股金

努力将财政资金、集体资金、个人资金和社会资金等四方面的资金变为股金。一是将各级财政投入农村的发展类、扶持类资金等（补贴类、救济类、应急类资金除外），量化为村集体或农民持有的资金，通过合同或者协议方式，投资入股经营主体，使村集体或农民享有股东权利，变“输血”为“造血”，变简单的资金支持为资产支持。以下五大类财政资金可以变为股金：①13 项生产发展类资金；②六大类农村设施建设类资金；③8 类生态修复和治理类资金；④财政扶贫发展类资金；⑤支持村集体发展类资金。二是通过将村集体积累的资金投入企业、合作社，发展特色农业。三是让一家一户的分散资金参与到“三变”改革中。四是利用财政资金这个杠杆，撬动国有和私营企业、社会民间资本加入“三变”改革，促进农业现代化发展，激发市场活力。

3. 农民变股民

采取政府主导、政府推动和政府支持三种方式让农民变为股民，实现增收。一是探索把扶贫资金作为农民持有的股金入股、占有股份、获得收益、实现脱贫的方式。二是鼓励和推动农民以土地、资金、技术等多种方式入股，采取公司 + 基地 + 农户、合作社 + 集体 + 农户等多种组织形式，让农民实现在家门口就业，提高土地产出率，增加农民收入。三是鼓励农民在“三变”改革中创业就业，支持返乡大学生、外出务工人员、乡土能人等回乡创业就业，营造大众创业、万众创新的良好环境。

（三）切实解决“谁来变”的问题

1. 靠政府来变

政府在推动“三变”改革中起着主导的作用，各部门要充分发挥各自的职能作用。①农业部门要做好五件事情：一要抓土地确权；二要抓实“3155”工程平台；三要抓主体培育，引导各类经营主体和参与“三变”的农户建立利益联结机制；四要抓技术指导；五要抓涉农奖补。积极整合部分涉农补贴，集中投向农业产业经营主体，提升涉农资金使用效益。②财政部门要做好四件事：一是增加投入；二是撬动融资，发挥财政资金杠杆作用，吸引集体资金、农民自筹资金、社会资金、金融资金参与“三变”改革；三是提供担保，财政要安排改革专项资金，重点用于“三变”融资信用担保、风险防控等；四是加强监管，严格执行规范的资金使用、报账、公示等制度，完善项目实施及资金监督管理机制，确保“三变”资金落到实处、使用安全。③扶贫部门要做好三件事：一是精准识别对象。二是用活扶贫资金，资金向贫困乡镇、贫困村、贫困户倾斜，发挥政策扶持资金的最大效益；三是加大培训力度，按照实用、实效原则，积极牵头开展好贫困户“一户一技”的精准培训，强化“三变”相关知识的培训；④其他相关职能部门根据各自职能，不断完善国土空间开发保护、耕地林地绿地保护、水资源管理、生态补偿、环境保护等制度，提高“三变”资源的综合利用率。

2. 靠农民来变

推进“三变”改革，农民是主角，是参与者，是受益者。一是宣传中要说农民听得懂的话。二是工作中要做农民愿意做的事。认真落实国家相关优惠政策，把“三变”改革的各项政策措施落到实处。三是要给农民真正想要的。帮他们找挣钱的路径，帮他们就业创业，让他们参与乡村管理。

3. 靠企业来变

农民变“股民”需要平台，这个平台主要指园区、企业和合作社。要按照壮大一批、引进一批、新建一批的思路，大力培育“三变”改革经营主体。一是壮大一批。辐射壮大、联合壮大、借船壮大。二是引进一批。引进500强企业、国有企业和民营企业。三是新建一批。在企业较少的乡镇、村，以“三变”改革为纽带，鼓励村集体进一步盘活农村“三资”，因地制宜新建一批合作社、家庭农场和农业企业，开办生产型、加工型、商贸型、物流型、乡村旅游型等村办企业。

（四）切实解决“靠什么来变”的问题

首先，确权是前提。通过“三变”确权入股，农民最大的改变就是拥有了资产，确权要把好指界关、测绘关、公示关和建档关四个关口。其次，产业是平台。把农民手中的资源资金变成股权需要平台，需要通过市场主体来实现。产业平台要满足“三变”的要求，要根据不同的自然环境、资源禀赋和基础条件，因地制宜、以点带面、逐步推开，打造单一性初级发展平台、规模化中级发展平台、综合性高级发展平台。要重点把握好由分散化向规模化进军、由单一性向综合性进军、由内销型向进出口型进军、由农商向电商进军四个阶段。最后，金融是支撑。一是建立融资平台；二是建立“两权”抵押平台；三是建立交易平台。

参考文献

《如何理解农村“三变”改革》，活力西华网，2018年3月26日。

洪文泉、薛砚：《农村“三变”改革取得阶段性成效　甘肃近13万农户拿到分红1.63亿元》，《甘肃日报》2018年7月25日。

吴晓燕、鲁明：《甘肃将全面推开农村“三变”改革》，《农民日报》2018年8月4日。

先朝阳：《甘肃庆阳市探索推进“三变”改革纪实：打造乡村发展新引擎》，《甘肃日报》2018年9月12日。

刘远坤：《农村“三变”改革的探索与实践》，《行政管理改革》2016年2月19日。

《青山镇“三变”改革调研报告》，商南县人民政府网站，2017年11月13日。

《“三变”改革实践发现的问题及建议》，中国人民政治协商会议宣城市委员会网，2017年9月11日。

《来安县罗庄村“三变”改革的探索与思考》，人民网－安徽频道，2017年1月12日。

稿子铺：《在农村“三变”改革试点工作推进大会上的讲话》，2017年6月15日。

胜利山巅：《如何应对农村土地“三变”改革存在的风险》，人民网－强国论坛，2017年9月17日。

《问：农村“三变”改革的主要内容是什么，它的精神实质是什么?》，《甘肃日报》2017年10月18日。

周者军、李文翠：《源头“活水”浇开富民花——徽县“三变”改革助推产业发展的实践与探索徽县“三变”改革助推产业发展的实践与探索》，《甘肃日报》2018年4月4日。

《关于统筹推进农村“三变”改革试点工作的几点建议》，民建中央网站，2017年4月12日。

《总结交流经验做法　全面推开“三变”改革——甘肃省农村“三变”改革现场推进会发言摘登》，《甘肃日报》2018年7月30日。

梁迎春：《关于统筹推进农村“三变”改革试点工作的几点建议》，民建中央网站，2017年4月12日。

《农村“三变”改革要分十步走——何鹏峰主持召开农村“三变”改革专题调研安排会》，静宁发布，2017年12月21日。

志丹崔、宏军：《如何推进农村三变改革》，人民网，2017年10月24日。

B.9

甘肃省农村民生需求与发展不平衡不充分问题

胡 苗　潘从银　徐吉宏*

摘　要：　本报告从农村民生需求角度出发，以不同地理环境特征的调研镇为研究对象，定量分析调研区域农村民生需求与发展的不平衡问题，同时对比分析全国27个省份农村民生发展不充分问题，并用相关实际变量的数据加以实证分析。通过对甘肃省镇域农村民生指标综合评价，得出农村民生发展整体差异不大，整体上处于较低水平，存在一定的不均衡性；通过对全国农村民生发展指数分析，得出甘肃省农村民生发展水平低于全国平均水平，而西部省份中贵州、四川、山西、宁夏、青海的农村民生发展水平增长较快。

关键词：　农村民生需求　不平衡　不充分

近年来，各项“三农”优惠政策连续出台，但在长期的城市发展偏向制度下，农村的社会经济发展不均衡，农业、农村、农民总体上处于弱势地位，农村劳动力严重缺失，农业效益低下，没有形成产业主体，留守群体社

* 胡苗，硕士，甘肃省社会科学院农村发展研究所助理研究员，主要研究方向为农村经济学；潘从银，区域经济学硕士，甘肃省社会科学院助理研究员，主要研究方向为农村经济发展研究；徐吉宏，硕士，甘肃省社会科学院农村发展研究所助理研究员，主要研究方向为农村发展及地理信息技术。

会救助缺失等，正在成为乡村振兴的严重障碍。十九大报告指出，新时代我国社会的主要矛盾已经转化为人民日益增长的美好生活需要与不平衡、不充分的发展之间的矛盾。发展最不平衡的是城乡发展不平衡，最不充分的是乡村发展不充分。[①] 本报告在构建农村民生评价指标的基础上，通过对全国27个省份和甘肃省镇域农村民生发展的对比分析，揭示了甘肃省农村民生需求与发展的不平衡不充分问题。

一　文献综述

20世纪70年代以来，伴随世界经济发展和各类基础设施的快速建设，许多学者针对农村民生需求与发展的研究主要集中在农村基础设施与经济增长的关系上，其中具有代表性的是：Rostow 1988年从理论上对基础设施建设的作用进行分析，认为基础设施建设是社会变革、生产力发展、经济成长的前提条件；世界银行的《1994年世界发展报告：为发展提供基础设施》（1995）[②] 考察了基础设施与发展的关系，对部分国家人均基础设施存量随人均国民收入增长而增长的统计资料进行分析后提出，基础设施存量增长1%，国内生产总值增长1%，也就是说人均GDP每增长1%，基础设施建设投资也必须相应投入约1%，否则经济增长将会受到阻碍，不能保持稳定和持续发展。

国内关于农村民生需求与发展问题的研究主要聚焦在农村基础设施与农村经济发展上，研究结果表明：①增加农村交通、能源、通信等基础设施投资可以显著提振农村经济；②农村基础设施可放松农业生产对劳动力投入的要求，改变农村经济结构；③农村教育回报率会随基础设施的普及而进一步提高。而对于公共服务方面的研究主要倾向于差异及效率分析。总而言之，农村民生需求与发展的研究较为薄弱，农村信息网络和环境卫生基础设施未能得到充分考量。本报告将针对这些问题，从农村民生需求角度出发，以不

① 【十九大理论新视野】《建设生态文明　打造美丽中国》，人民论坛网，2018年3月28日。

② 世界银行的《1994年世界发展报告：为发展提供基础设施》（1995）提出，基础设施是永久性的成套工程设备、设施和它们为生产和生活提供的服务。

同地理环境特征的调研镇和全国 27 省份为研究对象，定量分析该区域农村民生需求与发展的不平衡不充分问题，并用相关实际变量的调研和统计数据加以实证分析。

二　数据来源与指标构建

（一）数据来源

本报告数据来源：一是通过农户问卷，对农业劳动者、农民工、农民个体工商者、乡镇干部、农村弱势群体等不同的群体进行农村民生服务满意度和需求度调查；二是根据甘肃省统计局提供数据，对全省 584 个镇域农村民生发展情况进行对比分析；三是采用《国家基本公共服务统计指标 2017》，对全国除北京市、天津市、上海市、重庆市 4 个直辖市之外的 27 个省份进行农村民生需求与发展的评价与分析。

（二）指标构建

表 1　甘肃省农村发展与民生指数评价指标体系

一级指标	二级指标	单位	一级指标	二级指标	单位
农村经济	公共财政收入	万元	社会发展	小学专任教师数	人
	公共财政支出	万元		小学在校学生数	人
	规模以上工业企业总产值	万元		图书馆、文化站个数	个
	商品交易市场个数	个		医疗卫生机构个数	个
民生改善	公园及休闲健身广场个数	个		医疗卫生机构床位数	床
	剧场、影剧院个数	个		执业（助理）医师数	人
	金融机构网点数	个		农村居民最低生活保障人数*	人
	体育场馆个数	个		新型农村社会养老保险参保人数	人
	设施农业占地面积	公顷		新型农村合作医疗参保人数	人
	有效灌溉面积	公顷	生活环境	人均建成区绿化面积	平方米
	燃气用气户数	户		城镇污水处理率	%
	自来水用水户数	户	科技发展	农业技术服务机构个数	个
				农业技术服务机构从业人员数	人

注：* 表示逆指标。

民生问题关系人民群众最直接最现实的利益，发展民生经济的重点区域在农村，重点对象是以农民（包括农民工）为主的低收入人群，农村地区民生服务的发展对于我国农村经济的发展有巨大推动作用。由于农村民生需求发展不平衡不充分方面的统计指标相对较少，基于数据的可得性和指标的合理性，借鉴已有农村发展、民生问题研究的相关成果，结合民生需求调查，遵循系统性、科学性、主导性、可操作性等原则，笔者大致从基础设施、公共教育、社会保障、基本医疗等层面建立指标来测算各地农村民生发展水平。

表2　全国农村民生需求指标体系

一级指标	二级指标	单位
基本生产生活	农业机械总动力	万千瓦
	农村用电量	亿千瓦时
	农村危房改造户数	万户
	农村居民人均消费支出	元
基本公共教育	农村九年义务教育在校生数占全部在校生数比重	%
	农村九年义务教育专任教师数占全部专任教师数比重	%
	农村九年义务教育师生比	%
劳动就业服务	农村劳动者登记求职人数	万人
	农村劳动者登记求职人数占本期全部登记求职人数比重	%
	农村劳动者登记求职职业介绍成功人数占本期全部职业介绍成功人数比重	%
社会保障	农村居民基本养老保险参保人数	万人
	农村居民最低生活保障人数*	万人
	农村特困人员救助（五保供养）人数	万人
基本医疗	农村卫生厕所普及率	%
	村卫生室执业医师数	人
	村卫生室诊疗人次	万人次

注：*表示逆指标。

三　甘肃省农村民生需求与发展不平衡问题分析

（一）农村民生发展满意度和需求度

从被调查样本的情况看，农户对主要民生服务满意度最高的为社会保障服务（低保、养老）达到83.4%，说明社会保障类近年取得的成效得到民众的广泛认可；其次是基础设施（包括生产性和生活性基础设施）为75.21%，这是由于各级政府在农村基础设施建设方面投入大量资金，满足了农户生产生活需求，使农村面貌发生巨大的改变；满意度最低的是科技信息和医疗卫生（70%以下），在农村科技发展方面，由于目前职能部门提供的技术指导有限、质量不高，在很大程度上难以解决农民在技术和信息方面遇到的难题，而人员配备、培训机制以及财政经费短缺是造成科技信息满意度较低的主要原因。在农村医疗卫生方面，随着新型农村合作医疗（简称新农合）制度的不断完善，农民看病难、看病贵等矛盾在一定程度上有所缓解，但对于大病重病患者来说，新农合保障水平还比较低，农民负担依然很重，特别是在农村因病返贫的现象依然比较突出，这也是农民对医疗卫生服务满意度低的主要原因。

从被调查样本的情况看，农户对主要民生服务需求度最高的为医疗卫生，调研中有95%以上的农户表达了对医疗卫生服务的迫切需求；其次是新农合和新农保，满意度较高，同时需求度也较高；满意度最低的是生活性基础设施，表明当前农民最关注的还是能够提高收入的民生服务，而对于生活质量和精神文化方面的民生服务的需求度较低。

（二）农村民生发展指标评价分析

1. 计算方法

对甘肃省镇域农村民生发展采用Z分值法。在认真核对原始数据无误的情况下，对每一指标列数据进行标准化处理，使各指标列数据形成无差异的标准化矩阵；在对数据进行标准化处理的基础上，分别以二级指标列为单位进行分值赋值，再进行加权加总得各级指标分值。[①]

2. 计算结果

通过对农村经济发展、民生改善、社会发展、生态建设、科技创新5

① 《甘肃县域竞争力评价报告2013》，道客巴巴。

个一级指标进行计算和分析，发现甘肃省584个镇中农村民生发展综合得分最高的是庆阳市西峰区的董志镇，为85.35分；达到80~85分的有10个，占总数的17.12%，分别为陇西县巩昌镇、山丹县清泉镇、武山县的洛门镇、凉州区的武南镇、西峰区后官寨镇、甘谷县大像山镇、兰州新区中川镇、环县环城镇、金川区宁远堡镇和双湾镇、宁县焦村镇、陇西县文峰镇。

从2016年甘肃省镇域农村民生发展得分来看，均值为76.34分，农村民生发展整体处于一般优势；方差为1.919，标准差为1.385，偏度为1.661，进一步反映了民生服务统一的供给模式，整体差异性比较小；同时，结合均值、方差、标准差及偏度，2016年甘肃省镇域农村民生发展整体上处于较低水平，存在一定的不均衡性。

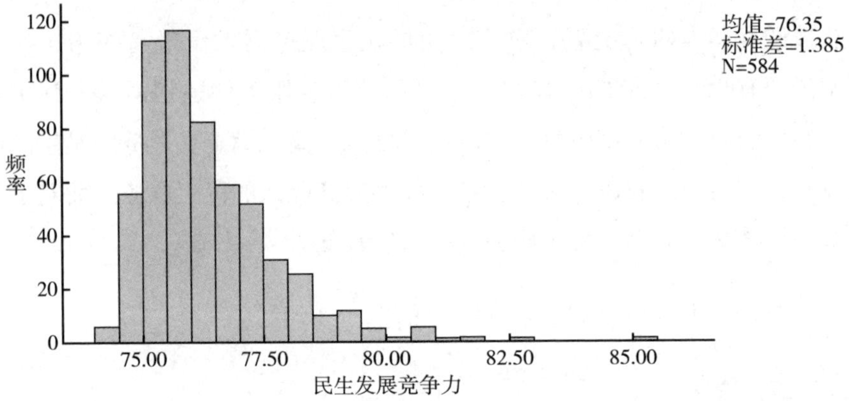

图1　甘肃省镇域农村民生发展

（1）农村民生发展综合评价。从图2可以看出，2016年，甘肃省东中西部农村民生发展竞争力得分河西地区最高，为78.97，与陇中（76.75）、陇东地区（75.39）的差距不是很大，甘南地区得分最低为70.63。

（2）农村经济发展评价分析。通过对公共财政收入、公共财政支出、规模以上工业企业总产值、商品交易市场个数4个二级指标进行计算和分析，发现2016年甘肃省镇域农村经济发展得分处于前列的为凉州区的武南

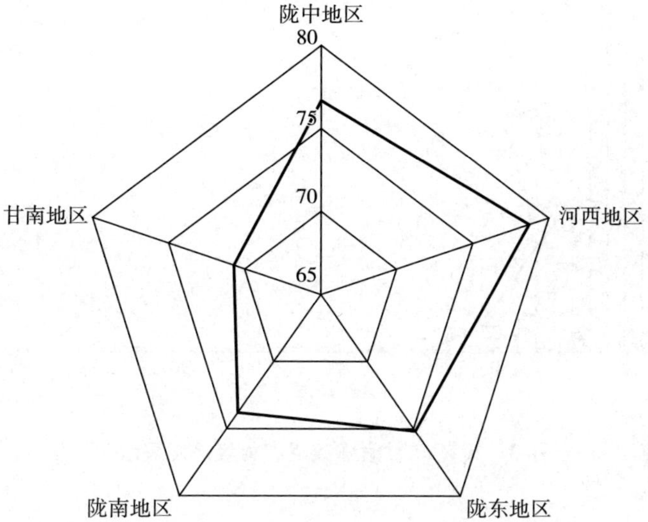

图 2　甘肃省东中西部农村民生发展竞争力

镇、陇西县的巩昌镇、西峰区的董志镇、兰州新区的中川镇；得分居于后列的为迭部县的电尕镇、定西市临洮县的峡口镇、武威市古浪县的西靖镇。甘肃省 584 个镇的农村经济发展得分均值为 77.26，标准差为 1.925，方差为 3.707，偏度为 2.722（见图 3），差异性较大。从经济发展水平归类分布来看，行政区域特征明显，县（区）所在的城关镇经济发展水平提升较快，而其他地方的经济发展水平提升相对较慢；从各镇域农村民生发展竞争力与经济发展比较来看，经济发展较好的镇域农村民生指数排序相对靠前。

（3）农村民生改善评价分析。通过对基础设施和生活质量两方面的 8 个指标进行计算和分析，发现 2016 年甘肃省镇域农村民生改善情况的得分最高为西峰区董志镇 88.659，最低为会宁县汉家岔镇 75.141。甘肃省 584 个镇的民生改善情况得分均值为 77.16，标准差为 1.677，方差为 2.927，反映了研究范围内农村民生改善情况整体差异性不大，但整体发展水平较低。

（4）农村社会发展评价分析。通过对文化教育、卫生健康、社会保障 3 个方面的 9 个指标进行计算和分析，发现 2016 年甘肃省镇域农村社会发展水平得分处于前三位的是甘谷县大像山镇和新兴镇、陇西县巩昌镇，最高为

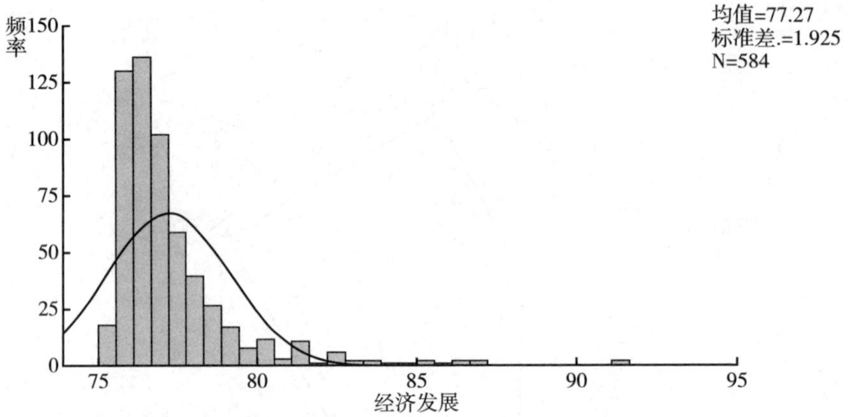

图 3　2016 年甘肃省镇域农村经济发展水平

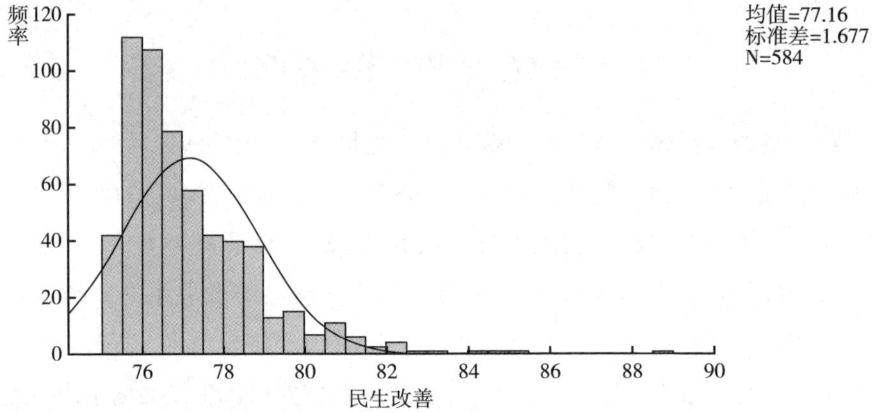

图 4　2016 年甘肃省镇域农村民生改善

83.695，最低为玉门市老君庙镇 69.904，相差 13.791。584 个镇的社会发展水平得分均值为 72.55，标准差为 1.711，方差为 2.813，表明各研究区域存在一定的差异性。从文化教育、卫生健康、社会保障的标准差、方差、偏度来看，医疗卫生、文化教育的差距较大，要素配置不均衡，地理位置特征及贫困特征较为明显，经济条件较好的区域社会发展情况相对较好，而贫困地区社会发展水平较低。

（5）农村生活环境评价分析。通过对人均建成区绿化面积、城镇污水处理率进行计算和分析，发现2016年甘肃省镇域农村生活环境得分最高为康县阳坝镇91.667，最低为西固区东川镇75，相差16.667。584个镇农村生活环境得分均值为77.62，标准差为3.578，方差为12.800，反映了研究范围内农村生活环境整体差异性较大，经济结构较为明显，工业化发展较快的如永昌县的河西堡镇生活环境发展水平相对较低，而以农业发展为主地区的发展水平相对较高。

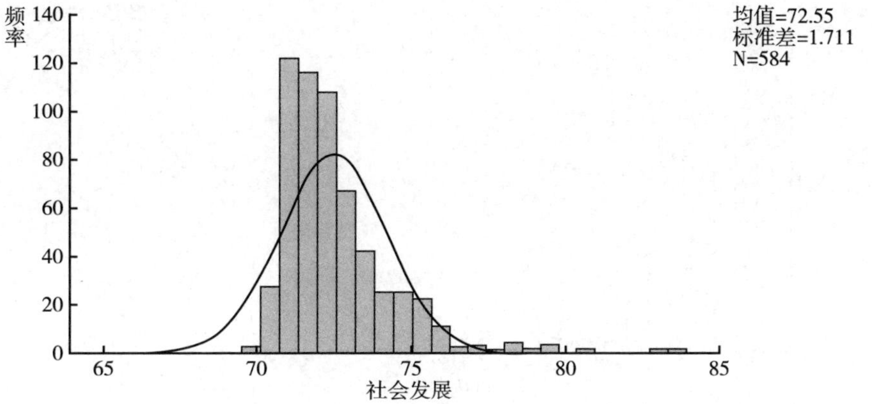

图5　2016年甘肃省镇域农村社会发展水平

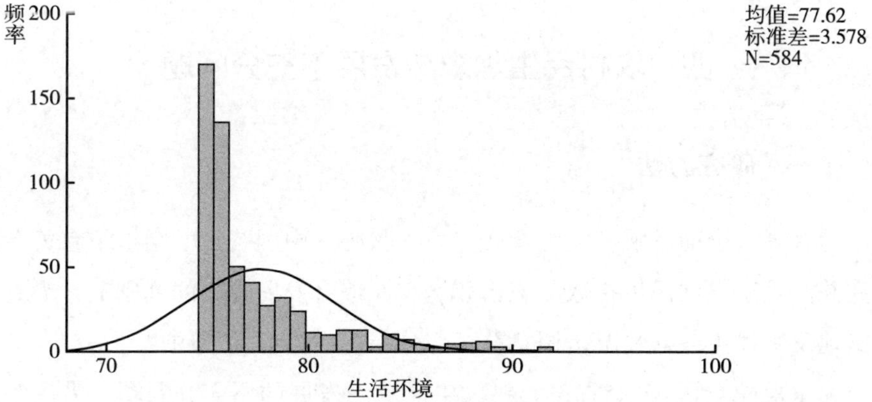

图6　2016年甘肃省镇域农村生活环境

（6）农村科技发展评价分析。通过对农业技术服务机构个数、农业技术服务机构从业人员数两个指标进行计算和分析，发现2016年甘肃省镇域农村科技发展水平最高的是泾川县党原镇为92.759，最低为肃南裕固族自治县红湾寺镇75，相差17.759。584个镇的科技发展水平得分均值为77.22，标准差为2.528，方差为6.393，反映了研究范围内科技发展情况整体差异不大，但整体发展水平较低。

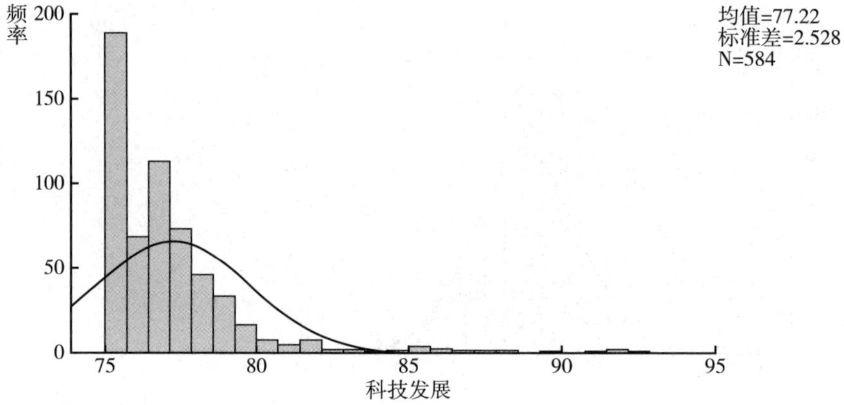

图7　2016年甘肃省镇域农村科技发展水平

四　农村民生需求与发展不充分问题

（一）研究方法

为客观、全面反映各地区发展与民生状况，中国统计学会组织有关专家研究并测算了发展民生指数。该指数是在原综合发展指数的基础上，为更加突出地反映民生改善情况，调整补充部分指标后修订而成的。

为了反映全国27个省份农村民生需求与发展的不充分问题，借用各地区发展民生指数（Development and Life Index，DLI），指数的计算与合成借鉴了联合国人类发展指数（HDI）等有关方法，根据指标的上、下限阈值来计算各个指标的评价指数（即无量纲化），指数介于 0 至 100，根据指标权重合成分类指数和总指数，数值越大说明农村与民生发展程度越高。① 由于代表基本公共服务的各单项指标的性质存在正向和逆向之分，所以数据无量纲化处理有以下两个公式。②

对于正指标，采用公式：$$Y_i = \frac{x_i - \min(x_i)}{\max(x_i) - \min(x_i)} \tag{1}$$

对于逆指标，采用公式：$$Y_i = \frac{\max(x_i) - x_i}{\max(x_i) - \min(x_i)} \tag{2}$$

将发展民生指数评价指标体系中的 16 个指标无量纲化后的数值与其权重按公式（3）计算得到发展与民生指数。

$$I = \sum_{i=1}^{16} Y_i W_i / \sum_{i=1}^{16} W_i \tag{3}$$

以上公式中，Y_i代表某项指标经过无量纲化处理后的数值，x_i代表某项指标的原始数值，max（x_i）和 min（x_i）分别代表 2016 年单项指标中的最大值和最小值，W_i代表权重。

为更加清晰地显示地区间民生发展水平的差异，在计算得分之后还需将其转化为相对指数。转化方法为：③

$$Y_{ij'} = \frac{Y_{ij} - \overline{Y}_j}{\overline{Y}_j}$$

其中，$Y_{ij'}$为城市 i 第 j 年农村民生发展水平与全国平均水平的差异度，Y_{ij}表示原始得分，$\overline{Y}_{j'}$为第 j 年全国农村民生发展水平的平均分，Y_{ij}的理论取值范围为（-1，$+\infty$）。$Y_{ij'}$为减小数据波动并消除负值，基于计算结果数值范围对结果进行如下对数处理：

---

① 《中国统计学：2011 年地区发展与民生指数（DLI）报告》，环球网校，2013。

② 戚学祥：《省域基本公共服务均等化指标体系建构及其运用——基于四川省的实证研究》，《经济体制改革》2015 年第 2 期。

③ 李斌、李拓、朱业：《公共服务均等化、民生财政支出与城市化——基于中国 286 个城市面板数据的动态空间计量检验》，《中国软科学》2015 年第 6 期。

$$Y_{ij}'' = \mathrm{LN}(Y_{ij}' + 2)$$

最终的计算结果 $Y_{ij''}$ 即为城市 i 第 j 年的农村民生发展水平与全国平均水平的差异度指数，数值大于 LN2（≈0.7）则表明该地区当年农村民生发展水平在全国平均水平之上，数值越大则说明农村民生发展水平相对越高。

（二）计算结果

1. 全国东中西部农村民生发展

从表 3 可以看出，2016 年全国东中西部农村的民生发展指数，东部最高，为 39.63%，比 2010 年提高 3.57 个百分点；中部地区次之，为 36.06%，比 2010 年提高 2.69 个百分点；西部地区为 31.22%，比 2010 年提高 6.78 个百分点。从指数的增速看，西部地区最快，中部地区次之。

表 3　全国农村民生发展指数与差异化程度

省份	农村民生发展指数			差异化系数	省份	农村民生发展指数			差异化系数
	2010 年（%）	2016 年（%）	平均增速（百分点）	2016 年		2010 年（%）	2016 年（%）	平均增速（百分点）	2016 年
海　南	16.11	19.38	3.13	0.504	陕　西	29.18	38.23	4.61	0.597
辽　宁	18.31	21.24	2.51	0.574	湖　北	27.85	38.58	5.58	0.784
山　西	16.89	22.07	4.56	0.562	江　西	34.43	38.66	1.95	0.781
西　藏	20.90	22.34	1.11	0.634	福　建	30.25	40.19	4.84	0.890
内蒙古	17.31	23.17	4.98	0.518	湖　南	30.99	40.87	4.72	0.759
吉　林	21.10	24.01	2.18	0.592	浙　江	36.74	41.52	2.06	0.903
黑龙江	22.09	24.30	1.60	0.558	云　南	36.19	41.61	2.35	0.769
甘　肃	22.69	27.06	2.98	0.589	广　东	33.20	41.79	3.91	0.909
贵　州	21.63	31.14	6.26	0.630	安　徽	32.98	44.07	4.95	0.843
宁　夏	27.78	32.81	2.81	0.780	江　苏	37.03	49.24	4.86	1.035
广　西	26.00	34.09	4.62	0.669	河　北	41.76	51.79	3.65	0.956
青　海	28.10	34.75	3.60	0.797	山　东	40.05	51.93	4.42	0.952
新　疆	29.79	35.67	3.05	0.730	河　南	46.40	55.92	3.16	0.955
四　川	27.64	37.60	5.26	0.726	—	—	—	—	—

资料来源：《国家基本公共服务统计指标 2017》数据计算得到。

2. 省（区、市）农村民生发展指数

2016 年全国农村民生发展指数最高的前 3 个省份是河北省、山东省、河南省，发展水平较低的是海南省、辽宁省、山西省，其农村民生发展水平综合值和最高的河南省相差 36.54%。从差异度指数看，2016 年农村民生发展水平低于全国平均水平的省份有海南、内蒙古、黑龙江、山西、辽宁、甘肃、吉林、贵州、西藏、广西，其中西部省份占 50%。

从 2010 ~ 2016 年农村民生发展水平来看，全国农村民生发展水平总体上普遍进步，但个别省份的发展速度和增长幅度显著不同，西部省份与东中部省份的民生发展水平有较大差距，其中贵州省的农村民生发展指数平均增速最高为 6.26%。从发展趋势来看，东中部省份农村民生发展水平虽保持在 0.7 以上，但其民生发展优势逐年减小；而西部省份中的贵州、四川、山西、宁夏、青海的相对农村民生发展水平快速增长；2016 年甘肃省农村民生发展水平则持续走低为 0.589，和临界值 0.7 之间仍有较大差距，在全国居第 22 位，与 2010 年相比全国排序上升 1 位，在西部地区排第 10 位，较 2010 年排序下降 1 位，仅高于内蒙古。

3. 农村生产生活基础设施

通过对农业机械总动力、农村用电量、农村危房改造户数和农村居民人均消费支出 4 个二级指标进行计算和分析，发现 2016 年甘肃省农村生产生活基础设施发展情况得分为 0.152，与得分最高省份江苏省差 0.997，与西部最高省份四川省得分差 0.217，在全国排序第 22 位，在西部排序第 8 位，高于青海、宁夏、西藏。

4. 农村基本公共教育

通过对农村九年义务教育等二级指标进行计算和分析，发现 2016 年甘肃省农村基本公共教育发展情况得分为 0.627，与得分最高省份云南省差 0.300，在全国排序第 9 位，在西部排序第 6 位，高于宁夏、青海、四川、陕西、内蒙古。

5. 农村劳动就业服务

通过对农村求职就业登记情况等二级指标进行计算和分析，发现 2016

年甘肃省农村劳动就业服务发展情况得分为0.051，与得分最高省份青海省差0.797，与西部最高省份四川省得分差0.746，在全国排序第26位，在西部排序第11位。

6. 农村社会保障

通过对农村居民基本养老保险参保人数、农村居民最低生活保障人数和农村特困人员救助（五保供养）人数3个二级指标进行计算和分析，发现2016年甘肃省农村社会保障发展情况得分为0.419，与得分最高省份福建省差0.273，与西部最高省份四川省得分差0.240，在全国排序第22位，在西部排序第8位，高于广西、云南、四川。

7. 农村基本医疗

通过对农村卫生厕所普及率、村卫生室执业医师数和村卫生室诊疗人次数3个二级指标进行计算和分析，发现2016年甘肃省农村基本医疗发展情况得分为0.224，与得分最高省份河南省差0.661，与西部最高省份四川省得分差0.464，在全国排序第17位，在西部排序第5位，高于云南、贵州、内蒙古、新疆、青海、宁夏。

五　结论与对策

（一）结论

从甘肃省镇域农村民生发展的调查情况看，农户对主要民生服务满意度最高的为社会保障服务，需求度最高的为医疗卫生，其次是社会保障；从2016年甘肃省镇域农村民生指数综合得分来看，农村民生发展整体差异不大，整体上处于较低水平，存在一定的不均衡性。较大的差异性表现在经济发展、生活环境、科技发展方面，说明部分地域民生发展开始向质量型、智能化转变，由传统的一般物质和精神需求朝对美好生活需求转变，更加注重诸如舒适的生活环境和农业科技发展等方面的需求。同时，农村民生发展的不平衡状况得到逐步缓解。

从全国农村民生发展指数看，2016 年甘肃省农村民生发展水平（0.598）低于全国平均水平，与临界值 0.7 仍有较大差距，在全国居第 22 位；从 2010 ~2016 年农村民生发展水平来看，全国农村民生发展水平总体上普遍进步，西部省份与东中部省份的民生发展水平有较大差距，西部省份中的贵州、四川、山西、宁夏、青海的相对农村民生发展水平增长较快。表明西部地区各级地方政府在民生改善上取得了不俗成绩，表现出了较强的发展潜力。

由于民生需求供给的不均衡，发达地区的民生需求低于不发达地区，同时，由于地区地理环境不同，民生需求的也有所不同。随着经济社会全面发展，农民收入的增加，在满足基本生活需求之后还会提出更高层次的需求。

（二）对策建议

甘肃省贫困地区农村的民生发展是一个曲折的过程。农村经济发展的落后导致农村教育水平普遍较低，医疗领域尽管出台了大病医疗和新农合政策，但保障水平较低，与民众的需求度差距较大；农村劳动力短缺，收入水平整体较低；基础设施还比较落后，农村生态和环境问题相对突出。只有通过政府的加大投入，社会各界的帮扶和村民观念的不断进步，才能得到真正的发展。

第一，改变落后观念，提高农民素质。甘肃属于典型的农耕文化，农民思想观念落后、守旧、自我封闭，要不断地进行先进理念的输入，加强对农民自身素质、科技知识、法律常识等方面的学习培训。

第二，公平地配置教育资源，增加中央财政对中西部地区和农村地区教育的投入，使所有人享有平等的教育机会。

第三，基础设施是农户生存和发展的基础，加强不发达地区基础设施供给及相配套的项目支撑、宣传引导以及社会力量参与等诸多方面的协调发展，牵引基础设施和公共服务向乡村延伸，逐步消除城乡间基础设施差异，补齐乡村发展短板，推动农村发展。

第四，更加注重对贫困农村的职业技能教育和能力提升的投入，提升农民生产经营能力，帮助农民从传统生产者向现代经营者转变，提升农户融入现代化农业发展的能力。同时加大村庄投资，开拓乡村旅游新功能与新业态，有效引导城乡的社会资金与社会人才向乡村流动，吸引打工青年返乡，打造一批有理念、懂技术、善管理，能够适应未来农业规模化经营的“职业农民”。

参考文献

林毅夫：《加强农村基础设施建设，启动农村市场》，《农业经济问题》2000年第7期。

方鸿等：《西部地区乡镇农村基础设施建设对农业收入水平影响的实分析》，《中国农村观察》2006年。

张亦弛等：《农村基础设施对农业经济增长的影响》，《农业技术经济》2018年第3期。

谢申祥等：《基础设施的可获得性与农村减贫》，《中国农村经济》2018年第5期。

张勋等：《中国的农村基础设施促进了包容性增长吗》，《经济研究》2016年第10期。

李燕凌、曾福生：《农村公共物品供给农民满意度及其影响因素分析》，《数量经济技术研究》2008年第8期。

王谦：《基于农民视角的农村公共服务供给满意度和需求度分析》，《山东社会科学》2008年第3期。

李裕瑞、刘彦随、龙花楼：《黄淮海地区乡村发展格局与类型研究》，《地理研究》2011年第30（9）期。

陈明星、陆大道、张华：《中国城市化水平的综合测度及其动力因子分析》，《地理学报》2009年第64（4）期。

张晓东、池天河：《90年代中国省级区域经济与环境协调度分析》，《地理研究》2001年第20（4）期。

B.10

甘肃省农村转移劳动力配置研究

——以甘肃省平凉市为例*

程黎君　沈学文　张静丽**

摘　要： 伴随工业化、城镇化以及市场化的不断发展，受农业生产率提高、非农产业用工需求扩张以及产业之间报酬差异的影响，农业劳动力在城乡之间转移成为我国经济发展的一种常态，并对城乡发展产生了重要影响。在当前经济发展格局之下，农村劳动力转移主要集中于区域与产业上，主要从山区向平原、乡村向城镇、落后地区向发达地区转移。西部地区作为劳动力跨区域流动的输出地，如何促使农村劳动力合理流动和高效配置对于当地发展尤为重要。本报告以甘肃省平凉市为例，对农村转移劳动力的配置问题进行分析探讨。

关键词： 农村劳动力　转移配置　配置效率　平凉市

在经济发展进程中，劳动力是最重要的经济资源和生产要素。改革开放至今，中国以年均近10%的高速增长创造了世界罕见的“增长奇迹”，“人口红利”所发挥的作用最不可忽视，而其中农村转移劳动力又是最为关键

* 本报告为2017年度甘肃社科规划项目（YB162）的阶段性成果。

** 程黎君，甘肃省社会科学院平凉分院院务委员，中共平凉市委党校教授、副调研员，平凉市社科联兼职副主席，平凉市领军人才（第一层次）；沈学文，甘肃省社会科学院平凉分院、中共平凉市委党校副教授，哲学与社会科学研究所所长；张静丽，甘肃省社会科学院平凉分院、中共平凉市委党校讲师、经济教研室副主任。

的重要因素。近几年，随着农村生产制度的不断优化，工业化、城镇化不断加快，我国经济发展重点与产业发展重心持续从第一产业向第二产业和第三产业逐次转移，各产业部门之间的产值、就业人员、国民收入比例也随之不断升级变动，特别是以服务业、制造业为代表的非农产业在经济发展中的比重日益扩大，用工需求也不断扩张。与此同时，在家庭联产承包责任制的正向激励下，农业生产效率大幅提高，农村劳动力得到了释放，城乡二元经济结构体制也逐步弱化，在产业报酬差异“拉力”和农业收益有限的“推力”共同作用下，农村劳动力发生转移成为必然。

换言之，农村劳动力转移是农村经济发展和工业化的必然趋势，也是我国实现工业化、城镇化、现代化的客观需要，农村转移劳动力配置现已成为统筹城乡发展的重要影响因素，也直接影响着社会经济的发展进程。因此，合理配置农村劳动力资源，提高劳动力配置效率，调整劳动力在三次产业之间以及城乡区域之间的结构分布，对地区经济持续健康发展和社会稳定均具有重要意义。

一　平凉市农村劳动力转移配置基本情况

平凉地处甘肃东部，是典型的农业大市，相对富足的农村剩余劳动力，既是平凉经济社会发展潜在的巨大资源，也是制约农村发展和农民增收的瓶颈因素。在全面建成小康社会的目标驱使下，为确保农村贫困人口按期实现脱贫、贫困县按期全部摘帽，平凉提出了“远抓苹果近抓牛，当年脱贫抓劳务”的思路，把劳务产业作为脱贫攻坚三大产业之一，农村劳动力如何有效转移、转移劳动力如何配置、配置效率如何有效提升对于当地农村发展十分重要。

（一）平凉市农村劳动力总量及结构

据《2017 年平凉市国民经济和社会发展统计公报》显示，截至 2017 年底，平凉市常住人口 211.28 万人，比上年末增加 0.97 万人，城镇人口

83.92 万人，占常住人口的 39.72%，农村人口占比 60.28%。

根据平凉市人力资源和社会保障局 2018 年初对平凉市的劳动力调查，平凉市农村劳动力的年龄结构为 16 岁至 25 岁的青年占 12.95%，26 岁至 55 岁的精壮劳动力占 69%，56 岁至 65 岁的老年劳动力占 18.05%；男女性别结构为 1.18∶1；文化结构为小学及以下占 36.14%，初中占 37.25%，高中（职高、中专）占 17.66%，大学及以上占 8.95%；技能结构为无技术特长者占 61%，有技术特长者占 39%，其中有 12% 的劳动力持有职业资格证书（占有技术特长者 31.17%）；从业结构为从事第一产业者占 46.34%，从事第二产业者占 25.08%，从事服务业者占 19.13%，个体工商户和私营业主占 6.93%，进城陪读人员占 2.52%。

（二）平凉市农村转移劳动力基本结构

根据平凉市人力资源和社会保障局 2018 年初对平凉市劳动力调查，农村劳动力转移就业总量为 44.9 万人，转移就业率 41.74%。其中，转移人员行业分布结构为建材类行业占 7.74%，建筑业占 18.54%，制造业占 13.93%，服务业占 25.66%，采掘业占 5.29%，农林畜牧业占 12.18%，工商业、运输快递业等其他行业占 16.66%；年龄结构为 16 岁至 25 岁的青年占 13.6%，26 岁至 55 岁的精壮劳动力占 75.76%，56 岁至 65 岁的老年劳动力占 10.64%。男女性别比例为 1.54∶1；文化结构为小学及以下占 31.19%，初中占 40.96%，高中（职高、中专）占 18.53%，大学及以上占 9.32%；技能结构为无技术特长者占 56.39%，有技术特长者占 43.61%，其中有 14.17% 的劳动力持有职业资格证书（占有技术特长者的 32.07%）。

（三）平凉市农村转移劳动力就业情况

平凉市人力资源和社会保障局 2018 年初对平凉市劳动力调查显示，2017 年平凉市农村转移劳动力从事行业及地域分布情况如表 1 所示，农村转移劳动力的就业区域意愿是希望在平凉市内从业者占 48.26%，希望在市外从业者占 51.74%，从业区域主要集中在兰州、西安、银川、新疆、内蒙古等西北地区；产业分布意愿是第一产业占11.85%，第二产业占50.48%，第三产业占37.67%。

表1　2017年平凉市农村转移劳动力从事行业及地域分布汇总

单位：%，人

产业类别	人数	占比	输转方式		务工地点			
			组织输转	自谋输出	市内	市外省内	省外	境外
第一产业	91039	19	38854	54446	61060	14792	15280	47
第二产业	213201	45	97783	113822	73587	46721	90829	1146
第三产业	168654	36	68210	99749	61320	42582	64924	606
合　计	472894	100	204847	268017	195967	104095	171033	1799

资料来源：平凉市人力资源和社会保障局平凉市劳务产业发展情况调研工作小组。

（四）平凉市农村转移劳动力外出周期及收入情况

平凉市农村转移劳动力外出周期结构为1～3个月的占11.97%，3～6个月的占26.39%，6～10个月的占43.23%，10～12个月的占18.41%；劳务收入水平结构为月收入1500元至2000元者占22.69%，2000元至3000元者占28.58%，3000元至4000元者占29.78%，4000元至5000元者占12.35%；5000元以上者占6.6%。从整体上看，平凉市农村转移劳动力收入水平在4000元以下者占比81.05%，低收入群体与高收入群体收入水平差距成倍，人均月收入为1800元，且月收入3000元（平均线）以下者占51.27%，收入水平相对偏低。

（五）平凉市域内各行业劳务用工需求

平凉市域内部能够吸收的农村转移劳动力如表2所示，用工需求最大的行业为建筑业、餐饮业，商贸业、房地产及家政服务业次之，农村劳动力本地就业的年工资收入平均为30000～40000元、获得较高工资的人员主要是建筑特种作业人员、房地产企业管理人员以及月嫂、厨师等，该群体普遍具备专业知识及技术资格。

此外，受用工的季节性以及务工周期相对短且散的影响，平凉苹果产业的用工需求及规模未做出详细统计，但该行业却对转移劳动力短期及季节性吸纳发挥了不可替代的作用。从发展实际来看，苹果产业对劳动力的短期吸纳主要集中在每年的5月和10月，主要为苹果疏花、疏果、采摘、装检，用工周期为15～20天，用工人员主要为农业留守生产人员，40岁以上妇女居多。

表2　平凉市行业劳务用工需求调查

单位：人，元

行业	2017年劳务用工情况		用工需求		
	劳务用工人数	务工人员年工资收入	年需用工人数	年需培训人数	需要培训工种
肉牛产业	552	32400	580	580	肉牛养殖、饲草青贮、防疫消毒、疾病防治
果产业	—	—	—	—	—
制造业	863	38800	771	433	电工、修理工、设备操作工等
采矿业	368	34400	368	368	安保、服务、设备操作工等
信息网络服务业	123	34000	111	111	电工、服务、设备操作工等
建筑业	20206	20000～80000	18910	4914	特种作业人员、技术工人（瓦工、抹灰工、架子工、电工、砌筑工、钢筋工、模板工、砼工）
房地产业	4152	20000～70000	4133	1834	策划、行政管理、文员、销售、物业、招商、工程技术、管理、房地产相关知识
旅游业	620	12000～30000	828	828	服务员、导游
商贸业	8818	26330	7840	4723	销售、安全、财会、食品安全、消防、电工、水暖
家政服务业	2440	30000～60000	3160	4290	保洁、家政、保姆、月嫂
餐饮业	21773	服务员：20000～30000 厨师：50000～60000	19848	21148	厨师、服务员、管理人员
物流快递业	1121	40000	1271	1000	派送员、客服
其他	4837	30000～50000	2743	2991	会计、服务员、销售、管理、酒店管理、电工、水暖

资料来源：平凉市劳务产业发展情况调研工作协调推进领导小组。

（六）平凉市域内劳务输转及引导创业情况

为在劳动者、政府、中介组织、用工企业（基地）之间建立有效联系，提高组织转移水平，平凉市持续强化与天津、江苏等劳动力密集型企业较多、就业容量较大省市的联系，通过与当地政府合作，签订长期劳务输转协议，建立稳定的就业基地，同时扶持培育本地劳务输转组织，引导返乡创业。截至2017年底，平凉市劳务基地、劳务输转组织、劳务经济带头人、返乡创业发展情况汇总如表3所示。

表3　2017年平凉市劳务基地、输转组织、劳务经济带头人及返乡创业情况汇总

单位：人

产业类别	劳务基地					劳务输转组织				劳务经济带头人	返乡创业					劳务品牌（个）
	总数（个）	100人以下	100~500人	500~1000人	千人以上	总数（个）	劳务派遣公司	人力资源服务公司	其他		总数（个）	招工规模：50人以下	50~100人	100~300人	300人以上	
第一产业	248	233	15	0	0	44	26	0	18	332	297	283	14	0	0	12
第二产业	352	316	24	9	3	34	3	10	20	610	1073	1023	38	6	6	4
第三产业	315	302	10	1	2	34	8	8	18	237	1069	1048	16	4	1	4
合计	915	851	49	10	5	112	37	18	56	1179	2439	2354	68	10	7	20

资料来源：平凉市人力资源和社会保障局平凉市劳务产业发展情况调研工作小组。

二　影响平凉市农村劳动力转移配置的主要问题

从实践看，农村劳动力转移不仅有利于劳动力资源在城乡之间优化配置、加速城镇化发展，而且有利于提高农村劳动力总体收入水平、提升农民的生活质量、推进土地适度规模经营、促进农村经济结构调整、促使农民主动进行观念更新。农村劳动力转移虽然对经济发展具有诸多有利作用，但随着产业结构优化升级的推进，劳动力市场供需不匹配的问题日渐突出。平凉地区农村劳动力转移配置中的问题主要有以下六方面。

（一）农村劳动力转移盲目性突出

平凉市农村劳动力转移途径主要有靠亲友及老乡带动转移、无组织自发转移输出、劳务中介公司组织、政府引导转移、通过劳务市场获得信息持当地乡（村）证明转移等。虽然劳动力转移渠道已经由单一向多元转变，但从总体上看，现阶段平凉市农村劳动力转移就业主要是一种“个人行为”，转移主要是向经济发达区域进行劳务输出，即异地转移为主、就地转移为辅，劳动力转移以固定形式输出的规模相对较小，劳动力转移在市场化、组织化、制度化、专业化等方面的运行机制均不成熟。

（二）农村转移劳动力整体文化水平偏低

从文化素质看，平凉市农村转移劳动力初中及以下文化水平人员占比达73.39%，无技术特长者占61%，持有职业资格证书者仅有14.17%，大部分转移劳动力都没有接受过正规职业教育，对专业技术与知识的掌握不足，发展观念相对滞后，在职业选择时只能从事建筑、餐饮、生活服务等劳动密集型产业，所选择的职业多半为苦力型和简单劳动型，劳动边际报酬递增空间十分有限。而伴随产业升级与信息技术的发展，机器人与人工智能正在不断替代传统劳动力，而劳务市场上知识技能型劳动力需求不断上升。简而言之，农村转移劳动力整体素质偏低，使农村转移劳动力的个体能力与就业意愿、市场需求不能有效匹配。

（三）农村劳动力大多为季节性转移

调查显示，平凉市农村转移劳动力外出周期在半年以下者占38.36%，三个季度者占44.09%，常年稳定外出者仅占18.41%，季节性转移与兼业就业的特征十分突出。究其原因，农村转移劳动力大多并未完全与农业脱轨，他们转移就业的目的是在中短期内获得相对较高的劳务报酬，同时还可兼顾家庭与农业生产，主要是一种短期流动而非长期迁移，这也正是选择

“近乡不离土”“离土不离乡”的人越来越多的原因，也就形成了劳务市场上“农闲时、就业难，农忙时、招工难”的现象。

（四）县域经济吸纳农村转移劳动力能力不足

农村转移劳动力的就业流向，在区域上主要从山区向平原、乡村向城镇、落后地区向发达地区转移，在产业上主要从农业向工业、商业以及服务业转移。随着城镇化的推进，劳动力转移的目的地逐步从大城市转向小城镇，县域经济因此成为吸纳劳动力的重要依托。调查显示：平凉市农村转移劳动力就业意愿区域为市内的占比48.26%、为市外的占比51.74%，且市外就业区域主要选择在兰州、西安、银川、新疆、内蒙古等西北地区，同时返乡创业者逐年增多。平凉本地吸纳劳动力的容量近年来虽不断上升，但因资金、技术、人才、资源、行政审批、短期行为、产业链分散、民营经济发展滞后等因素制约，平凉市2017年城镇化率为40%，城市功能不完备、公共服务水平偏低、经济辐射带动作用有限、县域经济发展整体滞后，吸纳农村转移劳动力的能力并不强。

（五）农村劳动力转移布局与产业结构变化不匹配

劳动力转移布局受劳动者自身素质和择业意向的影响，但更大程度取决于产业结构的变化和产业业态的细化调整。从产业结构升级要求来看，农业发展需要与现代新型职业农民匹配、第二产业随着业态分工细化对技术工要求不断提升、第三产业发展对从业人员的资质要求也越来越高，但总体分析，平凉市农村转移劳动力的从业结构虽然在不断调整，但人员转移后所形成的劳动力布局、年龄结构、发展能力与产业结构并不相适应，转移劳动力进城就业难、收入低及造成的农村空心化、农民老龄化、农业兼业化等问题对于“三农”发展的制约越来越突出。

（六）农村劳动力转移障碍机制不健全

平凉市当前的农村转移劳动力“有活就干，无活就散”的兼业性和候鸟式特点十分突出，在转移就业时通常还要面对行业隐形门槛、技术不达标、培训机会有限、务工地点不稳定、从业持续性较差、劳动关系不规范、劳动者合法权益难以保障、无法获得市民身份、不能完全享受平等的市民待遇、在城市生活发展成本逐年上涨、精神生活和社会生活不能融入就业城镇等诸多困难，同时还受到原生家庭老人赡养与留守儿童的后顾之忧、农村土地流转等障碍的影响，这一系列问题归根结底就是保障机制不健全，农村劳动力在转移过程中不得不将农村与土地被视为其保障兜底的最后保障。

三　提高农村转移劳动力配置效率的对策建议

（一）强化培训力度，提高农村劳动力综合素质

提高农村转移劳动力配置效率，首先必须从提升劳动力素质入手，而职业技能培训则是劳动者提高综合能力的重要途径，因此在实践中应调动社会各方面的积极因素，强化培训力度，提高农村劳动力综合素质。在培训主体方面，鼓励政府部门、用工企业、培训机构、劳务中介、职业院校、培训基地、行业协会充分发挥作用，形成培训合力，在培训内容方面，有针对性地开展市场就业率高的工种培训，如财务会计、办公文秘、特殊设备维修、家政服务、月嫂、缝纫裁剪、汽车及特殊车辆（压路机、装载机、塔吊）驾驶与维修、电焊电工、美容美发、治安员、面包糕点、果树修剪、绿化技术等，组织开展相关职业资格证书考试；在培训模式方面，定点开设面向农村劳动力的职业技能免费培训课程，把集中面对面的培训和常年网络培训结合起来，通过创办微信公众号、微信群、农民微信培训学校的方式推送培训内容，进行终身教育培训。在培训动力方面，设立专项职业技能培训补贴、职业技能资格证书考取奖励补贴等，鼓励农村劳动力主动提升个体职业技能、考取职业技能资格/从业证书。

（二）实施“内促外引”，拓展农村劳动力就业渠道

根据供求原理可知，提高农村转移劳动力配置效率，除了从劳动力供给质量端入手，还应从用工需求侧发力，因此在实践中应实施“内促外引”、整合市场资源、健全输转机制、拓展就业渠道。在用工需求拓展上，结合农村转移劳动力季节性输出特征，以区域合作，加强劳动力输出地与输进地的信息对接，与用工基地签订定期劳务输转协议；在用工主体培育上，大力支持农民工和大学生返乡创业，放低创业门槛，加大信贷扶持、减免创业税费、壮大创业主体、最大限度激发地区内部劳务市场内生动力，扩大本地劳务市场总量；在用工规模扩大上，“内促”方面应重点扶持民营企业、龙头企业、合作社、中小微企业，“外引”方面应积极引进基地型、龙头型企业，形成域内用工企业群；在用工层次深化上，开展互访交流合作，按照“政企联办、定向安置”的发展思路，开展区域协作“安置基地”建设，创新举措推进劳务输转。

（三）搭建信息共享平台，提高劳动力供求匹配效率

信息不对称所造成的转移劳动力与用工方匹配成本上升，是农村转移劳动力优化配置的重要障碍。在互联网飞速发展的时代，建设“智慧”劳务信息共享平台，能有效降低信息不对称所引起的市场成本。在劳务供需管理系统建立上，依托“大就业”信息系统管理平台，构建上下贯通的劳务用工信息管理系统，建立农村转移劳动力资源与企业劳务用工需求两大数据库，为劳务市场供需匹配提供基础；在用工信息发布平台搭建上，运用网络化思维、信息化手段，为务工人员打造推送用工信息的免费服务平台、信息网站、微信公众号，设立乡级劳务信息传输站、职介所、信息推送“网格员”，提高劳务信息推动的有效性；在就业服务平台建立上，设立就业创业政策咨询、职业指导、社会保险、企业发展指导等服务咨询台，为务工人员与用工企业提供全面的政策咨询与指导服务。

（四）建立健全保障机制，解决劳动力转移后顾之忧

农村转移劳动力在市场竞争中处于相对弱势的地位，转移就业时通常缺乏必要的社会保障，原生家庭的老人赡养、留守儿童、家庭稳定问题也日渐突出，为此，必须建立健全社会保障机制，用制度保障配置效率。在实践中，建立跟踪与维权服务渠道，加强农村转移劳动力的社会保障、维权、帮扶工作，做到就业前有培训、就业后有回访、维权时有服务；建立健全转移劳动力维权救助机制，建设驻外劳务机构、农民工帮扶救助中心，为转移就业人员提供法律咨询、劳动争议调解、经济法律纠纷等帮扶救助服务；完善就业困难援助体系，通过行政介入手段，将政府掌握的城市公共服务部门的就业岗位进行合理调配；创优农村经济社会发展环境，深化农村集体产权制度改革，积极开展留守儿童、留守老人的帮扶工作，消除劳动力输转的后顾之忧，让农民工走得出去、走得放心；创优城镇务工发展环境，落实居住证制度、迁移子女义务教育就学、医保异地结算、养老保险转移接续等政策，让农村转移劳动力在城市里留得住、留得稳。

参考文献

王鑫潼：《我国劳动力结构与劳动力配置效率研究》，北京邮电大学硕士学位论文，2015。

欧阳金琼：《新疆劳动力资源宏观配置效率的实证研究——基于农业劳动力有限供给视角》，华中农业大学博士学位论文，2015。

何建新：《城市化进程中农村转移劳动力的配置结构与配置效率研究》，华中农业大学博士学位论文，2013。

平凉市人力资源和社会保障局：《平凉市劳务产业发展调研报告汇编》，2018 年 8 月。

李琰：《我国农村劳动力转移的趋势与政策建议》，《农业现代化研究》2014 年第 3 期。

盖庆恩、朱喜、史清华：《劳动力转移对中国农业生产的影响》，《经济学》2014 年第 4 期。

秦晓娟、孔祥利：《农村劳动力转移的选择性、城乡收入差距与新型农业经营主体》，《华中农业大学学报》（社会科学版）2015 年第 2 期。

贾伟：《农村劳动力转移对经济增长与地区差距的影响分析》，《中国人口科学》2012 年第 3 期。

李迅雷、周洪荣、朱蕾：《中国农村劳动力转移效应及潜力测算》，《财经研究》2014 年第 6 期。

武国定、方齐云、李思杰：《中国农村劳动力转移的效应分析》，《中国农村经济》2006 年第 4 期。

吕文静：《论我国新型城镇化、农村劳动力转移与农民工市民化的困境与政策保障》，《农业现代化研究》2014 年第 1 期。

B.11

异地搬迁扶贫中的土地整治与产业打造联动模式创新*

——甘肃省河西走廊地区国家级深度贫困县古浪县的调查报告

滕海峰　李含琳　李　祯**

摘　要： 甘肃省古浪县在推进精准扶贫的过程中，按照国家和省上的战略部署，科学规划和实施大规模搬迁扶贫工程，成功建设了著名的黄花滩移民安置区，实现了近5万贫困人口的跨区域搬迁安置，并且取得了初步的成效。他们的基本经验是将创新土地整治与产业打造联动模式作为安置区建设的核心环节，从规划设计到安置区建设、分区安置、组织搬迁、经营组织、产业打造、农民培育、市场销售等进行一体化运作，取得了新的成功做法和经验，值得西部同类型的地区借鉴。

关键词： 异地搬迁　精准扶贫　土地整治　产业打造　联动模式

在2015年5月中央扶贫工作会议上，中央明确提出了精准扶贫问题，并且明确了四个精准内容。2017年8月，中央扶贫会议针对严重贫困农村的脱贫实际困难，在精准脱贫的基础上提出了“深度贫困”问题，要求把

* 本报告为2017年国家社会科学基金项目“陕甘宁异地移民扶贫迁出区荒芜土地现状调查与整治对策研究”（17XJY019）的阶段性成果。

** 滕海峰，中共甘肃省委党校经济学教研部副主任，副教授；李含琳，中共甘肃省委党校智库首席专家、经济学教授；李祯，中共甘肃省委党校公共管理教研部讲师。

深度贫困县作为推进精准扶贫工作的战略重点。甘肃省河西走廊地区的古浪县是国家级深度贫困县之一，[①] 资源贫乏、干旱少雨、贫困人口多、脱贫难度大、生态环境差等，是该县的基本特征。

“十三五”规划以来，该县以“大思路、大扶贫、大战略、大动作、大布局、大调整”的理念为基础，把异地搬迁扶贫作为核心战略，陆续实现了5万多贫困人口的搬迁任务，并且初步取得了“搬得出、稳得住、能致富”的成效，成为甘肃乃至西北地区比较成功的大规模搬迁的扶贫实践模式，有其独特的做法和经验。本调查报告就是在多次进行实地调查的基础上形成的，期望对同类型的深度贫困县的脱贫工作的有一定的借鉴意义。

一 引言

1. 调研主题

众所周知，在我国目前的精准扶贫工作中，国家将异地搬迁扶贫作为重要举措之一，在西部贫困片区甚至将其作为主要的扶贫手段实施了多年，并且中央财政给予了很大强度的实际支持。实践表明，异地搬迁扶贫已经且正在发挥着积极的作用。但是，调查了解到，部分地方在实施这项国策的时候，比较重视“搬得出、稳得住、能致富”，但也有些地方只关注“搬得出”，而不太注重“稳得住”和“能致富”。原因是多方面的，既有搬迁移民单纯追求享受搬迁政策补贴，也有迁入区没有能够支撑“稳得住”和“能致富”的富民产业及其发展用地，从而出现搬迁移民返回迁出区的现象。正反两方面的实例表明，异地搬迁扶贫中迁入区建设及相应的产业发展培育，是迁入移民能够“稳得住”和“能致富”的关键环节，而土地问题是其中的关键因素。所以，本调查报告以土地整治和产业打造的联动发展为主题，进行分析和研究。

① 2017年，甘肃省确定了23个深度贫困县作为推进精准扶贫政策的重点县域，古浪县是其中之一。

2. 选题意义

甘肃省河西走廊地区的古浪县，响应国家号召贯彻落实中央政策，从20世纪80年代就开始实施移民工程，特别是党的十八大以来，古浪县实施了大规模的异地搬迁移民扶贫工程，通过土地整治与产业打造的联动发展，实现了“搬得出、稳得住、能致富”的“异地搬迁脱贫一批”的政策目标。古浪县异地移民搬迁中的突出动作就是通过荒山、荒滩、荒沟“三荒地”的土地大规模整治，将安置区建设与土地整治、水资源保障体系建设与产业打造三者之间有机地结合起来，打造联动机制和模式，很好地撬动了社会资本，盘活了土地资源、水资源、劳动力资源，对接了当地的农产品市场，也保护了迁入区和迁出区的生态环境，实现了综合效益的最大化。所以，总结提炼古浪县异地移民搬迁中的有益经验，特别是土地整治与产业打造联动发展模式，对于其他深度贫困区或者需要实施异地搬迁工程地区具有重要的借鉴意义。

3. 政策依据

研究本课题的依据主要有以下三方面。一是《全国“十三五”易地扶贫搬迁规划》（2016年9月）专设一章部署易地扶贫搬迁中的产业发展问题，即第九章第一节“发展特色农林业脱贫一批”，明确了易地移民搬迁中的产业发展类型、发展主体、发展方式、发展方向。二是《全国土地整治规划（2016~2020年）》（国土资发〔2017〕2号）中明确提出，“以精准扶贫、精准脱贫为要求，大力推进贫困地区土地综合整治，加大政策、项目、资金支持，助力脱贫攻坚；以保护生态环境为前提，大力推进废弃、退化、污染、损毁土地的治理、改良和修复，促进土地资源永续利用”。三是中共中央办公厅国务院办公厅印发的《关于支持深度贫困地区脱贫攻坚的实施意见》（2017年11月）中，明确指出，“强化深度贫困地区搬迁群众后续脱贫措施，加大产业扶持、转移就业、生态扶贫等政策落实力度，进一步提升搬迁质量与脱贫效果，确保实现搬迁一户、脱贫一户”。古浪县异地扶贫搬迁中土地整治与产业打造符合党和国家有关政策要求，也是对国家政策的创新型实践。

二　调查样本区概况及贫困特点

1. 调查区选择

本调查之所以选择古浪县作为样本区域，重点分析异地搬迁扶贫过程及其过程中土地整治与产业打造的联动模式。原因有以下三方面。一是甘肃省古浪县是国家扶贫工作重点县，又是深度贫困县，近年来精准扶贫精准脱贫效果明显。2014～2017年，全县累计减贫11.08万人，贫困人口下降到2017年底的3.66万人，贫困面下降到10.47%。二是抢抓中央和省市加大易地扶贫搬迁的重大机遇，举全县之力实施异地扶贫搬迁工程。2012年至2017年底，已累计搬迁移民1.8万户7.3万人，其中黄花滩移民区1.1万户4.6万人。黄花滩移民区也是本次调查的重点区域。三是全县异地搬迁扶贫通过土地整治、水源体系和产业发展等，实现了“挪穷窝，拔穷根”，做好了“搬”与“安”的大文章。①

2. 调查区概况

古浪县隶属于甘肃省武威市，是甘肃省国家六盘山集中连片特困地区58个贫困县之一，也是省列23个深度贫困县之一，地处河西走廊东端祁连山支脉、腾格里沙漠南缘，是全国主体功能区规划“两屏三带”中“青藏高原生态屏障”和“北方防沙带”的重要组成部分，也是25个国家重点生态功能区中的“祁连山冰川与水源涵养生态功能区”的重要组成部分。古浪县东接景泰县，南依天祝藏族自治县，西北与凉州区毗邻，东北与内蒙古阿拉善左旗接壤。

古浪县东西长约102公里，南北宽约88公里，总面积5103平方公里。全县辖9个镇、10个乡、1个街道，共250个村1934个村民小组，总户籍人口为388943人，常住人口37.78万人，其中农业人口35.28万人，有汉

① 本调查所使用的情况和各种数据，都是依据县委、县政府及其主管部门提出的资料整理所得，属于第一手资料。并且，这些资料和情况都得到了当地政府的共识和认可。

族、回族、藏族、蒙古族、苗族、满族、东乡族、土族、毛南族、瑶族等10个民族。耕地面积110万亩，正常年景播种80万亩左右，保灌面积42万亩。古浪县多年降水量300毫米，蒸发量2800多毫米，是甘肃省18个干旱县之一。古浪交通便捷，区位优越。国道312线和兰新铁路纵穿南北，省道308线、干武铁路横贯东西。

3. 调查区贫困特点

2013年底，古浪县全县贫困人口3.42万户14.23万人，贫困发生率39.86%，比全省平均水平高出13.4个百分点。古浪县贫困人口主要集中在南部高深山区、浅山干旱区和北部沿沙区，特别是南部山区山大沟深、干旱少雨，农业基础条件薄弱、产业结构单一，行路难、就医难、上学难、饮水难、就业难、增收难问题十分突出，生态保护与扶贫开发的矛盾尖锐，是扶贫开发最难啃的“硬骨头”。

由于客观条件的限制，古浪县的精准扶贫如果不采取搬迁方式，就很难从根本上解决问题。这主要有三方面原因。一是这些地区的贫困人口若是不搬，将会一直“穷下去”，因为这些人口已经陷入“贫困陷阱”难以自拔，客观条件确实难以改变。二是这些地方的贫困人口若是不搬而延续原来的生产生活方式，将会对生态环境形成巨大的影响，甚至将延续以往对生态环境有很大影响的生产和生活方式，因为这些地方地处祁连山东端，落后的土地开发方式、超载的游牧放牧等对生态破坏严重，为了生活不得不如此。三是对这些地方进行一般意义上的扶贫意义不大，[①] 只能是短期的、暂时性的社会救济，难以实施生产型扶贫和创业型扶贫，也就是只能解决生存问题，而不能解决发展问题。

4. 2012年之前的移民开发工程

由于历史的原因和自然地理环境的不断恶化，贫困和落后长期困扰着古浪的发展。究其原因，高原地理和干旱缺水是造成这种局面的关键因素。为

① 所说的一般意义上的扶贫，是指过去主要以社会救济、救助为主要特点的扶贫方式，这种扶贫方式输血特点突出，造血功能很弱。

此，在党中央、国务院和国家有关部委、省地各级党委、政府、部门及世界有关组织、社会各界的亲切关怀和大力支持下，甘肃省景泰川电力提灌第二期工程于1976年10月开工建设，1993年10月实现景电古浪罐区全面通水，并于1999年11月通过竣工验收。以景电二期工程建设为契机，甘肃省政府实施了景电工程向河西走廊调水工程，同步推进了沙地治理、生态修复、平田整地、移民搬迁、消除贫困等各项工作。此项工程对古浪县的移民搬迁扶贫促进作用很大。

根据调查和了解，目前此项工程对搬迁扶贫的作用和成效主要有以下三方面。

一是通过大型水利工程改善了当地水土资源条件。景电二期工程建成通水之后，全县实际水资源总量和人均水资源分别由上水前的12800万立方米、337立方米增加到22800万立方米、599立方米。结合工程建设，1985～1993年平田整地311131.1亩，其中农田288979.2亩、果园1222.4亩、林地20929.5亩。

二是水土资源条件的改善为异地搬迁提供了发展空间，并切实推动了移民安置与扶贫工作。伴随景电二期工程和平田整地工程，先后安置县内移民和原地居民9.37万人，天祝、东乡等外县移民2100人。1999年底，罐区已达27132户12.72万人。同时，由于特色农业、现代农业的发展，人民生活水平大幅度改善。1999年底，罐区日光温室面积达到190亩，规模养殖达到12.25万头（只），高效作物面积达到21万亩。农民人均纯收入达到1076元，比1987年增加845元。

三是以林业建设为抓手，推动了生态环境、生产环境、人居环境的同步改善。以治理沙害为目的，以营造农田防护林和固沙林为重点，封、造、管并重，乔、灌、草结合，工程措施和生物措施配套。截至1999年底，累计造林12.12万亩，封沙育草10万亩，森林覆盖率由1983年的3.64%提高到13.6%。[①]

---

① 银守钰：《甘肃省景泰川电力提灌第二期工程古浪罐区志》，甘肃人民出版社，2001。

三　十八大以来古浪县扶贫搬迁的新成就

2000年以来特别是党的十八大以来，古浪县作为国家扶贫工作重点县，立足本地自然资源条件，切实推进精准扶贫、精准脱贫工作，特别是通过异地搬迁工程实现了贫困山区贫困群众的稳定脱贫。古浪县实施搬迁扶贫工程得益于国家多项政策的大力支持。一是国家西部大开发战略和政策；二是生态移民工程和政策；三是精准扶贫工程和政策；四是深度贫困县域扶贫特殊政策。

1. 异地扶贫搬迁总体情况

古浪县大规模的异地扶贫搬迁工程，主要是从党的十八大以来开始的，在这个时期，国家的支持政策非常有力。古浪县的大规模扶贫搬迁不仅仅是目前著名的黄花滩移民安置区，也包括其他安置区，甚至包括外地人口的移民搬迁安置。本调查报告主要调查和了解古浪县内贫困人口的扶贫搬迁问题，所以，统计数据是指古浪县内的扶贫搬迁人口，不包括外地移民人口。根据县统计局的数据，2012～2017年，古浪县异地搬迁18108户72768人，其中，向黄花滩安置区搬迁移民11041户45965人。

表1　2012～2017年古浪县易地搬迁移民情况

单位：户，人

年份	2012	2013	2014	2015	2016	2017	合计
搬迁户数	1353	1370	931	5110	2653	6691	18108
搬迁人口	6098	6420	4298	21623	10031	24298	72768

资料来源：古浪县统计局，2018年。

2. 黄花滩移民工程

黄花滩移民工程是古浪县在2012年以来实施的重点移民工程。从建设内容上讲，该工程由水利骨干工程、田间配套工程和移民安置工程三部分组成。

黄花滩移民工程的水资源主要是由两部分构成，一部分是黄河景电提水和调水工程，另一部分是古浪河水坝。水利骨干工程于2012年开工建设，2013年6月建成通水，工程完成渠管道建设75.83公里，其中新建及改建黄花滩干渠30.56公里；新建分干渠3条共45.27公里；新建各类渠系建筑物353座；各类渠系建筑物增加14座。

黄花滩移民工程的土地整治是以荒滩地为主，包括小部分原来的耕地。基本上这里的土地属于河西走廊戈壁土地。田间配套工程主要包括土地平整、田间灌溉设施配套和中小型蓄水池建设。截至2017年底，已平整产业用地9.2万亩。

黄花滩移民工程移民安置工程建设。按照规划，黄花滩移民工程实际上要建设14个安置区，其中一个是福利型的养老区。截至2017年底，黄花滩生态移民扶贫开发易地搬迁工程先后开工建设12个移民点，目前已经建成

表2　黄花滩各移民点住宅建设及移民安置情况（截至2017年底）

移民点		建设时间	住宅建设		搬迁入住移民	
			建成住宅（套）	分配住宅（套）	户数（户）	人口（人）
感恩新村(6号点)		2012年	918	917	918	4416
富康新村(7号点)		2014年	335	303	335	1375
阳光新村(5号点)		2013年	1035	1034	1035	5045
圆梦新村		2014年1月	1000	931	931	4298
为民新村(3号点)		2014年8月	926	926	926	4044
惠民新村(8号点)		2014年9月	786	768	768	2868
立民新村(2号点)	A区	2014年9月	589	589	589	2554
	B区	2016年	1369	1369	1369	4548
爱民新村(1号点)		2015年8月	747	747	747	3137
兴民新村(9号点)		2015年9月	1259	1259	1259	5363
10号移民点		2017年3月	641	641	641	2733
11号移民点		2016年3月	1058	1058	1058	4511
绿洲生态移民小城镇		2016年	3888	1472	465	1073
合　计		—	14551	12014	11041	45965

资料来源：古浪县统计局、古浪县扶贫办公室，2018年。

9个。建成住宅14551套，分配到户12014套；搬迁入住11041户45965人。各移民点同步配套了水、电、路等基础设施和学校、幼儿园、卫生室、文化广场、村级综合服务中心等公共服务设施，改善了人居环境。

四　三类空间：分类推进土地整治

黄花滩移民区建设总是与土地整治工作同步开展。根据调研，黄花滩土地整治整体遵循以下思路或原则：一是可开发利用；二是具有经济价值；三是规模化整治与开发；四是按照生产、生活、生态三类空间分类推进土地整治工作。

1. 生产区土地整治

根据《黄花滩生态移民暨扶贫开发黄花滩项目规划》，移民区搬迁群众按人均1.75亩平整土地分配产业用地，规划平整土地约11.42万亩。截至2017年底，已平整产业用地9.2万亩，分配口粮地14160.29亩，分配经济林用地16742.19亩，日光温室用地2174亩，养殖棚用地14350亩，共计分配土地47426.48亩。其中休耕项目种植（箭筈豌豆）用地10000亩，经济林种植用地16000.19亩，日光温室种植用地2174亩，共计种植用地28174.19亩。另外，还有24455.8亩正在规划和分配中。

2. 生活区土地整治

截至2017年11月底，黄花滩生态移民扶贫开发易地搬迁工程先后开工建设12个移民点，建成9个，建成住宅12803套，分配到户12560套，未分配到户243套，搬迁入住11041户45965人。按照户均4.2人计算，目前已建成住宅将安置53300人；按照人均建设用地120平方米计算，已建成移民点建设用地面积约为9595亩。

3. 生态区土地整治

贯彻落实习近平总书记“山水林田湖是一个生命共同体”的科学论断，借助祁连山生态修复与保护、生态功能区转移支付、退耕还林、沙漠治理等重大生态项目支持，实现了土地开垦、设施农业发展、移民区建设的同步推进，实现了生态优先，绿色发展“美环境”的建设目标。

（1）迁入区。黄花滩移民区位于腾格里沙漠边缘。移民区建设过程中，在甘蒙省界沙漠腹地埋压草方格沙障6.52万亩，完成造林5.2万亩。在移民区外围建设防风固沙林带，在产业区建设农田林网，在住宅区进行通道和街头巷尾绿化，完成防风固沙林3.16万亩，栽植景观树4.1万株、梭梭等沙生植物1000多万株，做到了“人进沙退”，形成了田成方、林成网、渠相通、路相连的格局。

（2）迁出区。在南部迁出区，将移民搬迁后的闲置耕地、宅基地、山头等列为生态建设的重点区域，大力实施封山育林、退耕还林、退牧还草工程，通过宅基地整治复绿、人工促进、天然更新等措施，全面恢复迁出区林草植被，提升水源涵养功能，促进生态良性循环，林区植被覆盖率由搬迁治理前的不足10%提高到目前的80%以上。

五　四个发力：打造新型产业体系

黄花滩产业打造的思路或原则：一是坚持市场原则，根据市场需求培育和发展产业；二是发展具有现代化特点的产业，即现代化种养业、设施养殖、工厂化养殖、科技化种养殖、标准化种养殖等；三是同步推进新型职业农民与新型农业经营体系的“双新”体系构建。

1. 基础打造

（1）设施养殖业。截至2017年底，移民区累计建成养殖暖棚17172座，其中2016年10月至2017年12月开工建设1号点、9号点、11号点，共4个养殖小区576户2304座，建成养殖暖棚410户1640座。基于土地整治和养殖暖棚建设，黄花滩移民点在养殖场标准化建设、种羊引进繁育、饲草料种植青贮、疫病防控、市场销售等方面不断加强引导和建设管理，逐步实现规模化、效益化、品牌化发展。

（2）日光温室。截至2017年，移民区累计建成日光温室3805座，其中2017年新开工建设5个日光温室产业园，续建为民新村千亩日光温室产业园，日光温室（钢架大棚）墙体完工 3030 座，安装钢架 2199 座，扣棚 2008 座，定植 568 座，平均每座收入达到 1.8 万元，经济效益良好。

表 3　黄花滩移民点设施农业建设情况（2017 年底）

单位：座

移民点		养殖暖棚	日光温室
感恩新村(6 号点)		1707	263
富康新村(7 号点)		756	—
阳光新村(5 号点)		2227	—
圆梦新村		4002	—
为民新村(3 号点)		3682	758
惠民新村(8 号点)		1800	129
立民新村(2 号点)	A 区	—	—
	B 区	1014	118
爱民新村(1 号点)		812	144
兴民新村(9 号点)		624	273
10 号移民点		—	138
11 号移民点		548	17
绿洲生态移民小城镇		—	1965
合计		17172	3805

（3）特色林果业。随着“下山入川”生态移民搬迁工程的实施，按照“区域化布局、标准化栽培、集约化生产、产业化经营”的原则，2014 年开始在黄花滩生态移民区重点推广发展以枸杞为主的特色林果产业，目前已建成以枸杞为主的特色林果基地 2.90 万亩，其中：枸杞 2.66 万亩，红枣 0.23 万亩，其他 0.01 万亩。为改善耕地沙化现状，在耕地田埂上压草方格，种植梭梭嫁接肉苁蓉，在实现经济效益的同时也发挥了显著的生态作用。通过特色林果基地建设，大幅提高林、草植被的覆盖度，减少水土流失，增强防风固沙、保持水土、净化空气等生态功能，有利于遏制荒漠化土地的蔓延势头，保护和恢复生态环境。

（4）光伏扶贫。古浪县还探索推进光伏扶贫，重点扶持无劳动能力、无增收能力的建档立卡搬迁群众脱贫致富。2015 ~ 2017 年，投资 1.83 亿元，在黄花滩移民区建设装机容量22.4兆瓦光伏扶贫发电项目，带动1600户建档立卡贫困户脱贫，每户每年受益3000元，持续获益20年。

2. 主体打造

黄花滩移民区建设的过程中，农村微观经济基础或者说是经营组织发生了极大变化，突出表现为培育和发展了以合作社、龙头企业为主体的新型经营主体，如古浪县肉羊协会，发乾、东盛、富康等一批标准化、公司化的养殖场，绝大多数搬迁农民进入这些经营实体就业打工，或者与公司建立“公司+”的经济联系。安置区的农民不再是以各家各户的形式进行生产和交易，公司成为安置区农业产业发展的主要领军组织。

3. 职业农民打造

伴随空间转移，搬迁移民的生产、生活方式也要相应地转型，突出表现就是从传统农民向现代职业农民的转变。一是以设施养殖、设施种植等生产管理技术为培训重点，集中对移民区群众进行了实用技术培训，切实提高了生产技能；二是实行包片包棚责任制，农林、农牧技术人员和乡镇农技人员长期驻村入户，通过建立科技指导直接到户、良种良法直接到田、技术要领直接到人的技术服务网络，切实提高了农业科技化水平；三是农民不仅在自家田地耕作，还到合作社、龙头企业、种养大户等新型经营主体统一经营的养殖暖棚、日光温室、林果田地中“打工”，以领工资的方式参与农业生产。

4. 经营方式打造

以实现市场化经营为目标，培育多种新型经营方式。一是生产组织初步呈现“企业+专业合作组织+农户+基地”模式。二是部分产业基本呈现生产、加工、储藏和销售一体化经营的发展趋势。比如，古浪县绿洲生态移民产业合作社重点发展林果精深加工储藏，建立生产、加工、储藏和销售为一体的产业链条，目前已建成优质枸杞基地9000亩，计划投资1700万元，新建枸杞烘干房70座、清洗脱蜡设备2套、色选设备1套、粒选设备2套，现已完成生产用地硬化和厂房的建设，其他各项正在筹建中。三是培育和建设农产品专业交易市场。例如古浪森茂牛羊交易市场、皇花种羊场等。四是创新养殖业模式，如创新发展了托管分红、农户自养、劳务帮带等多种方式和村民合作。

六　五大联动：土地整治与产业打造一体化

古浪县在异地搬迁过程中创新性地推进了土地整治与产业打造的联动发展，有效解决了很多地方异地搬迁过程中所面临的土地制约与产业发展滞后的问题。这种做法具有一定的实效性和典型性，所以，可称之为“联动模式”。

1. 联动内涵

这个联动模式包括五大联动。一是在迁出区与迁入区之间构建畅通的空间联动机制，推动空间发展权的有序转移，实现农民主体与劳动客体的联合转移。二是水利工程、荒漠化治理工程、流域综合治理等工程与土地整治工程的联动，既包含生产用地、生活用地与生态用地三类土地资源整治及其相互间的联动开发，也包含迁出区建设用地复垦或生态恢复与迁出区荒滩整治为建设用地、产业发展用地之间的联动，生态保护与恢复、生态与产业之间的关系得到比较妥善的处理。三是土地整治与产业发展之间的联动，土地整治为富民产业拓展发展空间，产业发展赋予土地新的用途。土地整治目标瞄准温室农业、温室养殖等高效农业，投资比较大，产出也大。四是各个农业产业之间实现了横向合作、联动开发、互补建设、合理布局的目标，既包含日光温室、养殖暖棚、林果业等业态之间的联动，也包含新型经营主体与新型职业农民之间的联动。五是土地整治、产业发展与居民区和福利区建设之间的联动，实现了扶贫人口与福利人口的分别安置，很好地处理了“发展一批”与“养一批”的关系，实现了综合效益的最大化。

2. 联动机理

从黄花滩移民工程的运行机理上讲，有三大运行机制在起关键作用：一是水利骨干工程为田间配套工程提供了前提条件，使土地平整与农业种植具备了必需的水利条件；二是田间配套为移民安置工程奠定了空间基础，既为生存开辟了生活空间，也为发展拓展了产业空间，更为持续发展保障了生态空间；三是产业发展为土地赋予新的用途和新的价值，也为农民转型就业和发展致富提供新的发展机遇。

从黄花滩移民工程的内在逻辑上讲，土地整治与产业打造联动发展是推动黄花滩移民工程实施成功的关键。一是因为水利工程与田间配套都属于土地整治的范畴，两者将原来荒滩、荒沟、沙滩等利用土地整治为能够为人类开发利用的建设用地和产业发展用地，是移民工程能够得以实施的空间保障与前提基础。二是因为“乐业”是移民“安居”的前提条件。整治之后的土地一方面用于安置移民，用于建设住宅、医院、学校等，使移民能够“安居”；另一方面，整治后的土地用于产业定位发展，用于种植经济林果、建设养殖暖棚、种植牧草等，使移民能够“乐业”；就业之所与增收之道有机结合。

古浪县实施黄花滩移民工程，其工程背景、移民对象、搬迁方式、建设格局、发展途径、经营方式等都具有一定的典型性。古浪县黄花滩移民工程的成功经验在我国西部类似地区具有一定的借鉴意义。一是对于深陷“贫困陷阱”的贫困区域而言，异地搬迁是最有效的脱贫途径；二是迁入区选址、土地利用规划及土地整治是移民工程的前提条件；三是整合和协调推进土地、生态、水利、产业等各项涉农政策和相关工程项目建设，是移民搬迁顺利实施的政策保障；四是土地整治与产业打造必须联动发展，这是迁入区建设的关键环节，也是移民“安居乐业”的重要支撑。

七　展望

调查发现，尽管古浪县黄花滩移民工程建设过程中土地整治与产业打造联动发展的积极作用正在发挥，但也存在一些需要完善的地方。一是迁出区土地整治相对滞后，存在一定程度的“重迁入区建设、轻迁出区生态恢复”的现象；二是迁入区建设资金相对短缺，国家的资金主要用于解决安置问题，发展投入不足；三是产业发展仍显缓慢，一些居民存在“等、靠、要”现象；四是日光温室、养殖暖棚等现代农业设施建设层次高，但具体产业类型有待优化，部分农民也缺少这方面的生产经验，存在技术性短缺；五是缺乏能够带动产业“产、运、销”一体化发展的龙头企业和大型合作社，新型农业经营主体培育滞后。

针对上述问题，结合实地调查，要将土地整治与产业打造联动发展的作用进一步发挥，需要解决好以下问题。一是从贫困地区，特别是深度贫困地区长远发展考虑，建议加大易地搬迁扶贫力度，提高迁入区建设水平与发展质量，实现近期脱贫与长远乡村振兴的有机结合；二是从盘活废弃土地资源、保护生态环境和开发利用的长久之计考虑，做好易地搬迁扶贫工作，既要向前看，认真做好迁入区的相关建设工作，也要扎实做好迁出区国土资源的综合开发和利用工作；三是从实施异地搬迁扶贫项目的可行性角度看，建议通过“利用城乡建设用地增减挂钩政策支持易地扶贫搬迁”的相关政策，解决异地搬迁扶贫中突出的资金与土地问题；四是从迁入区经济社会繁荣发展计，建议因地制宜，建设现代化的农业产业体系、生产体系和经营体系。

参考文献

滕海峰、李含琳：《甘肃省精准扶贫的实践模式探索》，《甘肃农业》2016 年第 13 期。

李含琳、滕海峰：《“新土改”要与农村微观经济基础重建同步推进》，《甘肃农业信息》2017 年第 6 期。

李含琳、滕海峰：《加强易地扶贫迁出区荒芜土地的整治势在必行》，《甘肃农业》2017 年第 12 期。

滕海峰、李楠：《先进生产力目标导向下新型职业农民培育问题探讨》，《生产力研究》2018 年第 8 期。

李含琳：《我国不同区域现代农业三大体系构建战略探讨》，《甘肃理论学刊》2018 年第 3 期。

B.12

甘肃省贫困村退出测度与空间特征分析*

徐吉宏　胡　苗**

摘　要： 贫困村退出测度是检验精准扶贫效果的重要内容，也是检验扶贫攻坚和同步小康社会水平的关键。本报告立足于对甘肃省贫困现状分析基础上，通过构建甘肃省贫困村退出测度指标体系，利用数理方法和空间相关方法，对2017年甘肃省13个市（州）贫困村退出进行测度和空间特征分析。从贫困村退出综合测度指数来看，贫困村退出处于一般优势，且存在较大的不平衡性；从贫困村退出空间特征来看，其空间上表现出较强的全局依赖性。

关键词： 甘肃省　贫困村退出　贫困村退出测度指标体系　空间特征

党的十九大报告指出："让贫困人口和贫困地区同全国一道进入全面小康社会是我们党的庄严承诺，""确保到2020年我国现行标准下农村贫困人口实现脱贫，贫困县全部摘帽，解决区域性整体贫困，做到脱真贫、真脱贫""使全面建成小康社会得到人民认可、经得起历史检验。"① 随着甘肃省

* 本报告系甘肃社科规划项目"增强甘肃农村发展内生动力研究"（YB174）的阶段性研究成果。

** 徐吉宏，硕士，甘肃省社会科学院农村发展研究所助理研究员，主要研究方向为农村发展及地理信息技术；胡苗，硕士，甘肃省社会科学院农村发展研究所助理研究员，主要研究方向为农村经济学。

① 习近平：《决胜全面建成小康社会夺取新时代中国特色社会主义伟大胜利——在中国共产党第十九次全国代表大会上的报告》，《人民日报》2017年10月25日。

脱贫攻坚进入冲刺阶段，每年有大量的贫困人口、贫困村退出，但如何确保贫困退出的准确性，如何精准测度贫困退出，将是检验精准扶贫、“脱贫攻坚战”的关键，也是2020年同步小康社会的重要保障。基于此，本报告以市级层面视角对甘肃省贫困村退出测度及空间特征进行分析，以厘清甘肃贫困村退出状况、空间特征，为进一步制定脱贫攻坚政策提供参考。

一　甘肃省贫困现状

甘肃省是全国典型的贫困省份之一，按照国家扶贫标准，共有75个扶贫开发县（其中纳入国家新一轮集中连片区的58个，省级插花贫困县的17个）。精准扶贫行动开展以来，甘肃省按照国家统一部署，全面识别贫困村6220个，贫困人口417.57万人，占全国贫困人口的5.67%，居全国第七位，贫困发生率为20.12%，居全国第二位。近年来，甘肃省立足实际，深入实施精准扶贫和扶贫攻坚政策，脱贫效果十分明显，但贫困规模、贫困面依然很大。

（一）甘肃省贫困人口现状

从甘肃省整体来看，2017年甘肃省贫困人口为188.73万人，在中西部22个省份中居第8位；贫困发生率下降为9.6%，在中西部22个省份居4位，相比2014年有了很大改善。同时可以看出，2014～2017年甘肃省累计脱贫人数为228.82万人，贫困人口年均减少23.25%；贫困发生率累计下降10.52个百分点，年均下降21.85%（见表1）。进一步反映了近年来甘肃省脱贫效果明显，但贫困人口规模依然很大。

从各市（州）脱贫人口来看，2014～2017年脱贫人口最多的是天水市和陇南市，累计减贫人口分别为42.07万人、36.23万人；依次为定西市、庆阳市、平凉市、武威市、临夏州、白银市、兰州市、甘南州、酒泉市、张掖市、金昌市，三年间累计减贫人口分别为26.87万人、26.45万人、23.63万人、20.44万人、17.21万人、12.55万人、8.15万人、7.7万人、5.1万人、1.87万人、0.5518万人（见图1）。在一定程度上反映了精准扶贫以来甘肃省各市（州）脱贫效果十分显著。

表1　甘肃省贫困县、贫困村及贫困人口统计

单位：个，万人

市（州）	贫困县		贫困村个数	2014年贫困人口	2017年贫困人口
	片区县	插花县			
陇南	9	0	1365	64.55	28.32
定西	7	0	869	63.4	36.53
甘南	8	0	284	12.44	4.74
临夏	8	0	560	43.26	26.05
庆阳	7	1	537	47.93	21.48
平凉	5	2	594	40.62	16.99
天水	6	1	1034	67.76	25.69
白银	3	2	295	28.7	16.15
武威	2	2	322	25.83	5.39
兰州	3	1	256	13.65	5.50
张掖	0	5	65	3.42	1.55
酒泉	0	2	24	5.38	0.28
金昌	0	1	15	0.63	0.08
合计	58	17	6220	417.57	188.75

资料来源：甘肃省及各市（州）政府工作报告、甘肃省“十三五”扶贫攻坚规划（2016～2020）。

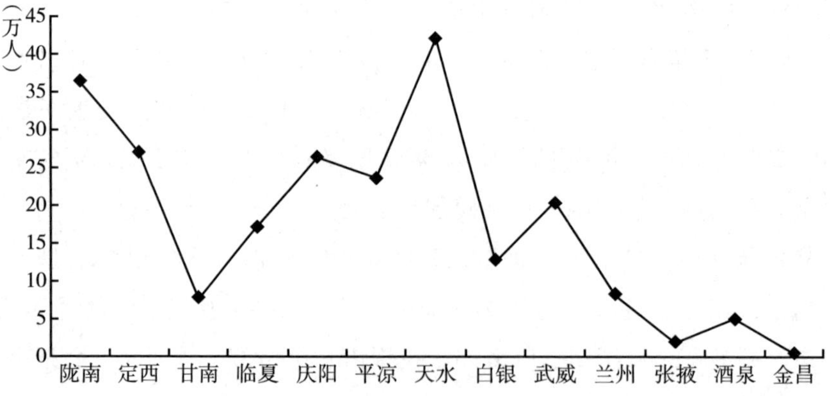

图1　2014～2017年甘肃省各市（州）脱贫人口分布

资料来源：甘肃省及各市（州）政府工作报告、甘肃省“十三五”扶贫攻坚规划（2016～2020）。

从各市（州）贫困人口来看，2017 年贫困人口最多的是定西市，贫困人口为 36.53 万人；贫困人口最少的金昌市，贫困人口为 0.08 万人。同时可以看出，贫困人口占全省贫困人口比重高于 10% 的市（州）为定西市、陇南市、临夏州、天水市、庆阳市等 5 市（州），分别为 19.35%、15.00%、13.80%、13.61%、11.38%；贫困人口占全省贫困人口比重在 5% ~10% 的市为平凉市、白银市等 2 市，分别为 9.00%、8.56%；贫困人口占全省贫困人口比重低于 5% 的市（州）为兰州市、武威市、甘南州、张掖市、酒泉市、金昌市等 6 市（州），分别为 2.91%、2.86%、2.51%、0.82%、0.15%、0.04%（见图 2）。在一定程度上反映了目前甘肃省贫困人口规模主要聚集于定西市、陇南市、临夏州、天水市、庆阳市。

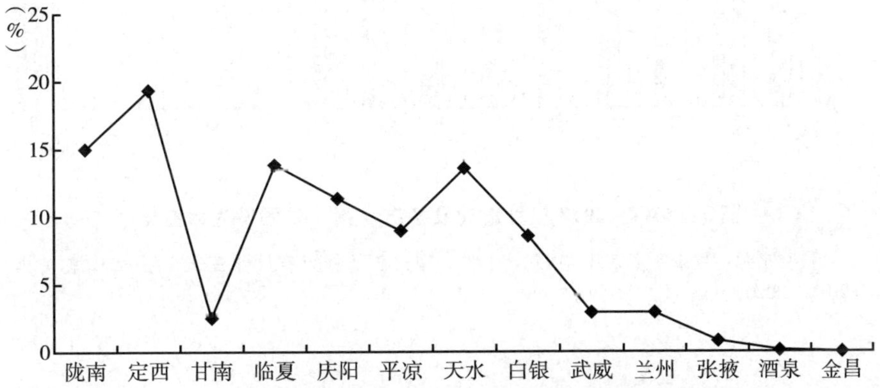

图 2　2017 年甘肃省各市（州）贫困人口比重

资料来源：2017 年甘肃省及各市（州）政府工作报告及扶贫汇报材料。

从各市（州）贫困发生率来看，2017 年甘肃省各市（州）贫困发生率低于 3% 的为金昌市、酒泉市、张掖市、兰州市等 4 市；贫困发生率在 3% ~5% 的为武威市；贫困发生率在 5% ~10% 的为甘南州、平凉市、庆阳市、天水市；贫困发生率大于 10% 的为白银市、陇南市、定西市、临夏州。同时可以看出，2014 ~2017 年贫困发生率年均下降幅度最大的为酒泉市，年均下降

62.24%；贫困发生率年均下降幅度最小的为临夏州，年均下降15.74%；其他依次为金昌市、武威市、兰州市、甘南州、平凉市、庆阳市、天水市、张掖市、白银市、陇南市、定西市，贫困发生率年均分别下降42.62%、37.45%、36.13%、26.98%、25.2%、23.89%、23.69%、23.28%、20.10%、19.64%、16.52%（见图3）。在一定程度上反映了甘肃省聚全省资源扶贫攻坚效果明显，但贫困面依然很大。

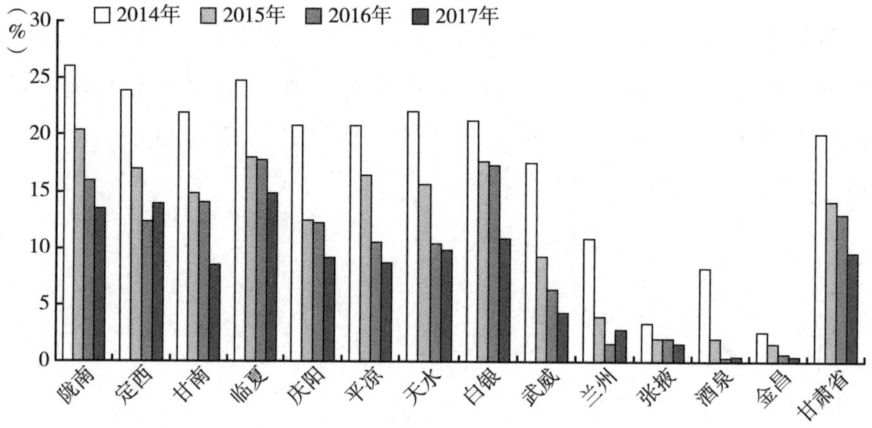

图3　2014～2017年甘肃省及各市（州）贫困发生率变化

资料来源：甘肃省及各市（州）政府工作报告、甘肃省“十三五”扶贫攻坚规划（2016～2020）。

（二）甘肃省贫困村分布状况

从2014年甘肃省贫困村分布来看，甘肃省贫困村主要分布在58个国家连片特困区和17个省级插花贫困县（见表1）。其中，陇南市、定西市、甘南州、临夏州的贫困县全部属国家集中连片特困区片区县，共计32个县（市），贫困村个数占其全省贫困村总数的49.49%；张掖市、酒泉市、金昌市全部属省级插花贫困县，共计8个县（市、区），贫困村个数占全省贫困村总数的1.67%；其他贫困村分属国家集中连片特困区片区县（26个）和省级插花贫困县（9个）的市为庆阳市、天水市、白银市、武威市、兰州市，贫困村占全省贫困村总数的48.84%。同时可以看出，贫困村最多的是陇南市、天水市、定西市，分别占全省贫困村总数的21.95%、16.62%、13.97%；贫困村最少的为金昌市，占全省贫困村总数的0.24%（见图4）。结合2014~2017年贫困人口、贫困发生率，可以看出甘肃省的贫困村脱贫难度依然在国家连片特困区，其贫困人口规模大、贫困面广。

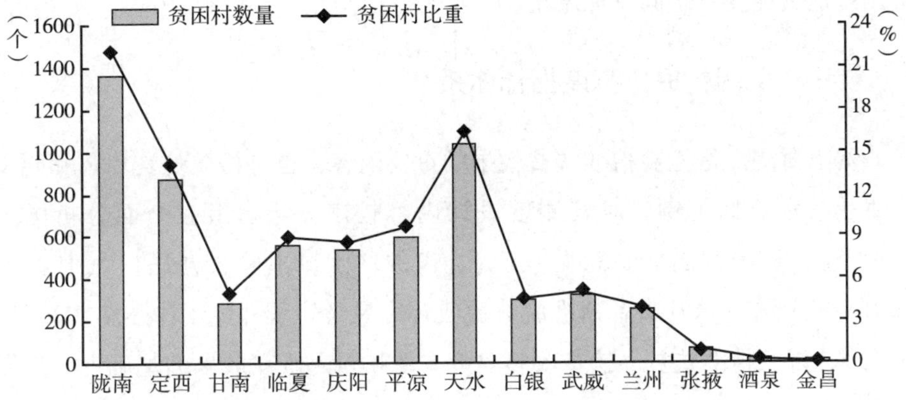

图4　甘肃省各市（州）贫困村数量及占比

资料来源：甘肃省“十三五”扶贫攻坚规划（2016~2020）。

（三）扶贫成效状况

自精准扶贫行动开展以来，甘肃省累计有18个县（市、区）退出贫困县序列，其中，6个国家级连片特困县退出贫困县序列，12个省级插花贫困县退出贫困县序列。2014~2017年脱贫人口减少了228.82万人，贫困发生率下降了10.52个百分点；贫困群众人均收入年均增长13.1%，高于全省平均水平2.7个百分点；以发展多元富民产业为主导，目前贫困地区农民收入主要的来源于产业收入；目前已全面实现行政村全部通沥青（水泥）路、动力电全覆盖，标准化卫生室、有需求的行政村幼儿园全覆盖，贫困地区自来水普及率达到86%；同时，易地扶贫搬迁20.8万户96.3万人，实施危房改造76.9万户，贫困群众的生产生活条件得到进一步改善，扶贫效果显著。①

二 甘肃省贫困村退出测度及空间特征度量

本报告以市（州）层面为视角，对甘肃省除嘉峪关外的13个市（州）②贫困村退出测度及空间特征度量。

（一）贫困村退出测度指标体系

贫困村测度是检验精准扶贫效果的重要内容，也是检验扶贫攻坚和同步小康社会水平的关键。对其测度设计内容较广，课题组在全面分析国家《关于建立贫困退出机制意见》、《甘肃省贫困退出验收办法》（甘办发〔2016〕73号）、《甘肃省精准脱贫验收标准及认定程序》（甘办发〔2018〕50号），以及精准扶贫、扶贫攻坚政策文件和国内研究成果的基础上，依据甘肃省的实际情况，对照贫困村退出和小康指标，结合指标选取原则，构建了甘肃省贫困村退出测度指标体系（见表2）。

表2 甘肃省贫困村退出测度指标体系

子系统	指标层	指标标号	指标属性
贫困基础	贫困发生率(%)	X1	负
基础设施	贫困村通硬化路比例(%)	X2	正
	贫困村饮水安全农户比例(%)	X3	正
	贫困村通动力电比例(%)	X4	正
	贫困村住房安全比例(%)	X5	正
	贫困村标准化卫生室比例(%)	X6	正
	贫困村通网络比例(%)	X7	正
	贫困村乡村舞台覆盖率(%)	X8	正

① 中国甘肃网：《［脱贫攻坚看甘肃］全国主流网媒齐聚兰州深入一线讲述脱贫攻坚甘肃故事》，2018年8月22日。

② 注：因嘉峪关市没有贫困村，故不再研究范围内。

续表

子系统	指标层	指标标号	指标属性
产业发展	贫困村主导产业覆盖率(%)	X9	正
	贫困村农民专业合作组织覆盖率(%)	X10	正
	贫困村集体经济无“空壳村”比例(%)	X11	正
基本公共服务	学前教育三年毛入园率(%)	X12	负
	基本医疗保险参保率(%)	X13	正
	基本养老保险参保率(%)	X14	正
	符合条件的贫困人口享受最低生活保障比例(%)	X15	正
人居环境	农村村容村貌整洁程度(%)	X16	正
	农村环境卫生保洁员覆盖率(%)	X17	正
	农村“改厕”率(%)	X18	正
	农村垃圾集中处理或部分集中处理普及率(%)	X19	正
	农村生活污水集中处理或部分集中处理普及率(%)	X20	正

注：因数据收集限制，农村“改厕”率、农村垃圾集中处理或部分集中处理普及率、农村生活污水集中处理或部分集中处理普及率等3个指标层采用各市（州）第三次全国农业普查数据替代。

（二）贫困村测度指标体系构建说明

甘肃省贫困村退出测度指标体系共涉及贫困基础、基础设施、产业发展、基本公共服务、人居环境等5个了系统20个指标层。其中：贫困基础子系统，包括贫困发生率1个指标层；基础设施子系统，包括贫困村通硬化路比例、贫困村饮水安全农户比例、贫困村通动力电比例、贫困村住房安全比例、贫困村标准化卫生室比例、贫困村通网络比例、贫困村乡村舞台覆盖率等7个指标层；产业发展子系统包括贫困村主导产业覆盖率、贫困村农民专业合作组织覆盖率、贫困村集体经济无“空壳村”比例等3个指标层；基本公共服务子系统包括学前教育三年毛入园率、基本医疗保险参保率、基本养老保险参保率、符合条件的贫困人口享受最低生活保障比例等4个指标层，人居环境子系统包括农村村容村貌整洁程度、农村环境卫生保洁员覆盖率、农村“改厕”率、农村垃圾集中处理或部分集中处理普及率、农村生活污水集中处理或部分集中处理普及率等5个指标层（见表2）。

（三）贫困村退出测度方法

首先，测度指标目标值及权重的确定。本报告在借鉴发达城市经验及相关研究成果基础上，结合德尔菲打分法，确定其评价指标目标值，以及5个子系统和16个指标层的指标权重。

其次，各子系统指数的计算。在对指标指数化处理基础上，对各子系统指数进行计算，其主要采用的计算公式如下所示。

正指标测度指数公式：

$$Y_{ij} = X_{ij}/X_b \times 100\%\ (X_{ij}/X_b < 1)\ ;\ Y_{ij} = 100\%\ (X_{ij}/X_b \geq 1)$$

负指标测度指数计算公式：

$$Y_{ij} = X_b/X_{ij} \times 100\%\ (X_b/X_{ij} < 1)\ ;\ Y_{ij} = 100\%\ (X_b/X_{ij} \geq 1)$$

其中，Y_{ij}为测度指数，X_{ij}为实际值，X_b为目标值；

子系统测度指数公式：

$$W_i = \sum_{i,j=1}^{n} Y_{ij} M_{ij};$$

贫困村退出综合测度指数：

$$CMI = \sum_{i=1}^{5} W_i$$

其中：W_i 为每个子系统的测度指数，M_{ij}为指标层各指标权重，M_b 为每个子系统权重，*CMI* 为贫困村综合测度指数。

（四）贫困村退出空间度量方法

空间自相关是用来检验某一要素属性值与其相邻要素属性值之间的关联显著性的。[①] 本报告借鉴 ArcGIS 空间相关分析方法，采用莫兰指数法（全

① 陶姝沅、李琼、林敏：《浙江省农民收入区域差异及其影响因素》，《湖南农业科学》2014年第2期。

局 Moran's I）和局部热点分析法（Hot-Spot Analysis）对甘肃省贫困村退出空间特征进行度量。

（1）全局 Moran's I 指数[①]。Moran's I 指数值一般在 -1 和 1 之间。Moran's I 指数值大于 0，表示贫困村退出空间正相关性，其值越大，空间相关性越明显；Moran's I 指数值小于 0，表示贫困村退出空间负相关性，其值越小，空间差异越大；Moran's I 指数值等于 0，贫困村退出空间呈随机性。Z score 值，表示贫困村退出空间自相关性强弱。

（2）Moran 散点。HH（高 - 高）表示这一区域和周围区域贫困村退出程度较高，空间差异较小；LH（低 - 高）表示这一区域贫困村退出程度低，而周围区域贫困村退出程度较高，空间差异较大；LL（低 - 低）表示这一区域和周围区域贫困村退出程度较低，空间差异较小；HL（高 - 低）表示这一区域贫困村退出程度较高，而周围区域贫困村退出程度较低，空间差异较大。

（3）Hot - Spot 指数。用 Gi - Z Score 和 Gi - P Value 来评定。Gi - Z Score 越高，Gi - P Value 值小，表示该区域贫困村退出程度属高值空间聚类；Gi - Z Score 越低（且为负数），Gi - P Value 值越小，表示该区域贫困村退出程度属低值的空间聚类。Gi - Z Score 越高（或越低），聚类程度就越大。如果 Gi - Z Score 接近于零，则表示不存在明显的空间聚类，呈空间异质性格局。

（五）划分标准

本报告将甘肃省贫困村退出测度标准划分为 5 类：*CMI* 大于 95，评定为贫困村退出具有绝对优势；*CMI* 处于 85 ~ 95，评定为贫困村退出具有一般优势；*CMI* 处于 80 ~ 85，评定为贫困村退出具有一般劣势；*CMI* 小于 80，判断为贫困村退出具有绝对劣势。

---

① 武丽梅、刘飞、马金辉：《近 60a 中国大陆气温的空间热点分析》，《兰州大学学报》（自然科学版）2017 年第 53（01）期。

（六）数据来源

本报告数据均通过2017年甘肃省13个市（州）政府工作报告、各市（州）扶贫开发报告和总结材料、第三次农业普查等资料汇总整理计算。

三 甘肃省贫困村退出测度结果与分析

通过对5个子系统、20个指标层进行计算和分析，2017年甘肃省贫困村退出测度结果见表3、图5。

表3 2017年甘肃省各市（州）贫困村退出测度指数

市(州)	子系统测度指数					综合测度指数
	贫困基础	基础设施	产业发展	基本公共服务	人居环境	
陇　南	5.56	23.95	18.00	20	9.27	76.77
定　西	5.40	24.44	16.76	19.68	7.79	74.07
甘　南	8.78	24.10	17.05	19.55	10	79.48
临　夏	5.06	22.58	16.51	19.99	9.97	74.10
庆　阳	8.15	24.43	18.98	19.70	9.98	80.46
平　凉	8.59	24.64	17.68	20	9.97	80.88
天　水	7.65	24.25	20	20	9.55	81.45
白　银	6.91	24.43	18.31	19.68	9.10	78.42
武　威	17.48	24.77	16.21	20	8.92	87.39
兰　州	25	22.50	18.01	20	9.70	95.21
张　掖	25	25	20	20	9.91	99.91
酒　泉	25	25	20	20	9.76	99.76
金　昌	25	25	20	20	9.95	99.95

（一）甘肃省贫困村退出综合测度分析

从2017年甘肃省贫困村退出综合测度指数来看，均值为85.22，反映了甘肃省贫困村退出整体具有较低水平的一般优势；极差为25.88，在最大赋值范围内偏离62.20%，反映了甘肃省范围内贫困村退出实现程度最高的

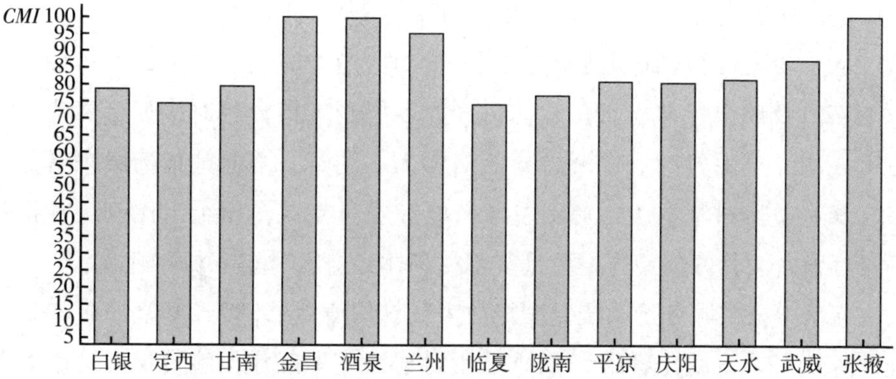

图5　2017 年甘肃省各市（州）贫困村退出测度指数

市与最低的市（州）差异较大，其不平衡性显著；标准差为10.01，方差为100.24，反映了甘肃省范围内市（州）贫困村退出程度整体差异较大。结合均值、极差、标准差和方差可以看出，2017 年甘肃省各市（州）贫困村退出实现程度具有较大的不平衡性特征。

（二）甘肃省贫困村退出子系统测度指数分析

从贫困基础子系统测度指数来看，金昌市、酒泉市、张掖市、兰州市等4 个市贫困村贫困基础测度指数基本已达贫困村退出的目标值；武威市贫困村贫困基础测度指数基本接近贫困村退出目标值；甘南州、平凉市、庆阳市等3 市（州）贫困基础测度指数相对一般；其他6 市（州）贫困基础测度指数较低，贫困村退出难度较大。同时，结合贫困基础子系统测度指数的均值、方差和标准值来看，均值为13.35，反映了各市（州）整体贫困基础相对较弱；方差为74.78，标准差为8.65，反映了各市（州）贫困基础差异较大。

从基础设施子系统测度指数来看，均值为24.23，方差为0.68，标准差为0.83，反映出各市（州）基础设施相对接近完成目标，内部差异不大。同时结合其指标层来看，各市（州）贫困村通硬化路比例、通动力电的比例等指数基本达目标值；内部差异主要是贫困村安全住房比例、饮水安全农户比例、标准化村卫生室比例，以及贫困村通网络比例。

从产业发展子系统测度指数来看，均值为18.27，方差为2.01，标准差为1.42，反映出各市（州）贫困村产业发展测度指数相对接近目标值，但各市（州）贫困村产业发展差异相对较大。同时，结合其指标层来看，各市（州）贫困村基本达到贫困主导产业和农民专业合作组织比例测度指数的目标值，而其内部差异主要是贫困村集体经济无“空壳村”比例。

从基本公共服务子系统测度指数来看，均值为19.89，方差为0.03，标准差为0.17，反映出各市（州）贫困村居民基本医疗保险参保率、基本养老保险参保率、符合条件的贫困人口享受最低生活保障比例等指标均已达贫困村退出的目标值。

从人居环境子系统测度指数来看，均值为9.53，方差为0.40，标准差为0.64，反映出各市（州）贫困村人居环境测度指数相对较高，且各市（州）贫困村差异不大，但仍需进一步加强农村“改厕”、垃圾集中处理、生活污水集中处理等基本卫生条件的改善。

四 甘肃省贫困村退出空间特征分析

（一）甘肃省贫困村退出空间分布特征

甘肃省贫困村退出空间分布特征的分析是基于前文贫困村退出综合测度指数，借助ArcGIS空间分位方法进行分析。由表4可以看出，贫困村退出处于绝对优势的市为金昌市、张掖市、酒泉市、兰州市，反映了这4个市整体基本达到贫困村退出目标值。分析其原因：金昌市、酒泉市、张掖市处于甘肃省“左翼”中心城市，长期以来经济社会发展水平位于甘肃省前列，精准扶贫及扶贫攻坚的深入，以及“经济溢出效应”对推进贫困村退出起了很大作用；兰州市是作为甘肃省省会城市，优越的地理区位优势，以及兰州市提出的大力推进全面建成小康社会的目标，为深入精准扶贫和扶贫攻坚起到了很好的推进作用。

贫困村退出处于一般优势的市为武威市，反映了武威市贫困村基本接近贫困村退出目标值，相对而言其贫困村退出难度不大。分析其原因：武威市贫困村属国家级连片特困区片区县和省级插花贫困县内，近年来，随着精准扶贫和扶贫攻坚的深入，省级插花贫困县已实现贫困退出目标值，未来在巩固提升省级插花贫困县（民勤县、凉州区）贫困村的基础上，全力完成古浪县和天祝县的贫困村退出任务难度相对不大。

贫困村退出处于一般劣势的市为庆阳市、天水市、平凉市，反映了这3个市贫困村退出难度相对较大。分析其原因：这3个市（州）贫困村大部分处于国家连片特困区片区县内，贫困基数较大，或发展基础差，或贫困人口基数大，或自然环境较差等原因，虽然近年来脱贫效果十分显著，但贫困村整体退出难度依然较大。

贫困村退出处于绝对劣势的市（州）为甘南州、白银市、陇南市、临夏州和定西市。这5个市（州）贫困村退出难度很大，属甘肃贫困“重灾区”。分析其原因：白银市贫困村属国家连片特困区贫困县和省级插花贫困县，随着深入精准扶贫及脱贫攻坚推进，其贫困人口主要集中在脱贫攻坚难度大的极度干旱山区、风沙移民区、煤炭关井压产区，以及土地盐碱区，虽然扶贫投入成本不断增加，但减贫边际效应不断下降，返贫率较高，脱贫成果难巩固。而其他4个市（州）贫困村大多受地理区位、生产条件、土地、水土等因素限制，属国家集中连片特困区片区县内，经济社会发展缓慢，自我发展能力严重不足，贫困退出难度非常大。同时，由于其基础设施等发展要素长期欠账较多，贫困基数大，贫困面深，要想实现甘肃省整体脱贫任务和确保2020年同步小康，需争取中央更大的支持。

表4　甘肃省各市（州）贫困村退出空间分级

类型	市(州)
处于绝对优势	金昌市、张掖市、酒泉市、兰州市
处于一般优势	武威市
处于一般劣势	庆阳市、天水市、平凉市
处于绝对劣势	甘南州、白银市、陇南市、临夏州、定西市

（二）甘肃省贫困村退出空间相关性特征分析

本报告基于13个市（州）贫困村退出指数，利用ArcGIS空间相关分析工具（Moran's I指数法），对甘肃省贫困村空间依相关特征分析。为提高结果的稳定性和计算结果准确性，本报告采取999此随机化运算，结果显示：甘肃省贫困村退出的Moran's I指数为0.23，Z Score为2.94，且在1%显著水平拒绝原假设（见图6），说明甘肃省13个市（州）的贫困村退出程度在空间上表现出较强空间依赖性。

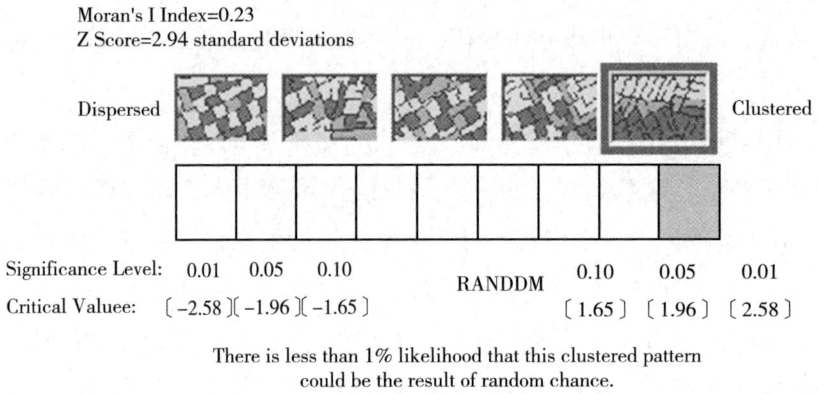

图6　Moran's I计算结果

同时，结合Moran散点象限显示分布图（见图7）可以看出，落入第一象限（HH，高-高）的区域是酒泉市和张掖市，表明这2市区域内的贫困村及周围区域贫困村退出的实现程度较高，空间高聚集特征明显，其内部差异较小；第二象限没有任何区域落入；落入第三象限（LL，低-低）的区域为定西市，表明定西市及周边区域的贫困村退出实现程度较低，空间低聚集态势明显，且内部差异较小；落入第四象限（HL，高-低）的市为兰州市，表明兰州市贫困村退出实现程度较高，而周围区域贫困村退出实现程度较低，且呈空间异质性特征，内部差异较大。

结合局部热点分析（Hot-Spot），由图8可看出，甘肃省贫困村退出两极

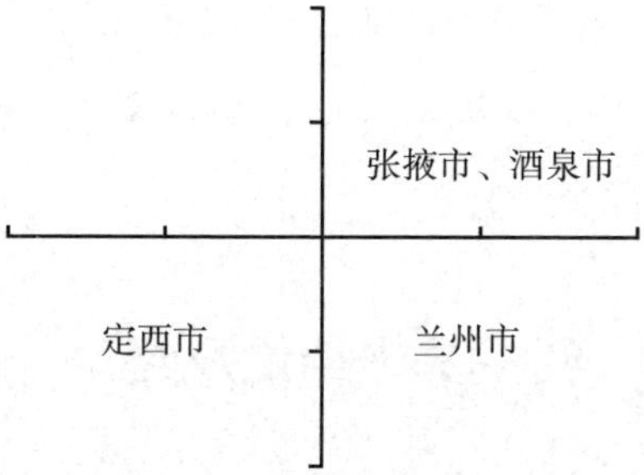

图 7　Moran 散点象限显示分布

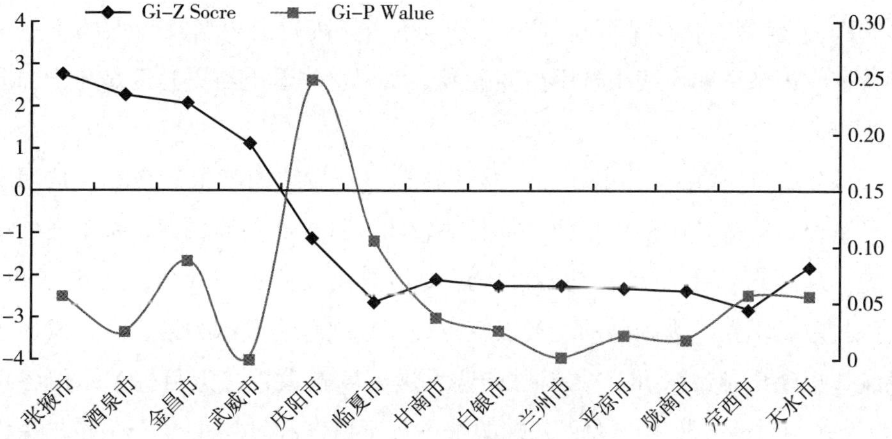

图 8　Hot - Spot 指数趋势

分化明显，其“热点”和“冷点”分异十分明显，“热点”主要分布于甘肃中西部地区，“冷点”主要分布在甘肃中部地区。酒泉市、张掖市、金昌市等 3 个市的贫困村退出 Hot - Spot 指数：Gi - Z Score 大于 1，且 Gi - P Value 小于 0.1。反映其贫困村退出程度比较高，且呈现明显的高聚集（热点）分布空间特征。临夏州和定西市等 2 市的贫困村退出 Hot - Spot 指数：Gi - Z Score 小于 -2.5，且 Gi - P Value 大于 0.06。反映其贫困村退出程度比较低，且呈现明显的聚集（冷点）分布空间特征。平凉市、庆阳市、天水市、陇南市、甘南州等 5 市（州）的贫困村退出 Hot - Spot 指数：-2.5 < Gi - Z Score < -1，且

Gi－P Value＜0.2。反映出其贫困村退出程度相对不高，其贫困村退出难度大，且空间呈低聚集态势。武威市和白银市等2市的贫困村的Z Score接近于0，反映了其空间异质格局。

四 基本结论及建议

从2017年甘肃省贫困村退出综合测度指数来看，均值为85.22，反映了甘肃省贫困村退出整体具有较低水平的一般优势，这为甘肃省整体实现贫困村退出、贫困县退出营造了良好的氛围。同时其极差为25.88，标准差为10.01，方差为100.24，反映了甘肃省范围内贫困村退出存在较大的不平衡性特征，未来在如何缩小贫困村间差异，实现整体退出与提升将是与全国同步小康的关键。

从2017年甘肃省各市（州）贫困村退出子系统测度指数来看，贫困基础子系统，贫困基础测度指数整体相对较弱，且内部差异较大；基础设施子系统，反映出各市（州）基础设施测度指数比较接近目标值，各市（州）贫困村差异不大，其未来的主要攻克点在于加大危房改造力度；产业发展子系统，反映出各市（州）贫困村产业发展测度指数较接近目标值，但各市（州）贫困村差异相对较大，未来的重点在于培育和发展主导产业和村集体经济收入；基本公共服务子系统和人居环境子系统，反映了各市（州）贫困村退出的基本公共服务和人居环境测度指数基本达贫困退出目标值，内部差异不大，如何巩固和提升其基本公共服务和人居环境将是未来发展的着力点。

从2017年甘肃省贫困村退出空间分布特征来看，贫困村退出处于绝对优势的市为金昌市、张掖市、酒泉市、兰州市；处于一般优势的市为武威市；处于一般劣势的市为庆阳市、天水市、平凉市；处于绝对劣势的市（州）为甘南州、白银市、陇南市、临夏州和定西市。

从2017年甘肃省贫困村退出空间相关性来看，甘肃省13个市（州）的贫困村退出程度在空间上表现出较强全局空间依赖性，呈“西高东低，东南低”阶梯式分布格局；局部呈现为HH（高－高）区域和LL（低－低）区域的空间聚集分布特征，与HL（高－低）的空间异质性分布特征，且局部空间的“热点”和“冷点”分异十分明显。反映了未来精准扶贫、扶贫攻坚应在进一步加大庆阳市、天水市、平凉市等贫困村扶贫攻坚力度的同时，着力攻克甘南州、白银市、陇南市、临夏州和定西市的扶贫脱贫，建议在国家支持深度贫困地区（甘肃省“两州一县”纳入中央支持范围）的基础上，进一步争取将定西市、陇南市、白银市纳入国家支持范围，确保甘肃2020年与全国同步小康社会。

此外，受数据收集限制，本报告存在两个不足：一是在指标体系构建上可能存有遗漏指标，如集体经济收入等指标；二是缺乏对贫困村时空演变分析，在后续研究中将进一步完善，并进一步结合扶贫攻坚以及同步小康方略，对贫困村退出对标同步小康社会进行研究。

参考文献

刘彦随、周扬、刘继来：《中国农村贫困化地域分异特征及其精准扶贫策略》，《中国科学院院刊》2016年第31（03）期。

王小林、Alkire S，《中国多维贫困测量：估计和政策含义》，《中国农村经济》2009年第12期。

赵莹、刘小鹏、郭永杰：《集中连片特困地区多维贫困的度量及动态演变——以宁夏西吉县为例》，《宁夏大学学报》（自然科学版）2015年第36（01）期。

刘小鹏等：《集中连片特殊困难地区村域空间贫困测度指标体系研究》，《地理科学》2014年第34（04）期。

汪晓文、何明辉、李玉洁：《基于空间贫困视角的扶贫模式再选择——以甘肃为例》，《甘肃社会科学》，2012。

刘露等：《应用地理信息系统分析河南省HIV感染者的空间分布及影响因素》，《上海交通大学学报》（医学版），2014。

裴银宝等：《六盘山特困片区村域空间贫困调查与分析——以宁夏西吉县为例》，《农业现代化研究》2015年第36（05）期。

陈烨烽、王艳慧、王小林：《中国贫困村测度与空间分布特征分析》，《地理研究》2016年第35（12）期。

张弘：《新形势下甘肃省多维贫困测度与空间格局分析》，《青岛农业大学学报》（社会科学版）2018 年第 30（01）期。

杨嫚等：《黄淮 4 市农村贫困程度空间分异及影响因素分析》，《江苏师范大学学报》（自然科学版）2018 年第 36（03）期。

黄杏元等：《地理信息系统概论》，高等教育出版社，2001。

皮书起源

"皮书"起源于十七、十八世纪的英国，主要指官方或社会组织正式发表的重要文件或报告，多以"白皮书"命名。在中国，"皮书"这一概念被社会广泛接受，并被成功运作、发展成为一种全新的出版形态，则源于中国社会科学院社会科学文献出版社。

皮书定义

皮书是对中国与世界发展状况和热点问题进行年度监测，以专业的角度、专家的视野和实证研究方法，针对某一领域或区域现状与发展态势展开分析和预测，具备原创性、实证性、专业性、连续性、前沿性、时效性等特点的公开出版物，由一系列权威研究报告组成。

皮书作者

皮书系列的作者以中国社会科学院、著名高校、地方社会科学院的研究人员为主，多为国内一流研究机构的权威专家学者，他们的看法和观点代表了学界对中国与世界的现实和未来最高水平的解读与分析。

皮书荣誉

皮书系列已成为社会科学文献出版社的著名图书品牌和中国社会科学院的知名学术品牌。2016 年，皮书系列正式列入"十三五"国家重点出版规划项目；2013~2019 年，重点皮书列入中国社会科学院承担的国家哲学社会科学创新工程项目；2019 年，64 种院外皮书使用"中国社会科学院创新工程学术出版项目"标识。

S 基本子库
UB DATABASE

中国社会发展数据库（下设 12 个子库）

全面整合国内外中国社会发展研究成果，汇聚独家统计数据、深度分析报告，涉及社会、人口、政治、教育、法律等 12 个领域，为了解中国社会发展动态、跟踪社会核心热点、分析社会发展趋势提供一站式资源搜索和数据分析与挖掘服务。

中国经济发展数据库（下设 12 个子库）

基于“皮书系列”中涉及中国经济发展的研究资料构建，内容涵盖宏观经济、农业经济、工业经济、产业经济等 12 个重点经济领域，为实时掌控经济运行态势、把握经济发展规律、洞察经济形势、进行经济决策提供参考和依据。

中国行业发展数据库（下设 17 个子库）

以中国国民经济行业分类为依据，覆盖金融业、旅游、医疗卫生、交通运输、能源矿产等 100 多个行业，跟踪分析国民经济相关行业市场运行状况和政策导向，汇集行业发展前沿资讯，为投资、从业及各种经济决策提供理论基础和实践指导。

中国区域发展数据库（下设 6 个子库）

对中国特定区域内的经济、社会、文化等领域现状与发展情况进行深度分析和预测，研究层级至县及县以下行政区，涉及地区、区域经济体、城市、农村等不同维度。为地方经济社会宏观态势研究、发展经验研究、案例分析提供数据服务。

中国文化传媒数据库（下设 18 个子库）

汇聚文化传媒领域专家观点、热点资讯，梳理国内外中国文化发展相关学术研究成果、一手统计数据，涵盖文化产业、新闻传播、电影娱乐、文学艺术、群众文化等 18 个重点研究领域。为文化传媒研究提供相关数据、研究报告和综合分析服务。

世界经济与国际关系数据库（下设 6 个子库）

立足“皮书系列”世界经济、国际关系相关学术资源，整合世界经济、国际政治、世界文化与科技、全球性问题、国际组织与国际法、区域研究 6 大领域研究成果，为世界经济与国际关系研究提供全方位数据分析，为决策和形势研判提供参考。